谨以此书献给妈妈（1968—2011）、姥娘（1938—2014）和奶奶（1926—2017）

文学之都的救赎

王安石金陵记忆与书写研究

关鹏飞 著

南京大学出版社

图书在版编目(CIP)数据

文学之都的救赎：王安石金陵记忆与书写研究 / 关
鹏飞著. — 南京：南京大学出版社，2022.12
ISBN 978-7-305-26010-0

Ⅰ. ①文… Ⅱ. ①关… Ⅲ. ①王安石(1021-1086)
-人物研究 Ⅳ. ①K827＝441

中国版本图书馆 CIP 数据核字(2022)第 135791 号

出版发行　南京大学出版社
社　　址　南京市汉口路22号　　　　邮　编　210093
出版人　金鑫荣

书　　名　文学之都的救赎：王安石金陵记忆与书写研究
著　　者　关鹏飞
责任编辑　黄　睿　　　　　　　　编辑热线　025-83592409
照　　排　南京南琳图文制作有限公司
印　　刷　徐州绪权印刷有限公司
开　　本　880mm×1230mm　1/32　印张 11.75　字数 274 千
版　　次　2022 年 12 月第 1 版　2022 年 12 月第 1 次印刷
ISBN 978-7-305-26010-0
定　　价　88.00 元

网址：http://www.njupco.com
官方微博：http://weibo.com/njupco
官方微信号：njupress
销售咨询热线：(025) 83594756

王文公

公作字說時用意良苦置石蓮百許枚几案上咀嚼以運其思遇盡未及益即嚼其指至流血不覺世傳公初生家人見有獾入其產室有頃公生故小字獾郎又傳公在金陵有僧清曉于鐘山道上見有童子數人持幡幢羽蓋之僧問之曰往迎王相公幡上書云中含法性外習塵氛到寺未久聞公薨

《晚笑堂竹庄画传》中的王安石像

王安石三難蘇學士

西圃流觴曲水
園林欠勝金谷遊

《警世通言·王安石三難蘇學士》明天启刻本版画

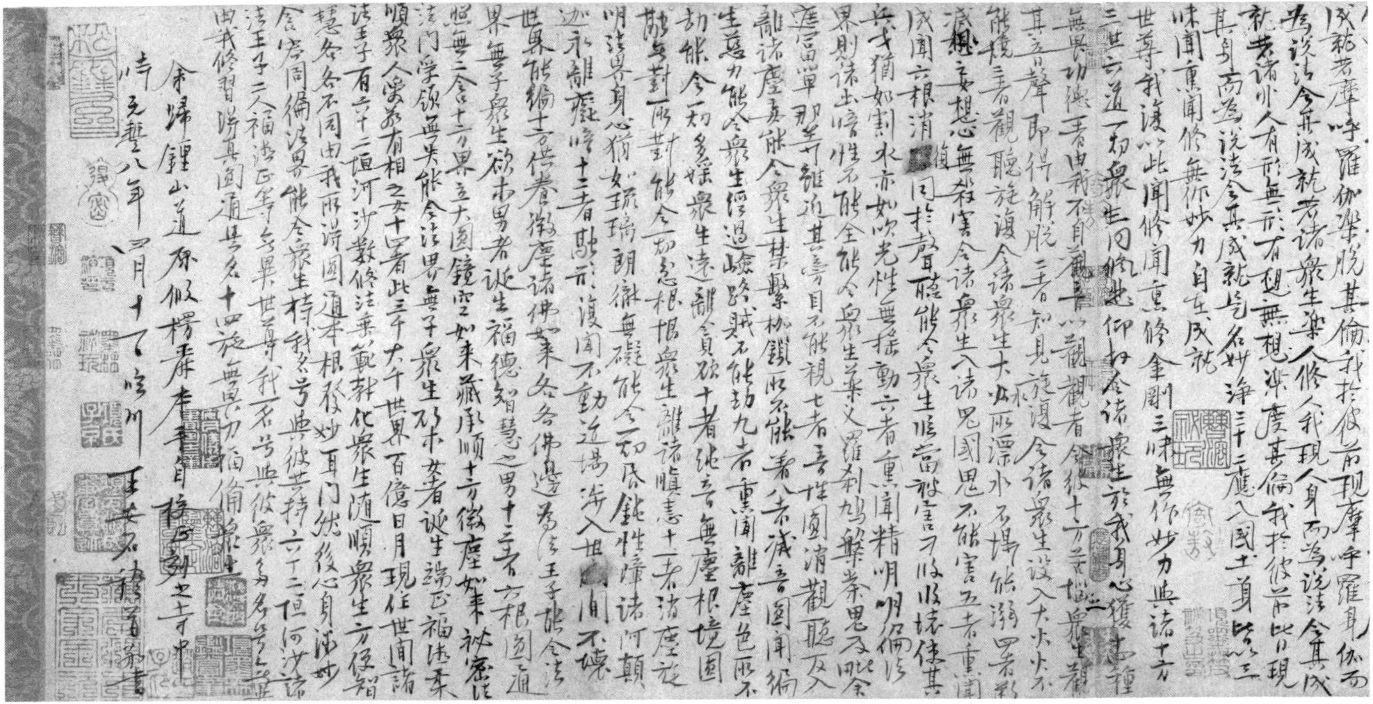

[宋]王安石《楞严经旨要》手卷(部分)，上海博物馆藏

[清]樊沂《金陵五景图卷·钟阜晴云》，上海博物馆藏

半山园门前王安石像(韦力摄)

清同治九年（1870）《重修半山亭记》碑（程瑶摄）

序

　　王安石是我一直深感兴趣的历史人物。他引发的争议之大，放眼世界也属少有，而这争议背后涉及的问题之深，直到今天仍没有答案。对研究者来说，没有比这更难啃的硬骨头，充满诱惑，令人难以忘怀，只是我一直没有遇到合适的契机。

　　现在这个契机来了，我也顺理成章地把对王安石的思考写了出来。这个契机是什么呢？就是越来越撕裂的现实。我虽然身处高校之中，也未能"躲进小楼成一统"，亲历了一些事情使我一下子觉得王安石亲切不少，遂鼓起勇气来重新审视王安石的思想、事功与文学。

　　全书聚焦的核心问题，不是熙宁变法的对错，而是王安石的应对之道。熙宁变法是既定历史进程发展的结果，王安石不过得风气之先，使之加速，而这加速本身也是历史进程的一部分，即使没有王安石，也会出现苏安石、司马安石等等。而经历熙宁变法的王安石只有一个，他的经验教训弥足珍贵。

　　在这珍贵的经验教训中，王安石与南京的关系使我眼前一亮。南京是王安石学术发展与演进的灵感之地，也是他文学创作与传播的江山之助，更是他急流勇退、疗救反思的避风之港。抓住这个线索，前人莫衷一是，甚至互相矛盾的王安石形象，瞬间清晰统一起来。

南京与王安石的相逢,是帝王州与帝王师的碰撞,按道理来说会引发极大的关注,但令我意外的是,学界少有深入的专门研究,倒是去年举行的"王安石与世界文学之都南京——纪念王安石诞辰 1000 周年学术研讨会"对此进行了较为丰富的讨论。这也不难理解,王安石与其说是南京的,不如说是世界的,要从地域文化的角度加以探究,确实有大题小做之嫌。那么,我们如何避免地域的限制呢?

事实是,每个人都有无法抹去的地域身份,这不仅局限了我们,也塑造了我们,甚至成为我们最坚实的后盾。城市也是如此,只有坚持本身的传统,才会发展出独特的新貌,南京成为世界文学之都就是最好的证明。如何突破限制并为我所用,也是王安石积极处理过的问题,我们要做的是逆向思维,把他成长的年轮尽量准确地恢复出来,在这方面刘成国的《王安石年谱长编》取得了很好的成绩。打开它就会发现,王安石人生中的关键抉择,大都与南京有关。

现在要处理的是,怎么通过南京走近王安石。虽然南京变化很大,王安石留存的痕迹也不多,但王安石的传世材料有着极大的篇幅是在记忆与书写金陵——那个彼时的南京。没有比王安石的金陵记忆与书写本身更有说服力的了,我们又何必多此一举,把它们分分合合、不停鼓捣呢?

这不是为了分析而分析,实在是王安石不得不因现实需要而走出南京,又回到南京。在这分分合合中,王安石有了明显的改变,南京则容纳着他的一切,见证着他的悲欢离合。从这个角度来说,南京的王安石无疑更加真实,也更加复杂。而南京本身也因为这样真实、复杂的王安石,在城市建设、地理人文、景观风貌等方面发生了明显的变化。可谓人与城互相成就,城与人彼此救赎。

这一切是如何具体展开的呢?它对我们今天的城市记忆与书写有没有助益?地域之纬与时代之经如何在个体命运中交叠与生发?我们要如何把握甚至适应?诸般疑问,书中自有详细的呈现,恭请感兴趣的朋友亲自游历,不吝赐教。

目　录

引言　一个小名的记忆简史 / 1

　　一、并不优雅的小名 / 3

　　二、记忆:巨人的肩膀 / 12

　　三、突围 / 17

第一章　理想困境 / 25

　　一、内外交困 / 41

　　二、尚同之弊 / 86

　　三、吾谁与归 / 125

第二章　字寓妙道 / 151

　　一、冲破《说文》牢笼 / 162

　　二、义理归乎文字 / 170

　　三、王门弟子的演进 / 188

　　四、以佛解脱的助力 / 194

第三章 诗的和解 / 209

一、钟山诗：风景的慰藉 / 212

二、骑驴：个体形象重建 / 230

三、增进共识：苏王金陵之会 / 239

第四章 帝王州里帝王师 / 271

一、情感认同历程 / 274

二、金陵之学与帝师之志 / 285

三、政治避风港 / 295

四、提升城市品位 / 304

五、身安之地：人与城市 / 315

附录 王安石金陵事迹简编 / 329

参考文献 / 335

后记 / 352

引言　一个小名的记忆简史

　　小名是大多数人情感的起点。王安石小名叫"獾郎"，这个不太优雅的小名引发后世热烈的讨论，人们把它跟王安石的性格、命运甚至北宋的国运联系起来，构成一道独特的记忆景观。犹如夜路里的火炬，"獾郎"带领我们穿过后人构建的黑色记忆森林，跟随我们走进北宋晚期活跃的思想火山腹地，目送我们敲开王安石的家门、朝着漩涡中心忐忑不安地迈开脚……

乳名,又叫小名,与训名(犹学名)相对。小名是大多数人情感的起点,只不过随着我们慢慢成长,亲旧渐远渐少,被提到的概率也就越来越小,直至于无。虽然它最终停留在记忆深处,我们却永不遗忘。小名是父母送给我们的亲切称呼,本来最随意也最隐私,不容别人置喙,可谁能想到,王安石的小名却引来不休的争论。

一、并不优雅的小名

王安石小名叫"獾郎",据说是因他出生的时候家里有獾出没。獾一般夜间活动,天亮就回到洞穴,王安石是"辰时"出生的,相当于早上七点到九点,按道理来说,是看不见獾的,但王安石出生之地还能看见獾,说明比较宁静平和。父母可能觉得是个好兆头,干脆借物命名,把他叫作"獾郎"。

有趣的是,"獾郎"跟"獾狼"同音,而在古人的认知中,獾跟狼关系极其密切,《尔雅》中有"狼:牡,獾;牝,狼"的说法,认为公的是獾,母的是狼,陆玑解释"獾"说:"其鸣能小能大,善为小儿啼声以诱人。去数十步,其猛健者,虽善用兵者不能免也。其膏可煎和,皮可为裘。"邵晋涵说:"狼善惊人,故郑康成以狐狼之属为秋官庭氏所射者。"①《诗经》中有《狼跋》一篇,诗序说:"《狼跋》,美周公也。周公摄政,远则四国流言,近则王不知,周大夫美其不失其圣

---

① 以上引言皆出自[清]邵晋涵撰,李嘉翼、祝鸿杰点校:《尔雅正义》,北京:中华书局,2017年,第1001页。

也。"①由此可见,古人认为玃跟狼是同一类凶猛之兽,还能发出小孩哭的声音诱惑人,从文化传统的角度来看,狼又带有周公所加持给它的美誉,那么王安石父母给他取名"玃郎",是否也带有对儿子成就一番功业的期许呢?

玃在今天是保护动物,在当时其肉却是一种美食,《吕氏春秋》就说:"肉之美者:猩猩之唇,玃玃之炙。"②只不过有人认为《吕氏春秋》所说的"玃玃"是一种鸟,则"玃玃之炙"有点类似日本料理"烧鸟"。倒是王安石《北客置酒》诗中自己提到过玃肉,他说:"山蔬野菓杂饴蜜,玃脯豕腊如𩜹煎。"③诗句记录的是契丹饮食习俗,前半句写的美食有点像蔬菜水果沙拉,后半句写的是煎烤好的玃肉等,荤素搭配,营养均衡。玃肉被契丹人拿来招待王安石这样的客人,其美味程度可以想见。只是,一想到小名叫"玃郎"的人埋头吃玃肉,我们脑补出来的画面就不免有些奇怪。

由《尔雅》可知,玃不仅狡猾,还比较刚直凶猛,像其"远亲"蜜玃甚至可以跟草原之王狮子叫板,大有"生死看淡,不服就干"的无畏精神。这跟王安石的性格很像,他在《酬王伯虎》中说"予生少而戆,好古乃天禀","戆"就是憨厚而刚直的意思。王安石这么说自己,当然不认为这是缺点,因此终身未改,后人也这样评价他,如吴

---

① [清]阮元校刻:《毛诗正义》,北京:中华书局,2009 年,第 853 页。

② 《吕氏春秋集释》云:"玃玃,鸟名,其形未闻……今案南山经云'青邱之山有鸟焉,其状如鸠,其音若呵,名曰灌灌'。"([秦]吕不韦,许维遹集释,梁运华整理:《吕氏春秋集释》,北京:中华书局,2009 年,第 315 页)

③ [宋]王安石撰,[宋]李壁笺注,[宋]刘辰翁评点,董岑仕点校:《王安石诗笺注》,北京:中华书局,2021 年,第 269 页。后所引王安石诗,皆出自此书,不再一一标明。

敬梓《金陵景物图诗·谢公墩》说："直拗笑獾郎，独与昔贤争。"①
认为王安石写诗跟谢安争夺谢公墩，就是"直拗"的性格使然。

　　王安石官职不显时就敢于坚持己见，跟主流意见不合，后来官
拜宰相，位高权重，更两度主持变法，刚直甚至执拗的性格在这期
间得到淋漓尽致的展现，《宋史》本传还特意把他描绘成刚直甚至
急躁的形象："安石牛目虎顾，视物如射，意行直前，敢当天下大事。
然不如绛得和气为多，惟气和能养万物尔。"②史书特意描绘王安
石的面相，大有深意。所谓"牛目"，指眼睛大③，所谓"虎顾"，即猛
虎回头时的雄视，二者常分开使用，以描述非常之人，像这样合在
一起形容同一个人，既"眼大如牛"，又"虎视眈眈"，王安石是独一
份。不过，《宋史》虽然夸赞王安石能担当天下大事，但也批评他不
如韩绛和气，无法涵养万物。

　　"牛目虎顾"又作"牛耳虎头"。《清波杂志·萧注人伦》中萧注

---

① ［清］吴敬梓著，李汉秋、项东升校注：《吴敬梓集系年校注》，北京：中
华书局，2011 年，第 446 页。

② ［元］脱脱等撰，中华书局编辑部点校：《宋史》，北京：中华书局，1985
年，第 10734 页。

③ ［宋］赵令畤撰，孔凡礼点校：《侯鲭录》，北京：中华书局，2002 年，第
46 页。亦有解释为积累之深，如"魏惠王死，葬有日矣。天大雨雪，至于牛
目"，或解释为"牛目离地约四尺，故举为雪深之证"（何建章注释：《战国策注
释》，北京：中华书局，1990 年，第 858 页），二者互为因果，并不矛盾，因为雪大
如牛眼，自然积雪甚深，而在"牛目虎顾"中，显然指王安石眼睛大如牛眼。宋
人亦以牛眼为大，如《可书》所载逸闻："米元章攻于临写。在涟水时，客鬻戴松
《牛图》，元章借留数日，以模本易之而不能辨。后数日客持图乞还真本。米讶
而问曰：'尔何以知之？'客曰：'牛目中有牧童影，此则无也。'"（［宋］张知甫撰，
孔凡礼整理：《可书》，郑州：大象出版社，2019 年，第 171 页）图中牛眼可画牧童
影，亦可证牛眼之大。

说:"安石牛耳虎头,视物如射,意行直前,敢当天下大事。然不如绛得和气多,惟和气能养万物。"①《宋史》所采用的资料很可能源于萧注之言。"牛目虎顾"又作"牛行虎视"。《钱氏私志》云:"元丰间,宋阁使者善人伦⋯⋯又问:'王安石如何?'对云:'安石牛行虎视。牛行足以任,虎视足以威。'"②所谓"任"即"敢当天下大事",所谓"威"即不和气,可见"牛耳虎头"和"牛行虎视"亦有关联。总之,三个说法虽然字句略有差异,但意思大体相同,都想以此突出王安石的优点和缺点。他们用"牛""虎"来形容王安石,实则跟"獾郎"中的"獾"一样,都在试图用动物评价王安石的功过,只是没有像"獾郎"那样引发后世强烈的关注和热烈的讨论。

叶梦得较早把王安石的性格跟"獾郎"联系在一起,其《岩下放言》说:

> 王荆公平生不喜坐,非睡即行③。居钟山,每早饭已,必跨驴一至山中。或之西庵,或之定林,或中道舍驴遍过野人家,亦或未至山复还,然要必须出,未尝辍也⋯⋯世传公初生,家人见有獾入其产室,有顷生公,故小字獾郎。尝以问蔡元度,曰:"有之。"物理殆不可晓。④

---

① [宋]周煇撰,刘永翔校注:《清波杂志校注》,北京:中华书局,1994年,第162页。
② [宋]钱世昭撰,查清华、潘超群整理:《钱氏私志》,郑州:大象出版社,2019年,第76页。
③ 此言略有夸张,王安石有诗:"茅檐相对坐终日,一鸟不鸣山更幽。"(《钟山即事》)
④ [宋]叶梦得撰,徐时仪整理:《岩下放言》,郑州:大象出版社,2019年,第163页。

在叶梦得看来,王安石好动,大约跟取名"獾郎"有关,但他也说"物理殆不可晓",还是比较谨慎的。也不知道是"獾郎"的小名潜移默化中强化了王安石刚直好动的性格,还是他本来就这个性格因此被叫作"獾郎",我们能获得的信息是,"獾郎"似乎跟王安石有着某种特殊的关联。

有趣的是,这"特殊的关联"并不是王安石小名本身具有的。"獾郎"除了笔画比较多之外,本无多少特别之处,却因为王安石富有争议的人生,而成为一个带有较大褒贬色彩的称号,这在诗歌创作中表现得尤其明显。"獾郎"作为王安石的代称之一,在诗句中本无情感倾向,却因为全诗语境的变化而使"獾郎"这个词语有了立场,如方回《半山》说:"力引豺狼噬九州,獾郎于世果何仇。"[1]方回把宋之灭亡归咎于王安石,"獾郎"因此带有贬义;而如宋濂《和刘先辈忆山中韵》则说:"剑气尚堪吞鬼伯,诗魂端合起獾郎。"[2]又从赞许王安石诗歌造诣的角度,使"獾郎"具有了褒义。

汤鹏《浮邱子·训名》对此现象做了解释,他说:

> 夫父母生而命之名,命美不命丑也。即命丑,亦出于爱,不出于刺也。子文生而名曰菟,伯鱼生而名曰鲤,司马相如生而名曰犬子,王安石生而名曰獾郎,其出于爱,钧也。此本始之名也。美丑积而被之名,则美自美,丑自丑,爱自爱,刺自刺也。此增加之名也。且夫增加之名,此天下之人目中口中

---

① 杨镰主编:《全元诗》,北京:中华书局,2013年,第42页。

② [明]宋濂著,蒋金德点校:《萝山集》,杭州:浙江古籍出版社,2014年,第65页。

自然吐出之名，又其心中意中牢固而不可遗忘之名；天纲之刑赏，史笔之褒讥，举在其中焉。无他，出于其所积焉故也。①

汤鹏把名字分为"本始之名"和"增加之名"，认为本始之名是父母所起，哪怕是丑名，也是出于对子女的爱，所谓"名贱好养"，而增加之名则是一种出于公心的他人评价，带有褒贬色彩。如果用汤鹏的方法来看，"獾郎"似乎是本始之名，但它又带有一种价值判断，可见"獾郎"的复杂情况超出了汤鹏的简单划分。"獾郎"之称虽是王安石父母所起，却不断被后人重新阐释。

"獾郎"是王安石父母所取的"本始之名"，可与现存较早关于王安石小字獾郎之说的资料相互印证，如前引叶梦得《岩下放言》就有"尝以问蔡元度，曰：'有之'"等句，蔡元度是蔡卞，王安石的女婿，蔡京的弟弟，叶梦得跟蔡京关系较为密切，他直接从蔡卞处得到确认，信息较为可靠。类似的材料还有《邵氏闻见录》卷三十的记载："傅献简云：'王荆公之生也，有獾入其室，俄失所在，故小字獾郎。'"②李剑国指出："傅献简即傅尧俞，《宋史》卷三四一有传。傅与王安石善，然安石行新法，傅谓'新法世以为不便'。傅乃新法反对派，故后入元祐党籍。傅尧俞元祐六年（1091）卒，谥献简。其生前已有獾兆之说，可知王安石逝世前后（按：王安石卒于元祐元年）上述传闻即有流传。"③李剑国认为，傅尧俞虽与王安石关系不

① ［清］汤鹏撰，刘志靖等校点：《浮邱子》，长沙：岳麓书社，2011年，第232页。

② ［宋］邵伯温撰，李剑雄、刘德权点校：《邵氏闻见录》，北京：中华书局，1983年，第237页。

③ 李剑国：《宋代志怪传奇叙录》，北京：中华书局，2018年，第276页。

错，但变法之后二人政见不同，已经分道扬镳，属于不同政治阵营，很难确认傅尧俞点出王安石小字"獾郎"的用心所在，因此将之归于"传闻"。从当时不同阵营（蔡卞属于新党，傅尧俞属于旧党）人士都认可王安石小字"獾郎"来看，造假的可能性不大，但事情并没就此落下帷幕，因为"獾郎"在"本始之名"之外，还有不断演绎的带有"增加之名"性质的特殊内涵，尤其是后世明显带有小说性质的相关言谈，需要我们从记忆史的角度来探究那些叙述者的真实意图。

先看《云麓漫钞》的记载，其卷四云：

> 王荆公之生也，有獾出于市。一道人首常戴花，时人目为戴花道人，来访其父，曰："此文字之祥，是儿当之，他日以文名天下。"因述其出处甚详，俟至执政，自当见之。荆公父书于册，自后休证不少差，荆公甚神之。洎拜两地，戒阍者，有戴花道人来，不问早暮即通。一日，道人果来，荆公见之，述父所记、渴见之意。道人曰："自此益得君，谨无复仇。"荆公扣之，曰："公前身，李王也，戒之。"遂辞去。出《戴花道人传》。①

《云麓漫钞》这段记载标明出自《戴花道人传》，显然带有传奇色彩，且其文多据王安石史事加以附会，但有两点值得我们注意。

第一，文中将"獾郎"之称视作王安石后来文名广传的预兆，等于对王安石为何取名"獾郎"做了神秘主义的解释，但"獾"跟"文字"有什么具体关联则语焉不详，我们不便猜测。不过，从追叙的

---

① ［宋］赵彦卫撰，傅根清点校：《云麓漫钞》，北京：中华书局，1996 年，第62 页。

视角来看，"獾出于市"本身已是奇事，预示着他日王安石文章之奇，或可勉强说通。

第二，引出因果报应的封建迷信说法，认为王安石是李煜转世。这并非个案，还有人认为王安石是秦王转世，俞樾说："按张端义《贵耳集》载荆公为秦王后身，此又以为李王后身，殆由荆公为宋祸之首，故时人私以意揣之耳。"①秦王后身之说，语出《贵耳集》卷中："荆公在钟山读书，有一长老曰：'先辈必做宰相，但不可念旧恶，改坏祖宗格法。'荆公云：'一第未就，奚暇问作宰相，并坏祖宗格法，僧戏言也。'老僧云：'曾坐禅入定，见秦王入寺来，知先辈秦王后身也。'"②

北宋秦王有两个，一是宋太祖四弟赵廷美，一是宋太祖四子赵德芳，他们都是北宋宗室争夺皇权的牺牲者，沈德符认为这个秦王是指赵德芳，他在《臆史杂言一百四十首》中明确说道："释家报应事寻常，善恶从来兆庆殃。粘罕若疑非赵祖，德芳何故是獾郎？"③沈德符特意指出此类观点来自佛教报应思想，所云甚是。《贵耳集》中的文字，把王安石"改变祖宗法度、导致北宋国运衰落"的行为，视作"秦王"转世后的报复。"李王"则指李煜，降宋后被害，"李王后身"的说法跟"秦王后身"是同样的逻辑。

无论是《云麓漫钞》还是《贵耳集》，都受因果报应观念的影响，

① ［清］俞樾撰，卓凡等点校：《茶香室四钞》，北京：中华书局，1995 年，第 1530 页。

② ［宋］张端义撰，许沛藻、刘宇整理：《贵耳集》，郑州：大象出版社，2019 年，第 164—165 页。

③ ［明］沈德符著，李祥耀点校：《沈德符集》，杭州：浙江古籍出版社，2015 年，第 331 页。

由此强调王安石人生中的"因",也就是起始点,《云麓漫钞》溯源到王安石出生时,《贵耳集》则从王安石在钟山读书开始,然后叙述两位高人即戴花道人和老僧,他们试图劝说王安石。显然,王安石最后的结局不是没听他们的意见,而是根本就不可能发生这样的事,戴花道人和老僧不过是虚构出来的宗教人物,来宣扬他们各自代表的宗教观念而已。而二书叙述起点的不同选择,也隐隐透露出道教和佛教在暗中争胜,其目的当然是想获得更多信徒。

把王安石视作"宋祸之首",则属于儒家尤其是理学家的归罪之说。蔡京阳奉阴违地推行王安石新法,导致北宋灭亡,后人痛定思痛,指责蔡京尚觉不够,遂把矛头指向变法领袖王安石。靖康之变时,国子祭酒杨时就上言说:

> 蔡京用事二十余年,蠹国害民,几危宗社,人所切齿,而论其罪者,莫知其所本也。盖京以继述神宗为名,实挟王安石以图身利,故推尊安石,加以王爵,配飨孔子庙庭。今日之祸,实安石有以启之。谨按:安石挟管、商之术,饬六艺以文奸言,变乱祖宗法度。当时司马光已言其为害当见于数十年之后,今日之事,若合符契。其著为邪说以涂学者耳目,而败坏其心术者,不可缕数。①

比较而言,杨时批评蔡京还不如批评王安石猛烈,这是令人奇怪的,因为北宋是在宋徽宗、蔡京等人手中灭亡的,跟王安石没有直

---

① [元]脱脱等撰,中华书局编辑部点校:《宋史》,北京:中华书局,1985年,第12741页。

接关系。杨时之所以如此抨击王安石，不过是延续了新党和洛党的学术与政争，因此抬出旧党大佬司马光助阵，杨时本人更是二程四大弟子之一，批评王安石之说不遗余力也不足为奇。

杨时此说随着理学地位上升而影响渐大。

二、记忆：巨人的肩膀

通过以上简单的论述可知，中国思想史上影响最大的儒释道三派，罕见地在批评王安石的事情上达成较大共识。随着"五四"以来人们对儒释道思想的荡涤，王安石的价值得到新的体认，今人多为王安石辩护，如傅根清就指出："以荆公前身为獾，乃反对王安石变法者对王氏的人生（身）攻击之辞，赵氏不辨，却对此津津乐道，如数家珍，是令人遗憾的。"[①]傅先生似乎对赵彦卫《云麓漫钞》的记述有所误读，赵彦卫只是引用《戴花道人传》来表达王安石出生之奇，并无明确文字体现出"以荆公前身为獾"的意思，但傅先生指出赵氏文中含有"人生（身）攻击之辞"，则已敏锐感受到后人对"獾郎"称呼的有意歪曲。刘成国更谨慎地指出《贵耳集》故事的生成逻辑，已有跳出价值对立的倾向，他说："《贵耳集》所载荒诞不经，故事生成逻辑为因果报应：公败坏祖宗之法，祸国殃民，盖因其为秦王赵德芳后身。"[②]

---

① ［宋］赵彦卫撰，傅根清点校：《云麓漫钞》，北京：中华书局，1996 年，第 10 页。

② 刘成国：《王安石年谱长编》，北京：中华书局，2018 年，第 83 页。

无论是批评王安石还是为他辩护,实际上都是一种价值判断,因为历史不能假设,诸如"北宋灭亡是不是王安石变法导致的"问题,已无法证实或证伪,我们如果介入其中,自择立场,彼此辩难,除了增加争议的热度,于事并无补益,只能像王安石说的那样"可怜无补费精神"(《韩子》)。然而,当我们换个角度,从记忆选择方面来看王安石小名的记忆书写,就能像前文那样探究出记忆书写者背后的各种心态。正如阿龙·康菲诺所概括的:"我们知道,记忆研究要探讨的是人们如何想象过去,而不是过去实际上发生了什么。"①而"记忆史的关键问题不在于过去是如何被表征的,而在于过去为何被接受或被拒绝"②,由此使记忆成为探究心态的突破口。

正是这种记忆史的文化研究把古今贯通起来。阿莱达·阿斯曼说:

> 文化在生者、死者和尚未出生者之间缔结了一道契约。人们通过对存储在或近或远的过去中的东西的召回、重申、阅读、笺注、批评和讨论,来参与各种各样的意义生产行为。无需每代人都从头开始,因为他们站在巨人的肩膀上,可以重新使用、重新阐释后者的知识。③

---

① [德]阿斯特莉特·埃尔、安斯加尔·纽宁主编,李恭忠、李霞译:《文化记忆研究指南》,南京:南京大学出版社,2021年,第101页。
② [德]阿斯特莉特·埃尔、安斯加尔·纽宁主编,李恭忠、李霞译:《文化记忆研究指南》,南京:南京大学出版社,2021年,第102页。
③ [德]阿斯特莉特·埃尔、安斯加尔·纽宁主编,李恭忠、李霞译:《文化记忆研究指南》,南京:南京大学出版社,2021年,第123页。

斯人已逝,王安石身上的争议却至今未息,他留下的经验或教训,正是我们最缺乏的"巨人的肩膀"。

就"獾郎"而言,批评王安石或为王安石辩护,都体现出批评者和辩护者的特定立场,本来跟我们关系不大,但是"通过文化文本在'延伸的场景'的框架内的再生产,一种社会或者文化自身进行再生产,它通过一代代人以相同或者至少可以再次认出的形式进行"①,也就是说,如果我们不能理清那些"特定立场",当记忆文本再生产时,我们就会自觉或不自觉地被"特定立场"所左右,而当这种带有"特定立场"的记忆转化为社会记忆,性质就不一样了。

2021年是王安石诞辰一千年,江西省博物馆作为"延伸的场景",举办"千载一瞬——王安石诞辰1000周年特展",陈列众多珍贵文物,对宋韵文化的传承起到极大的推动作用,在介绍王安石时便指出"王安石的小名被称作獾郎"。诚如哈布瓦赫所说,"在某种既定情况下,在名字的后面,可以唤起许多意象。而这种可能性正是我们群体存在、延续和整合的结果"②,"獾郎"也是如此。江西省博物馆无疑是通过特展的方式,把王安石小名"獾郎"的历史记忆转化成一种新的集体记忆(collective memory),成为王安石和我们自身的双重折射。至此,我们已无法置身事外。

要想拨开历史的云烟,客观辨析各种立场者转述和记载中含有的自觉或不自觉的误解与偏见,难度很大,因为"不同的记忆以各种方式发生联系,原因在于人们以各种方式结合成为团体,不管

---

① 冯亚琳、[德]阿斯特莉特·埃尔主编,余传玲等译:《文化记忆理论读本》,北京:北京大学出版社,2012年,第12页。

② [法]莫里斯·哈布瓦赫著,毕然、郭金华译:《论集体记忆》,上海:上海人民出版社,2002年,第125页。

是宗教团体、家族、职业团体、地方团体还是全国性的团体"①,王安石自己也说:

> 自三代之时,国各有史,而当时之史,多世其家,往往以身死职,不负其意。盖其所传,皆可考据。后既无诸侯之史,而近世非尊爵盛位,虽雄奇儁烈,道德满衍,不幸不为朝廷所称,辄不得见于史。而执笔者又杂出一时之贵人,观其在廷论议之时,人人得讲其然不,尚或以忠为邪,以异为同,诛当前而不栗,讪在后而不羞,苟以厌其忿好之心而止耳。而况阴挟翰墨,以裁前人之善恶,疑可以贷褒,似可以附毁,往者不能讼当否,生者不得论曲直,赏罚谤誉,又不施其间,以彼其私,独安能无欺于冥昧之间邪?善既不尽传,而传者又不可尽信如此,唯能言之君子,有大公至正之道,名实足以信后世者,耳目所遇,一以言载之,则遂以不朽于无穷耳。②

王安石对史传不可信之批评略显严苛,但并非无理,公共场合尚且难以达成一致,私人修史更容易受个人好恶和有限视野的影响而失去"大公至正之道",从王安石自身的史料评价严重两极分化来看,从北宋修撰《神宗实录》所引发的各类政治斗争来看,从后世尤其是特殊时期对王安石儒法论战的历史回响来看,王安石的话并

---

　　① 　[德]阿斯特莉特·埃尔、安斯加尔·纽宁主编,李恭忠、李霞译:《文化记忆研究指南》,南京:南京大学出版社,2021 年,第 103 页。文中引用哈布瓦赫的《记忆的社会框架》,误为《社会的记忆框架》。
　　② 　曾枣庄、刘琳主编:《全宋文》第 64 册,上海:上海辞书出版社、合肥:安徽教育出版社,2006 年,第 110 页。

非空穴来风。何况历史真相本来就难寻，王安石说："糟粕所传非粹美，丹青难写是精神。"（《读史》）刘辰翁评云："经事方知史之不足信，经事方知史之难为言。吾尝持此论，未见此诗，被公道尽。"①刘辰翁所谓"不足信"，指史书撰写者本身的立场会使记载出现不实之处；所谓"难为言"，则指历史真实本来就很难准确地记载下来。"不足信""难为言"六个字，很好地概括了刘辰翁自己以及王安石对史书的态度。

不过，王安石也给出了解决办法，就是要求比较高。首先，记叙者要是"能言之君子"，否则记录不准确。其次，还要"有大公至正之道，名实足以信后世者"，不仅自己秉持"大公至正之道"，还要后世能相信其"名实"相符，即私见与公论契合。最后，满足以上两个条件的人选，还要能有"耳目所遇"，也就是记叙的是其亲眼所见、亲耳所闻之事，这样才有可能"不朽于无穷"。可以说，王安石把方方面面都考虑到了，但现实问题是，我们能达到这么高的要求吗？"耳目所遇"一个标准，就把我们的努力基本否定了。

或者不如换个方式来提问，我们跟古人相比，有没有优势？我觉得是有的，这倒不是说我们比古代贤人更优秀，而是我们有他们的肩膀，可以站得更高，因此也能看得更远，尤其是当我们把王安石及历代对他的记忆文本合在一起来看的时候，可以更为清晰地从这些争议背后看到他们所关注的核心话题，从而小心翼翼地抖落历史的积雪，找到我们自己脚下前进的道路。

---

① ［宋］王安石撰，［宋］李壁笺注，［宋］刘辰翁评点，董岑仕点校：《王安石诗笺注》，北京：中华书局，2021年，第1428页。

三、突 围

但遗憾的是,我们对王安石的记忆,大多还局限在梁启超等学者的视野里。梁先生眼中的王安石近乎完人,他这样评价王安石:

> 尝迹荆公一生立身事君之本末,进以礼,退以义。其蚤岁贫苦患难,曾不以撄其胸,能卓然自立,以穷极古今之学而致之用。其得君而以道易天下,致命遂志而不悔。其致为臣而归,则又澹然若与世相忘。《记》所谓"素位而行,不愿乎外,无入而不自得"者,公当之矣。及读此诸篇,然后知公之学,盖大有本原在。其大旨在知命,而又归于行法以俟命,故其生平高节畸行,乃纯任自然,非强而致。而功名事业,亦视为性分所固然,而不以一毫成败得失之见杂其间。此公之所以为公也。①

梁启超从王安石早年治学、得君行道、隐退忘世及其学术大旨等方面,对王安石一生做了完整概括和高度评价,当然有其合理性。王安石确实少有大志,"生十二年而学"(《与祖择之书》),十五岁就以天下为己任,写出"谁将天下安危事,一把诗书子细论"(《闲居遣兴》)的诗句,十八岁便"材疏命贱不自揣,欲与稷契遐相希"(《忆昨诗示诸外弟》),树立"回归三代"的远大理想,后来考中状元却因为

---

① 梁启超:《王荆公》,北京:中华书局,2015 年,第 26—27 页。

考卷中有忤逆皇帝之语而屈居第四，①步入仕途后为了力挽狂澜不惜声名被毁也要彻底变法。这样的王安石，自然是北宋的文化巨人。虽然很多人批评他的变法措施，但即使是他的政敌，也对其人格境界无不钦仰。

然而，这不意味着王安石完美无瑕。在梁启超眼中，王安石是"蚤岁贫苦患难，曾不以撄其胸"，且"不以一毫成败得失之见杂其间"，近似于无情之人，这跟王安石自身的观点有较大出入。王安石在《性情》中认为"性情一也"，人表现出来就是情，没表现出来就是性，并对"性善情恶"的观点进行反驳，主张"情"之重要，他说："如其废情，则性虽善，何以自明哉？诚如今论者之说，无情者善，则是若木石者尚矣。"②如果没有情，性再好也无从表现；如果无情才好，那没有生命的木头石头岂不比人更高贵？这样一个主张有情的王安石，也是这么生活的，翻开他的诗集，随处可见他的喜怒哀乐。

王安石不仅不像梁启超所说的那样，"蚤岁贫苦患难，曾不以撄其胸"，甚至恰恰相反，他的诗中常有因贫苦而无法定居的感慨，如离开鄞县时写的"平皋望望欲何向，薄宦嗟嗟空此行"（《舟还江南阻风有怀伯兄》）、"可怜客子无定宅，一梦三年今复北"（《登越州城楼》）等诗，大有怀才不遇、因贫宦游之恨，甚至还因"资斧之无容"（《上杭州范资政启》），即盘缠不够，而跑去拜谒范仲淹，并得到范仲淹的及时救济。

---

① 详见［宋］王铚撰，朱杰人点校：《默记》，北京：中华书局，1981 年，第38—39 页。

② 曾枣庄、刘琳主编：《全宋文》第 64 册，上海：上海辞书出版社、合肥：安徽教育出版社，2006 年，第 346 页。

常识告诉我们，身处贫苦之中而要不把贫苦放在心上，太过虚伪。王安石显然不这样，他毫无忌讳地对此大书特书："嗟我十五年，得禄尚辞贫。所读漫累车，岂能苏一人？"（《赠张康》）就个人来说，十五年仕宦，不过刚脱离贫困线；就天下国家来说，读那么多书，可曾帮到一个人？像王安石此类诗句中跳跃不已的，岂是一颗无情之心？

只不过王安石并没有因此消沉，他仍然能在贫苦时写出"如今身是西归客，回首山川觉有情"（《铁幢浦》）、"不畏浮云遮望眼，自缘身在最高层"（《登飞来峰》）之类深情豪迈的诗句。两相对比，不仅没有矮化王安石，反而使其作品更加动人心魄，也使他在我们心中的形象更加丰富真切。诚如钱穆对王安石性情说的评价，是"使人再有勇气热情来面对真实人生，此乃荆公在当时思想界一大贡献"①。如果王安石一点缺点也没有，怎么算是"真实人生"呢？而这些缺点，也使王安石更加真实。

人无完人，这么简单的道理，梁启超难道不知道吗？他如此推崇王安石，自有其个人原因，但我们不能以此遮蔽历史上有血有肉的王安石。至于王安石真正的缺点，我们也不能忽略，如王安石常常意气用事，陈师道《上苏公书》说：

> 常谓士大夫视天下不平之事，不当怀不平之意。平居愤愤，切齿扼腕，诚非为己；一旦当事而发之，如决江河，其可御耶？必有过甚覆溺之忧。前日王荆公、司马温公是也。夫言

① 钱穆：《中国学术思想史论丛》，台北：东大图书股份有限公司，1984年，第12页。

之以行义耳，岂如冯妇攘臂下车，取众人之一快耶？①

陈师道写信给苏轼，认为士大夫看到天下不平之事，哪怕不是为自己，也不能心怀不平之意，因为一旦有不平之意积累在心中，遇到事情触发了，就像江河决口，无法收住，形成矫枉过正的偏激之举，王安石、司马光就是这样，"好心办了坏事"。王安石此类缺点很多，在第一章中我们会详谈。

　　打破梁启超的有色眼镜，我们不禁要问：王安石晚年退居金陵，真的像梁启超说的那样"致命遂志而不悔"吗？ 真的是如《元丰行》所写的那样安享晚年吗？② 也许我们可以退一步更为心平气和地追问：当王安石远离政治中心后，对熙宁变法中的一切，又是如何看待、记忆和描述的呢？ 熙宁变法类似涂尔干的"集体欢腾"（collective effervescence），而王安石退居金陵的生活更多是日常生活，二者之间又是如何衔接的呢？

----

①　曾枣庄、刘琳主编：《全宋文》第 123 册，上海：上海辞书出版社、合肥：安徽教育出版社，2006 年，第 295 页。

②　晁说之《论神庙配享札子》："安石在金陵，见元丰官制行，变色自言曰：'许大事，安石略不得预闻。'安石渐有畏惧上意，则作前后《元丰行》以诣谀，求保全也。"（曾枣庄、刘琳主编：《全宋文》第 130 册，上海：上海辞书出版社、合肥：安徽教育出版社，2006 年，第 21 页）刘杰曾探究过《元丰行》诗歌背后王安石晚年复杂幽微的内心世界。（参见刘杰：《论王安石的天人观念和灾祥书写——以"歌元丰"系列诗歌为例》，《中南大学学报（社会科学版）》2020 年第 1 期）其实对于王安石来说，即便是大雨不止也能写出歌咏之作，如"老人惯事少所怪，看屋箕踞歌《南风》"（《久雨》），表现出雨停的信心，但这歌咏与其说是写实，不如说是写愿，李壁注云："歌《南风》，欲晴也。"（［宋］王安石撰，［宋］李壁笺注，［宋］刘辰翁评点，董岑仕点校《王安石诗笺注》，北京：中华书局，2021 年，第 352 页）所云甚是，"歌元丰"系列诗歌亦可作如是观。

为此,我们不能不再次回到记忆史,回到集体记忆上来,刘易斯·科瑟论述哈布瓦赫的思想时指出:

> 存在于欢腾时期和日常生活时期之间的明显空白,事实上是由集体记忆填充和维持着的,这种集体记忆以各种典礼性、仪式性的英雄壮举的形式出现,并且在诗人和史诗性的诗歌中得到纪念,它们使记忆在除此之外单调乏味的日常生活的常规实践中保持鲜活。[①]

王安石退居金陵的文集中,保留了很多给皇帝的上表和其他类似的公文,而他的文学作品中也不乏相关的追忆片段,可供我们细细寻绎。

比集体记忆更重要的是,在王安石晚年的个体生命史中,他的个人记忆通过与其退居之地金陵的水乳交融而以不同的形式继续"填充和维持着"他的创造力,甚至使他萌生出新的创造力。他的丧子之痛、被盟友背叛的政治经历、变法措施悉数被推翻的心灵震颤、面对衰老躯体的本能反应等问题及其可能的答案,都是我们可资借鉴的宝贵精神财富。

作为世界文学之都的南京,又是如何给王安石提供疗伤之机和救赎之方的呢? 王安石的经验,尤其是他的"恋地情结"(topophilia),给今天的我们怎样的启发? 王安石在身体衰老、家庭变故、政局反复中的表现,不该是一个简单的结论,而是呈现出丰富的思想历

---

① [法]莫里斯·哈布瓦赫著,毕然、郭金华译:《论集体记忆》,上海:上海人民出版社,2002 年,"导论",第 44 页。

程，这样才能把晚年王安石的文化记忆从"博物馆"或"纪念碑"性质的人为构造中解放出来，回到可被我们重新解读的"储藏室"或"仓库"状态①，为我们面临的人口老化、亲子关系、信息茧房、精神危机、疫情战争等时代课题，给出富有传统底蕴和革新智慧的深度启示与当代答卷。

就像现实给王安石的理想浇了一瓢冷水一样，现实也给我们当头棒喝。我们发现，在区域文化和城市记忆研究中，甚至具体到南京文学与文化研究中，王安石都是一个易被忽略的角色，只有少数学者有所关注，如程章灿《旧时燕》中以"细数落花""叶落半山"两个章节来介绍王安石与南京的因缘际会，强调王安石在南京取得的文学业绩，可谓独具只眼。② 这类研究的缺乏，与王安石在中国思想领域的巨大贡献和丰硕成果形成鲜明落差。究其原因，在于王安石的杰出影响已远远超过地域甚至国界，因此把他跟一座城放在一起研究，难度甚大。

实际上，"金陵记忆与书写"对王安石来说，是一种独特的存在，这种记忆与书写不仅是曾为帝王师的王安石对曾为帝王州的金陵投来的温情一瞥，更是对自己身处其中的思辨反省与不倦追问。王安石的"金陵记忆与书写"不仅是对金陵的记忆与书写，也是自身跟金陵有关的记忆与书写。而王安石对这种"记忆"的书写，不仅包含着有意识的表演性质的书写，更有很多不自觉的关于这类记忆的潜意识书写。尤其是晚年退居金陵的王安石，更是在

---

① 也有学者指出，这种边缘化的另类记忆，是一种"反记忆"（counter-memory)，可参考。

② 程章灿：《旧时燕：文学之都的传奇》，南京：南京大学出版社，2021年，第191—212页。

金陵消化着他的学术矛盾、变法苦果、人生困境，最终完成思想演进、精神升华和灵魂救赎。

　　这一切究竟是怎么发生的？金陵给予王安石多大的帮助？王安石的自我超越之路对我们的时代和时代中的我们有什么启迪？拙稿便聚焦于此类问题，力图从地方志和城市群像的学术传统中突围而出，深度挖掘名人个体与居住城市的时空、群己、身心等方面的耦合之道，较为全面地呈现王安石在金陵创造并被后世不断建构的记忆之场。

第一章　理想困境

　　作为一个理想主义者,王安石曾遇到过各种困境。如何实现推己及人的道德信条和富国强兵的政治蓝图,是王安石一生的难题。或许,无论在哪个时代,理想都必然是对困境的突破,也不可避免地变为突破后的困境。王安石的价值不在于他给出的答案,而在于他所发现的问题。在困境面前毫不退缩,是理想者真正的骄傲。

　　熙宁变法不仅改变了北宋国运，也彻底改变了王安石的人生。人们不无惋惜地感叹，如果王安石只做到翰林学士，后来的纷争或许就不会发生——这实在是单纯的愿望。没有王安石，也会出现司马安石、苏安石或程安石，因为历史前进的车轮滚滚不息，无人幸免。跟其他人相比，被时代和命运选中的王安石显然更不幸，他要背负更多骂名，负重前行，忍受常人难以承受的误解、偏见甚至诅咒；但王安石在变法家中又是幸运的，他得君行道，是非功过都如日月星辰，人皆仰见，留下无数的经验和教训供后人评判，并最终带着自信寿终正寝，叹息"万物莫足归，此言犹有在"(《无营》)，长眠金陵。

　　一个至死自信的人，他还需要救赎吗？

　　实则王安石临终前的自信，是其克服困境、完成救赎的最后结果，而不是生来如此。王安石也曾遇到个体困境，但大多能克服，他难以克服的真正困境，主要体现在变法及其所引发的一系列问题上，关键在于如何实现推己及人的道德理想和富国强兵的政治蓝图。蓝图再美，无法落地也是白搭；理想再高，无法实现，则不仅仅是白搭了，甚至还会反噬，产生心魔。所幸，这对终身学习者王安石来说，是一次又一次的体验与挑战，那些无法打败他的，最终都促使他成为更好的自己。而在这个艰难的过程中，金陵及其文化传统都给了王安石莫大的安慰和助益。要想理清其中的关联，就不能不先对王安石遭遇的困境有较为深入的了解。经过对现有资料的细致爬梳，我们可以把王安石遇到的困境归结为三个方面：内圣外王的交困、尚同的弊大于利及"吾谁与归"的现实处境。

　　在开始三个方面的分析之前，我们先得聚焦于王安石的政治理想。他的政治理想跟变法本身密不可分。学界关于王安石变法研究的成果甚多①，其中总结最为到位的，还是刘安世，他说：

> 天下之法，未有无弊者，祖宗以来，以忠厚仁慈治天下，至
> 于嘉祐末年，天下之事似乎舒缓，委靡不振，当时士大夫亦自
> 厌之，多有文字论列，然其实于天下根本牢固。至神庙即位，
> 富于春秋，天资绝人，读书一见便解大旨，是时见两蕃不服及
> 朝廷州县多舒缓，不及汉唐全盛时，每与大臣论议，有怫然不
> 悦之色。当时执政从官中有识者，以谓方今天下正如大富家，
> 上下和睦，田园开辟，屋舍牢壮，财用充足，但屋宇少设饰，器
> 用少精巧，仆妾朴鲁迟钝，不敢作过。但有邻舍来相凌侮，不
> 免岁时以物赠之，其来已久，非自家做得如此。遂不敢承当上
> 意，改革法度。独金陵揣知上意，以身当之，以激切奋怒之言
> 以动上意，遂以仁庙为不治之朝，神庙一旦得之，以为千载会
> 遇。改法之初，以天下公论谓之流俗，内则太后，外则顾命大
> 臣等，尚不能回，何况台谏、侍从、州县乎？只增其势尔。虽天
> 下之人群起而攻之，而金陵不可动者，盖此八个字，吾友宜记
> 之。……虚名实行，强辩坚志。当时天下之论，以金陵不作执
> 政为屈，此虚名也。平生行止，无一点谀语者，虽欲诬之，人主
> 信乎？此实行也。论议人主之前，贯穿经史今古，不可穷诘，
> 故曰强辩。前世大臣欲任意行一事，或可以生死祸福恐之得
> 回，此老实不可以此动，故曰坚志。因此八字，此法所以必行

---

① 李华瑞：《王安石变法研究史》，北京：人民出版社，2004 年。该书以理
查德·利基"社会气候"说来全面展现王安石变法九百余年的研究史，重心实
则放在"九百余年的研究史"上，对王安石自身的探讨较少。

也。得君之初，与主上若朋友，一言不合己志，必面折之，反复诘难，使人主伏弱乃已。及元丰之初，人主之德已成，又大臣尊仰，将顺之不暇，天容毅然，正君臣之分，非与熙宁初比也。①

刘安世从变法前的形势、神宗与王安石的君臣离合、王安石的个性特征等方面，对熙宁变法做了有倾向性的记忆与转述。显然，刘安世并不认为宋仁宗留下的是烂摊子，相反，北宋立国根本尚在，出现的不过是一些小问题。这些小问题是什么呢？就是宋神宗即位时所看到的外有北辽、西夏虎视眈眈，内有从中央到地方的行政效率低下，内忧外患，跟汉唐全盛之时不可同日而语。

这个问题，究竟是大问题还是小问题，其实涉及评判标准：如果从国家形象来说，当然是积贫积弱的大问题；如果从民生角度来说，政府功能削弱反而使民间社会充满生机，但也没有完全弱到无法抵抗外族入侵和维持内部秩序的程度，因此，这就成了未曾伤筋动骨的小问题。从大问题的角度来看，想要富国强兵，就不能不改弦易辙，彻底变法；从小问题的角度来看，富国强兵的办法很多，没必要推倒重建，小修小补加以维持就是胜利。从小问题入手改革，代表者就是庆历新政，虽然成功抵御西夏入侵，但并没有取得彻底胜利——这是留给宋神宗的机遇和挑战。宋神宗及其父亲宋英宗，并非宋仁宗亲生血脉，他们的皇权虽然程序上合法，但仍旧需要通过标志性的成果使自身统治得以落实和强化，跟宋仁宗时期

① ［宋］马永卿辑，［明］王崇庆解，［明］崔铣编行录，［清］钱培名补脱文：《元城语录解 附行录解脱文》，上海：商务印书馆，1939年，第9—10页。

庆历新政不同的熙宁新法就迫在眉睫,呼之欲出。在这一点上,王安石也有深刻的认识,他虽然在《仁宗皇帝挽词四首》中对宋仁宗有"忧勤无旷古,治洽最长年"之类的评价,但并不意味着对仁宗朝政治没有异议,尤其是跟王安石对神宗皇帝的评价"一变前无古,三登岁有秋"(《神宗皇帝挽词二首》其一)相比,仁宗皇帝显得极其努力但似乎并没有取得王安石认为最好的效果,他在其他诗中则说:"补穿葺漏仅区区,志义殊嗟士大夫。欲致太平非一日,谩劳使者报新书。"(《临吴亭》)李壁注云:"诗意似言不能旷然丕变,但补葺支柱而已,皆不满于时之意。"①可见王安石一直都是赞同大变的,这一点跟神宗不谋而合,并非如刘安世所说的那样,是王安石"揣知上意"的投机行为。

然而,宋神宗的动机并非王安石的动机,他们起初各自所选择的理想偶像就完全不同。神宗本意不过是以唐太宗自许,王安石则连唐太宗也看不上,他在跟神宗讨论治理天下的方法时,倡导以尧、舜为榜样:

> 诏新除翰林学士王安石越次入对。上谓安石曰:"朕久闻卿道术德义,有忠言嘉谟,当不惜告朕,方今治当何先?"对曰:"以择术为始。"上问:"唐太宗何如?"对曰:"陛下每事当以尧、舜为法。唐太宗所知不远,所为不尽合法度,但乘隋极乱之后,子孙又皆昏恶,所以独见称于后世。道有升降,处今之世,恐须每事以尧、舜为法。尧、舜所为至简而不烦,至要而不迂,

---

① [宋]王安石撰,[宋]李壁笺注,[宋]刘辰翁评点,董岑仕点校:《王安石诗笺注》,北京:中华书局,2021年,第1845页。

至易而不难,但末世学士大夫不能通知圣人之道。故常以尧、舜为高而不可及,不知圣人经世立法常以中人为制也。"上曰:"卿可谓责难于君矣,然朕自视眇然,恐无以副卿此意。卿可悉意辅朕,庶几同济此道。"①

神宗本以唐太宗为效法对象,意在通过个人能力和治国手段的结合,使帝位永固,并像唐太宗那样传之后世,这完全是把皇权跟国力捆绑起来,归根究底,一家之姓才是首要考虑的,大一统不过是为这个目标服务;王安石劝以尧、舜为法,尧、舜推贤禅让,使个体权力服从于民众推举,从根本上来说是跟唐太宗对立的,但就尧、舜与唐太宗在位时的举措而言,又有达成共识的基础,这就是王安石所讲的"圣人之道"。值得注意的是,王安石所讲的"圣人之道"已不再是原始的尧舜之道,而是经过"道有升降"改革之后的王安石学说,即道德性命之理。王安石以"通知圣人之道"来"经世立法",使效法尧、舜的难度降低,又通过道德性命之理的整合,跟北宋具体现实接轨,从而使神宗动念要与他"同济此道"。神宗想要打破羸弱局面,成盛世大业,王安石则把理财纳入新的"圣人之道"中来富国强兵,就这一点来说,二人可谓同志。再加上局势所迫,不得不变,更使神宗、安石如虎添翼,变法就在视公论为流俗的氛围下大刀阔斧展开。

而王安石拜相本身就是宋神宗视公论为流俗的成果,当时王安石任参知政事,引发大量争议。"上召对曰:'富弼、曾公亮与卿

_____

① 〔清〕黄以周等辑注,顾吉辰点校:《续资治通鉴长编拾补》,北京:中华书局,2004 年,第 92—93 页。

协力，弼闻卿肯任事亦大喜，然须勿为嫌疑。朕初亦欲从容除拜，觉近日人情于卿极有欲造事倾摇者，故急欲卿就职。朕常以吕诲为忠直，近亦毁卿，赵抃、唐介皆以言扞塞卿进用。朕问曾公亮，亦云诚有此。卿且与朕力变此风。'"①文中神宗所说的"卿"，就指王安石。神宗重用王安石，遭到赵抃、吕诲、唐介等人的反对，唐介更因此力争而死，但最后神宗仍旧拍板重用王安石，从这一点来看，神宗行事风格既不同于尧、舜，也不同于唐太宗，因此，得君行道也成为王安石一生的重负所在。

然而，经过王安石与神宗的努力，"超越汉唐、回归三代之理想"，得到众多士人响应，成为当时之潮流。时人赞成"回归三代"的理想不难理解，因为这也是儒家的最高理想，如理学创始人之一的张载也认可三代之法：

> 熙宁初，御史中丞吕公著言其有古学，神宗方一新百度，思得才哲士谋之，召见问治道，对曰："为政不法三代者，终苟道也。"帝悦，以为崇文院校书。他日见王安石，安石问以新政，载曰："公与人为善，则人以善归公；如教玉人琢玉，则宜有不受命者矣。"②

张载也是以效法三代回答神宗，只不过，等王安石跟他讨论新政的时候，张载说了一句当时的俗语"教玉人琢玉"，结果不欢而散。这

---

① ［宋］陈均编，许沛藻等点校：《皇朝编年纲目备要》，北京：中华书局，2006年，第415页。

② ［元］脱脱等撰，中华书局编辑部点校：《宋史》，北京：中华书局，1985年，第12723页。

是什么意思呢？字面意思很简单，即教琢玉人琢玉，有班门弄斧、越俎代庖、多此一举等意，而在宋人语境中常含贬义，如陈宓《劝筑城局诸士友札》："所谓士友但督其向前用工，如不用工则举觉，不必教玉人琢玉。"①这是用在他人身上。又如胡太初《昼帘绪论·跋》："教玉人琢玉，愚所不敢也。与吾僚寀同归于振职寡过，愚深所愿也。"②这是用在自己身上。张载用在王安石身上，并且是在谈论新政时使用，则张载之意，也许是指新政变动太多，"教玉人琢玉"就可以理解为教皇帝做皇帝、教官员当官、教农民种田、教老师上课等，那都是他们的本职工作，也是他们安身立命所在，现在突然全都改为新政之法，他们怎么会听命？

张载对王安石的批评，用现在的话来说，就是做事不专业。即便专业的人做专业的事尚且不能保证完全做好，何况不专业呢？比如，作为学者，王安石学习不辍，可谓专业，他建议神宗先学习："愿陛下以讲学为事，讲学既明，则施设之方不言而自喻。"③只有讲学清晰明白，"施设之方"才能水到渠成。其他学者也有这类意见，如孙觉《论人主有高世之资求治之意在成之以学奏》说："陛下增益其所未至，勉强其所不能，救其所偏，解其所蔽，则臣将见陛下之治，度越汉、唐，而比隆于三代矣。"④次年，程颢也上书说：

---

① 曾枣庄、刘琳主编：《全宋文》第 305 册，上海：上海辞书出版社、合肥：安徽教育出版社，2006 年，第 135 页。

② ［宋］胡太初撰，闫建飞点校：《昼帘绪论》，北京：中华书局，2019 年，第 200 页。

③ 汪圣铎点校：《宋史全文》，北京：中华书局，2016 年，第 639 页。

④ 曾枣庄、刘琳主编：《全宋文》第 72 册，上海：上海辞书出版社、合肥：安徽教育出版社，2006 年，第 360 页。

夫义理不先尽，则多听而易惑；志意不先定，则守善而或移。惟在以圣人之训为必当从，先王之治为必可法，不为后世驳杂之政所牵制，不为流俗因循之论所迁惑，自知极于明，信道极于笃。任贤勿贰，去邪勿疑，必期致世如三代之隆而后已也。然天下之事，患常生于忽微，而志亦戒乎渐习。是故古之人君，虽出入从容闲燕，必有诵训箴谏之臣，左右前后无非正人，所以成其德业。①

孙觉希望神宗查找不足，纠偏解蔽，从而实现三代之治。程颢则希望神宗尽理定志，效法圣人的训谟和理术，不停地听取别人的规劝意见，仕贤去邪，扫清驳杂政策和因循言论，守善兼听，肯定能够"稽古正学"，实现"三代之隆"的功业。无论是王安石，还是孙觉、程颢，都是当时重要的学者，他们的专业意见，神宗听进去了吗？神宗即位时才二十岁，在自身没有学成之前就蠢蠢欲动了，哪里听得进去。不仅神宗如此，王安石也迫于形势做了调整，在没有完全完善其学说的情况下提枪上马，为后面的悲剧埋下了伏笔。

想要学成以后再行动，可能永远就无法付诸实践了，因为"吾生也有涯，而知也无涯"，永远不可能真正完全学成。因此，虽然他们都希望神宗先学，但对于神宗学什么，怎样算是学成，实际标准并不一样。历史告诉我们，神宗虽没耐心等到学成就急着改革，但还是选择了王安石的对策，这使王安石学说盛极一时，但同时也使其学说中的弊端得到更多关注和批评，详后，这里需要提前说明的

---

① ［宋］程颢、程颐著，王孝鱼点校：《二程集》，北京：中华书局，2004年，第447页。

是，即使王安石学说问题不大，神宗也基本学成，仍然不能保证一定行之有效，因为"回到三代"的理想本身就有问题。我们知道，理想跟现实不是一回事，但宋人由于时代局限，虽也敏锐感到这一理想的实现会充满艰难，说不定会适得其反，却无法对宋神宗说"不"，只好把矛盾对准王安石。

倒是清儒王夫之在《宋论》中对神宗和王安石都加以猛烈抨击，他说：

> 使安石以此对颐于尧、舜之廷，则靖言庸违之诛，膺之久矣。抑诚为尧、舜，则安石固气沮舌嗫而不敢以此对也。夫使尧、舜而生汉、唐之后邪，则有称孔明治蜀、贞观开唐之政于前者，尧、舜固且揖而进之，以毕其说，不鄙为不足道而遽斥之。何以知其然也？舜于耕稼陶渔之日，得一善，则沛然从之。岂耕稼陶渔之侣，所言善言，所行善行，能轶太宗、葛、魏之上乎？大其心以函天下者，不见天下之小；藏于密以察天下者，不见天下之疏。方步而言趋，方趋而言走，方走而言飞；步趋犹相近也，飞则固非可欲而得者矣。故学者之言学，治者之言治，奉尧、舜以为镇压人心之标的；我察其情，与缁黄之流推高其祖以树宗风者无以异。①

因为王夫之不用担心神宗权势，所以他连神宗一起批评，认为神宗如果真能像尧、舜那样，王安石又怎敢当面发表这样的看法，因为

---

① ［清］王夫之著，舒士彦点校：《宋论》，北京：中华书局，1964 年，第114—115 页。

真的尧、舜会直接处死王安石！在王夫之看来，尧、舜也好，诸葛亮、唐太宗也罢，推行的都是不同历史时期下的善政，都是值得学习的对象，而王安石抬出尧、舜不过是镇压人心的门户之见而已！他对王安石批评得更为厉害："扬尧、舜以震其君，而诱之以易；揭尧、舜以震廷臣，而示之以不可攻。言愈高者（趋）愈下，情愈虚者气愈骄。言及此，而韩、富、司马诸公亦且末如之何矣！"①王夫之所言确实是王安石提倡"回归三代"理想带来的客观效果，即一方面说服神宗，另一方面震慑群臣，但他仍旧没有跳出三代理想的陷阱，因此在文中一再强调尧舜之道的真谛说：

> 法尧、舜者之不以法法，明矣。德协十一，载十土心，人皆可为尧、舜者，此也。道贞乎胜，有其天纲，汤、武不师尧、舜之已迹，无所传而先后一揆者，此也。法依乎道之所宜；宜之与不宜，因乎德之所慎。舍道与德而言法，韩愈之所云"传"，王安石之所云"至简、至易、至要"者，此也。②

结合后面我们详细谈论的王安石的道德性命之理，会发现王夫之此说跟王安石之论有相当多的共同或相通之处。只有等到古史辨派打破对经学的迷信，后世建构尧舜之道的真实面目才日渐浮现出来，而王安石口中的"尧舜之道"，不过是其中一种建构，也是我们关注的重点所在。

理想本身就有问题，自然不易实现，熙宁七年（1074），王安石

---

① ［清］王夫之著，舒士彦点校：《宋论》，北京：中华书局，1964年，第116页。
② ［清］王夫之著，舒士彦点校：《宋论》，北京：中华书局，1964年，第115页。

因郑侠上流民图及太皇太后等言而罢相,史书载王安石弟王安国与郑侠之言,"安国曰:'是何为小人所误!家兄所见不同,自以为人臣子,不当避四海九州之怨,使四海九州之怨尽归于己,方是臣子尽忠于国家。'侠曰:'未闻尧、舜在上,夔、契在下,而有四海九州之怨。'安国以为然"①。我们不去评价郑侠与王安国观点的对错,且从王安石"为人臣者,不当避四海九州之怨,使归于君"可知,王安石是自觉地承担起以身任怨的责任的。王安石虽然罢相,韩绛、吕惠卿依旧在朝廷辅佐神宗推行新法,王安石在咏贾谊之诗中表达了自己的态度,其诗云:"一时谋议略施行,谁道君王薄贾生?爵位自高言尽废,古来何啻万公卿。"(《贾生》)贾谊被汉文帝重视,却受到排挤,历来作为不得志的形象出现在诗歌中,王安石把他的主张和自身遭遇区分开来,认为他虽身遭贬斥,主张却得以推行,比那些在位无所作为的公卿更有成就。

但反对者的声音并没有停止,这让王安石无法一直坦然。从反对者的角度来说,王安石罢相是不小的胜利,还有人写诗加以讽刺:

> 熙宁七年四月,王荆公罢相,镇金陵。是秋,江左大蝗,有无名子题诗赏心亭,曰:"青苗免役两妨农,天下嗷嗷怨相公。惟有蝗虫感恩德,又随钧斾过江东。"荆公一日饯客至亭上,览之不悦,命左右物色,竟莫知其为何人也。②

---

① [宋]李焘撰,上海师范大学古籍整理研究所、华东师范大学古籍整理研究所点校:《续资治通鉴长编》,北京:中华书局,2004 年,第 6314—6315 页。
② [宋]岳珂撰,吴企明点校:《桯史》,北京:中华书局,1981 年,第 106 页。

王安石罢相回到南京，结果江左蝗灾，有人在赏心亭上题诗，认为王安石的青苗、免役法都是妨碍农业发展的，导致天下人都埋怨不已，只有蝗虫才感谢王安石。这一方面把王安石新政视作农业上的"蝗灾"般的灾难，另一方面则含有把帮王安石推行新法之人比作贪得无厌的蝗虫之意，难怪王安石看到很不高兴。有人还煞有介事地认为这首诗是刘攽所写，"《山堂肆考》卷二二六云：'宋王荆公罢相出镇金陵，飞蝗自北而南往，江东诸郡百官饯荆公于城外。刘贡父后至，追之不及。因书一绝以寄云云。'宋蔡正孙《诗林广记》后集卷十也有类似的记载……宋谢维新《事类备要》前集卷二十、宋祝穆《事文类聚》前集卷五记载皆同，谓出《泊宅编》。今检十卷本与三卷本《泊宅编》皆九此条目……刘攽事迹，熙宁六年四月，刘攽'尝诒安石书，论新法不便。安石怒摭前过，斥通判泰州'。（《宋史》卷三百一十九刘攽本传、元陈桯《通鉴续编》卷九）次年四月，王荆公罢相时，刘攽尚在泰州任上。故笔记中所记刘贡父'追之不及'云云应为不根之谈。此诗本事，当以《桯史》所记为是"①。不管这首讽刺诗是不是刘攽所写，对王安石的怨恨以及所引发的王安石的不悦，倒是较为真实的。

何况王安石是带着疲倦和待罪之心罢相的，他到江宁后，写《观文殿学士知江宁府谢上表》云：

> 久妨贤路，上负圣时，苟逃放殛之刑，更滥褒扬之典。逸其犬马将尽之力，宠以丘墓所寄之邦。仰荷恩私，皆踰分愿。

---

① ［宋］刘攽撰，逯铭昕点校：《彭城集》，济南：齐鲁书社，2018 年，第 1129—1130 页。

中谢。臣操行不足以悦众,学术不足以趣时,独知义命之安,敢望功名之会?值遭兴运,总领繁机,惟睿广之日跻,顾卑凡而坐困。秋水方至,因知海若之难穷;大明既升,岂宜爝火之弗熄?加以精力耗于事为之众,罪戾积于岁月之多,虽恃含垢之宽,终怀覆𫗧之惧。伏蒙陛下志存善贷,为在曲成。记其事国之微诚,闵其吁天之至恳,挠黜幽之常法,示从欲之至仁。①

全文极力感恩,却也在不经意间流露出真实想法。王安石认为自己操行不悦众,学术不趋时,安守义命,无意于功名,只因遭逢时运,神宗支持,才来主持变法。随着神宗越来越睿智,能够独当一面,王安石自然想退居二线,何况那几年的变法已让他心力交瘁,尤其是"精力耗于事为之众,罪戾积于岁月之多"等句,写出其疲倦、待罪的真实心态,要说王安石心里一点情绪也没有,恐怕有些难以服人。

在后世记忆中,王安石政治困境在罢相之前就已露出端倪,王铚《默记》卷中说:

王荆公于杨寘榜下第四人及第。是时,晏元献为枢密使,上令十人往谢。晏公俟众人退,独留荆公,再三谓曰:"廷评②乃殊乡里,久闻德行乡评之美。况殊备位执政,而乡人之贤者

---

① 曾枣庄、刘琳主编:《全宋文》第63册,上海:上海辞书出版社、合肥:安徽教育出版社,2006年,第250—251页。

② 当为秘书省校书郎(《王安石年谱长编》,第106页),王安石庆历五年(1045)淮南签判任上由校书郎转为大理评事(《王安石年谱长编》,第140页),此处之称呼,或为后人所混淆。

取高科，实预荣焉。"又曰："休沐日相邀一饭。"荆公唯唯。既出，又使直省官相约饭会，甚殷勤也。比往时，待遇极至。饭罢，又延坐，谓荆公曰："乡人他日名位如殊坐处，为之有余矣。"且叹慕之又数十百言，最后曰："然有二语欲奉闻，不知敢言否？"晏公言至此，语欲出而拟议久之。晏公泛谓荆公曰："能容于物，物亦容矣。"荆公但微应之，遂散。公归至旅舍，叹曰："晏公为大臣，而教人者以此，何其卑也！"心颇不平。荆公后罢相，其弟和甫知金陵，时说此事，且曰："当时我大不以为然。我在政府，平生交友，人人与之为敌，不保其终。今日思之，不知晏公何以知之；复不知'能容于物，物亦容焉'二句，有出处，或公自为之言也。"①

此文从王安石考中进士开记，曲折生动地叙述晏殊努力劝诫王安石学会包容的整个过程，也通过王安石罢相后的醒悟来加以映照。但后人对此事颇有怀疑，周煇《清波杂志》卷四对此事加以截取，然后表示出疑惑："后识者谓荆公平日所短正在于此，何元献逆知其然耶？"②晏殊当然不能预料王安石变法的后事，但凭着自己的宰相经验对王安石性格缺点提出中肯意见倒也不是不可能。

由此可见，王安石不仅锋芒早露，罢相退居金陵后，还经常反思过往。他甚至在两次罢相之间，还不断思考，如《东轩笔录》卷六就记载了王安石两次罢相所写的诗："王荆公初罢相，知金陵，作诗

---

① ［宋］王铚撰，朱杰人点校：《默记》，北京：中华书局，1981年，第22—23页。

② ［宋］周煇撰，刘永翔校注：《清波杂志校注》，北京：中华书局，1994年，第147页。

曰：'投老归来一幅巾，君恩犹许备藩臣。芙蓉堂上观秋水，聊与龟
鱼作主人。'及再罢，乞宫观，以会灵观使居钟山，又作诗曰：'乞得
胶胶扰扰身，钟山松竹绝埃尘。只将凫雁同为客，不与龟鱼作主
人。'"①所引之诗为《答韩持国芙蓉堂二首》，字句略有出入，不影
响大意，第一次罢相，王安石诗中还想为"龟鱼作主人"，表现出应
对万物的兴致，不久后果然再次入京，担任宰相，重新主持大局；第
二次罢相则已经以凫雁自许，不愿再"作主人"了，预示着对时局的
不同判断。王安石真能不"作主人"吗？到底发生了什么？

一、内外交困

在王安石晚年遇到的诸多困境中，内圣外王的交困是其中最
棘手的问题。内圣外王是修身为政的极致，最初出自《庄子·天
下》篇，后为儒家所吸收。内圣外王之意，成玄英解释说："玄圣素
王，内也；飞龙九五，外也。"②"玄圣素王"指孔子，孔子是儒家圣
人，但并没有帝王之位，所以是"素王"；"飞龙九五"出自乾卦，指登
上九五至尊之位的帝王。成玄英特意指出二者的内外之分，已经
暗含了二者应当合一之意，只不过合一的主体偏向于帝王。到了
宋代，士大夫的主体精神得到张扬，内圣外王之道的适用范围更为

---

①　[宋]魏泰撰，李裕民点校：《东轩笔录》，北京：中华书局，1983 年，第
70—71 页。

②　[晋]郭象注，[唐]成玄英疏，曹础基、黄兰发点校：《南华真经注疏》，
北京：中华书局，1998 年，第 606 页。

广泛，林希逸便对此做出新的解释："内圣，体也；外王，用也。"①将圣王之道转化为体用之道，也就意味着有更多的主体可以参与对内圣外王之道的追求中，这是宋人的一次思想大解放。如此一来，内圣是指个体具有圣人道德，外王是指施之于外的王政。王安石的内圣外王之道就是指这一层面的思想体系。关于王安石内圣外王之道的探讨，可参见杨世利②、梁涛③、朱汉民④等学者的论著。总体而言，学界比较关注王安石内圣与外王谁占主流，实则王安石很想兼顾，但因其学说本身的问题，使兼顾难以达到圆融之境，而呈现出不同时期有不同侧重的阶段性特点，以其担任宰相为分界，前期以内圣为主，后期以外王为主；但前期也有外王之举，后期也有内圣之修。阶段性特点反映出来的实质，是王安石内圣外王之道互相融合的失败。⑤

（一）追求内圣本身的矛盾

熙宁变法的失败，有诸多复杂因素，但跟王安石学说的内在缺陷也密不可分。王安石天真地认为人的认知跟其行为是有必然联

---

① ［宋］林希逸著，周启成校注：《庄子鬳斋口义校注》，北京：中华书局，1997 年，第 492 页。

② 参见杨世利：《试论王安石的内圣外王之道》，《中州学刊》2000 年第 4 期。

③ 参见梁涛：《北宋新学、蜀学派融合儒道的"内圣外王"概念》，《文史哲》2017 年第 2 期。

④ 参见朱汉民：《荆公新学〈三经新义〉的内圣外王之道》，《北京大学学报（哲学社会科学版）》2021 年第 4 期。

⑤ 这也在无形中突出传统儒学"内圣外王"的失败，而对推动儒学发展有更大助力，可参见任剑涛《内圣的归内圣，外王的归外王：儒学的现代突破》（《中国人民大学学报》2018 年第 1 期）。

系的,因此看到扬雄的学说非常钦佩,发出"往者或可返,吾将与斯人"(《扬雄三首》其一)之叹,就天真地认为他不可能做出投阁之事:

> 子云游天禄,华藻锐初学。
>
> 覃思晚有得,晦显无适莫。
>
> 寥寥邹鲁后,于此归先觉。
>
> 岂尝知符命,何苦自投阁。
>
> 长安诸愚儒,操行自为薄。
>
> 谤嘲出异己,传载因疏略。
>
> 孟轲劝伐燕,伊尹干说亳。
>
> 叩马触兵锋,食牛要禄爵。
>
> 小知羞不为,况彼皆卓荦。
>
> 史官蔽多闻,自古喜穿凿。

(《扬雄三首》其二)

曾巩《王深父论扬雄书》转述王安石之意云:"以谓伊尹以割烹要汤,孔子主痈疽瘠环,孟子皆断以为非伊尹、孔子之事。盖以理考之,知其不然也。观雄之所自立,故介甫以谓世传其投阁者妄,岂不亦犹孟子之意哉?"[1]可是历史岂能尽合情理?"以理考之"不过是一厢情愿的美好愿望而已!

更重要的是,王安石追求圣人之道,本身就含着终极困境。因

---

[1]　[宋]曾巩撰,陈杏珍、晁继周点校:《曾巩集》,北京:中华书局,1984年,第266页。

为圣人之道并非完全是王安石之道，王安石之道也不可能完全等于圣人之道，二者难以等同，也就意味着王安石虽有以圣人之道自居的自信，但难以获得他人的全部认可。他人的批评，又反过来使王安石展开不懈的追求，就使王安石学说必然有前后之变化，一旦变化，矛盾多多少少就会出现，困境也就因此产生。

第一，圣人之道无穷无尽，本身就极难把握。王安石认为庄子、墨子等人都是"学圣人之道而失之耳"，难度可想而知，他曾深有感触地说："道如天之苍，万物不能缯。弟子尚不信，况余乏才资。明知古人仁，语默各有时。苟出不自慎，果为听者疑。"（《自讼》）这样一来，王安石只能不懈追求，导致其学术不断发展变化，自身容易出现矛盾而授人以柄。吕惠卿曾与王安石讨论《诗经》新义等，对王安石所知甚深，他的话具有一定的代表性。二人在修撰《诗经》新义的时候出现分歧，吕惠卿向神宗诉苦，这虽是一场政争，却在无意中为我们留下珍贵的材料，来考察王安石是如何治学立说的，吕惠卿说：

忽见余中、叶唐懿来谓臣，安石怒经义局改其《二南》旧义，止令勿卖，须得削去。臣意中等听之谬也，再令审之，复如前说。又令升卿往问，辄复大怒，其言如中等所闻。当初进《二南》义之时，陛下特开便殿，召延两府，安石与臣对御更读，以至终篇，陛下褒称，圣言可记。安石未耄，何至废忘，而其言如此，谁不骇闻。然臣犹以谓安石特发于一时之不思也。今安石乃乞用旧本颁行，若以谓小有未尽，当如先降指挥删定，有谁不欲，致使依违？若以谓皆不可取也，则以安石之才，于置局之日，《国风》以前看详修改，有至于数过者。苟其文至于皆不可取,则曷为不见,而今日独赖何人发明而后见之也? 臣于安石之学素所谙识,凡读文字,臣以为是,安石是之;不然,安石所否。安石学虽日益,去春今秋不应顿异,而以为陛下欲以经术造成人才,不得不尔,则前日之所是,今日为未定;今日之所是,他日岂可定哉? 安石当国,以经术自任,意欲去取,谁敢争之! ……安石必言垂示万世,恐误学者,《洪范》义凡有数本,《易》义亦然,后有与臣商量改者三二十篇,今市肆所卖新改本者是也。制置条例司前后奏请均输、农田、常平等敕,无不经臣手者,何至今日遽不可用,反以送练亨甫? 臣虽不肖,岂至不如亨甫?①

虽然吕惠卿是因为跟练亨甫斗争而波及王安石,但其所言王安石著述之状则甚为真实。我们抛弃政争,吕惠卿之言起码可以告诉我们三点:

首先,王安石对其学说极为重视,即使已经出版,因为其中有些解释出现问题,也坚决追回。《二南》指《诗经》中的《周南》《召南》,历来是《国风》中居首的作品,在出版之前就已经得到王安石、宋神宗和吕惠卿等人的反复推敲,但仍然因经义局出版时对旧义做了一些改动,导致王安石大怒。

其次,王安石对其学说是不断修订的,吕惠卿虽然用挖苦的语气指出王安石就算是学术“日益”精进,但也不可能一年之间转变如此之大,实则是不了解王安石。王安石追求的是圣人之道,圣人

① ［宋]李焘撰,上海师范大学古籍整理研究所、华东师范大学古籍整理研究所点校:《续资治通鉴长编》,北京:中华书局,2004 年,第 6566—6567 页。

本身就学无止境，王安石岂能停止？何况神宗"以经术造成人才"，人才是服务于现实的，现实不断变化，经术岂能抱残守缺，永远不变？但吕惠卿的担心也是有道理的，如果今日否定前日的学说，那么他日是不是也会否定今日的观点呢？答案是肯定的，只不过吕惠卿抱着一劳永逸地通过出版《诗经》新义来确立自身权威的目的，不愿修改，而王安石则不惮修改，完全不以自身权威、官位为重，由此也可看出王安石与吕惠卿本质上的区别。实际上，吕惠卿也知道经义无穷，哪怕圣人也不可能穷尽，他说："臣虽不肖，粗知性命之理，安石虽不察臣，臣终不与之较，文章声名，臣尤不以为意。且经义虽圣人有不能尽，无不可以增损处，昨以安石既去，据理修定，不敢少改。不意其怒如此。"①王安石第一次罢相后，经义局随之来到江宁，因此"据理修定"当是指王安石自己修改了旧义，而"不敢少改"的则是吕惠卿。在吕惠卿看来，王安石不停修订是效法圣人的一种体现，因此无可厚非，但在出版的时候，经义局采用的究竟是哪一个版本的内容呢？很显然，在这个地方王安石跟吕惠卿出现了差异。

从前引内容来看，吕惠卿主张使用之前宋神宗、王安石与吕惠卿等共同商定的那一版（简称 A 版），而王安石则主张使用其第一次罢相之后跟练亨甫等人一起修改的版本（简称 B 版），B 版虽然相对于 A 版是新说，但相对于新出版的书籍则属于旧义。王安石所认为的修改"《二南》旧义"的"旧义"，是指新出版书籍之前的经过自己改定之后的 B 版，而吕惠卿则以为"旧义"是王安石改定之

---

① ［宋］李焘撰，上海师范大学古籍整理研究所、华东师范大学古籍整理研究所点校：《续资治通鉴长编》，北京：中华书局，2004 年，第 6564 页。

前的 A 版①。吕惠卿宁愿玩这样的语言游戏，来给神宗打小报告，也不愿跟王安石讨论 A 版和 B 版哪一种解释更妥帖，可见从当时的学理上来说，吕惠卿是处于劣势的，他之所以如此捍卫 A 版，原因如前所述，是因为 A 版有他的身影，能够巩固他的地位，而吕惠卿出于同样的考量，把神宗也拉进来，欲其也能赞同 A 版，但神宗并没有支持他。

最后，不仅对待《诗经》如此，王安石对于《易》《洪范》等的阐释也都是不断修订的，可以看出王安石治学立说的不懈追求。总之，吕惠卿与王安石、练亨甫争论的虽是经义，但因为神宗以经义造士，所以最后落脚点变成侧重于政争方面，而他对王安石经义之学无限发展的认识则甚确。

不仅吕惠卿对王安石学说有这类认知，王安石自己也一样有清醒的自我认识，只不过他是从好的角度来看待这一现象，他在《夫子贤于尧舜》中说：

> 夫圣者，至乎道德之妙而后世莫之增焉者之称也，苟有能加焉者，则岂圣也哉？然孟子、宰我之所以为是说者，盖亦言其时而已也……夫以圣人之盛，用一人之知，足以备天下之法，而必待至于孔子者何哉？盖圣人之心不求有为于天下，待天下之变至焉，然后吾因其变而制之法耳。至孔子之时，天下之变备矣，故圣人之法亦自是而后备也。②

---

① 这看似乌龙事件，实则告诉我们，新旧党争并非铁板一块，很容易互相转化。
② 曾枣庄、刘琳主编：《全宋文》第 64 册，上海：上海辞书出版社、合肥：安徽教育出版社，2006 年，第 340—341 页。

刘成国云:"文中所论,即'圣者,时也'之义。孔子之所以贤于尧、舜,盖其所遭之时'天下之变至焉',故孔子得以'集诸圣人之事,而大成万世之法'。因时之变而制法,此亦公学术之精髓,而公以之自任。"①时变无穷,则王安石应对之术亦自然变化无端,是显而易见的,问题在于,为了论述孔子的圣人之道后世不可增改,而认为孔子之时"天下之变备矣",显然违背了王安石自身的学术精神,但这一矛盾为他后来突破传注之言而走向性理之学埋下伏笔。

王氏之学不断发展,从自身学术发展角度看是好事,但换个角度来看又成为缺点,史书云:"谭世勣字彦成,潭州长沙人。第进士,教授郴州。时王氏学盛行,世勣雅不喜。或问之,曰:'说多而屡变,无不易之论也。'置其书不观。"②谭世勣比吕惠卿直白,直接指责王氏之学不断变化,没有确定的"不易之论",令学者无所适从,干脆束之高阁,李壁笺注"后世不务此,区区挫兼并"(《寓言十五首》其三)云:"公诗尝云:'俗儒不知变,兼并可无摧。'而此诗乃复以挫兼并为非……始余以勣言为过,今观此诗,不能无疑。"③此类事例甚多,如元符三年(1100)苏轼在《刘贡父戏介甫》中也说:

> 王介甫多思而喜凿,时出一新说,已而悟其非也,则又出一言而解释之。是以其学多说。尝与刘贡父食,辍箸而问曰:"孔子不彻姜食,何也?"贡父曰:"《本草》,生姜多食损智,道非

---

① 刘成国:《王安石年谱长编》,北京:中华书局,2018年,第349页。
② [元]脱脱等撰,中华书局编辑部点校:《宋史》,北京:中华书局,1985年,第11230—11231页。
③ [宋]王安石撰,[宋]李壁笺注,[宋]刘辰翁评点,董岑仕点校:《王安石诗笺注》,北京:中华书局,2021年,第547页。

明民，将以愚之。孔子以道教人者也，故不彻姜食，将以愚之
也。"介甫欣然而笑，久之，乃悟其戏己也。贡父虽戏言，然王
氏之学实大类此。庚辰二月十一日，食姜粥，甚美，叹曰："无
怪吾愚，吾食姜多矣。"因并贡父言记之，以为后世君子
一笑。①

苏轼指出，王安石善于思考，喜欢穿凿附会，常有新说，层出不穷，
然后用刘贡父戏耍王安石的事加以印证，实际上，苏轼自己也有很
多批评王氏之学的文字，我们在后面再专门探究。

　　第二，当王安石跳出章句训诂、从传注之学转向性理之学时，
已经超出原有的圣人之道，更容易被学者攻击。随着王氏之学不
断发展，突破原有的圣人之道是必然结果，其中《洪范传》是王安石
义理之学成熟的标志，其《书洪范传后》说："学者不知古之所以教，
而弊于传注之学也久矣。"又说："古之学者，虽问以口，而其传以
心；虽听以耳，而其受者意。"②指出传注之学对学者思想的禁锢之
弊，而主张以心相传、以意相受。其《洪范传》开宗明义地指出："通
天下之志，在穷理；同天下之德，在尽性。"③把穷理尽性作为通志
同德的根本，而能穷理尽性的人则是圣人，其《致一论》云："万物莫
不有至理焉，能精其理则圣人也。精其理之道，在乎致其一而已。

---

①　张志烈、马德富、周裕锴主编：《苏轼全集校注》第 20 册，石家庄：河北
人民出版社，2010 年，第 8203 页。
②　［宋］王安石著，唐武标校：《王文公文集》，上海：上海人民出版社，
1974 年，第 400 页。
③　［宋］王安石著，唐武标校：《王文公文集》，上海：上海人民出版社，
1974 年，第 286 页。

致其一，则天下之物可以不思而得也。"①既然圣人之道在于穷理尽性，那就不必完全遵循传注之言，其《虔州学记》云：

> 先王之道德，出于性命之理，而性命之理，出于人心。《诗》《书》能循而达之，非能夺其所有而予之以其所无也。经虽亡，出于人心者犹在，则亦安能使人舍己之昭昭，而从我于聋昏哉？②

认为经书之所以能达圣人之道，是因为它们能循人心，换言之，如果从心出发，自然也可以通往圣人之道，经书尚且如此，经书传注就更不用说了，因此王安石对"章句名数"之类的烦琐解释有较大的反感，其《答姚辟书》云：

> 蹈道者则未免离章绝句，解名释数，遽然自以圣人之术单此者有焉。夫圣人之术，修其身，治天下国家，在于安危治乱，不在章句名数焉而已。而曰圣人之术单此，妄也。虽然，离章绝句，解名释数，遽然自以圣人之术单此者，皆守经而不苟世者也。③

---

① ［宋］王安石著，唐武标校：《王文公文集》，上海：上海人民出版社，1974年，第339—340页。

② ［宋］王安石著，唐武标校：《王文公文集》，上海：上海人民出版社，1974年，第402页。

③ 曾枣庄、刘琳主编：《全宋文》第64册，上海：上海辞书出版社、合肥：安徽教育出版社，2006年，第149页。

邱汉生评价说:"批判当时的'离章绝句,释名释数'的烦琐学风,明白提倡为天下国家的'安危治乱'而治经的新学风,是王安石经学的特征,也是王安石治经的原则。"①所云甚是,实际上王安石也试图把"经"与"世"结合起来,因此有"尝谓文者,礼教治政云尔"②之言,将礼教治政与文合而为一。由《答姚辟书》可知,在王安石心目中,显然以礼教治政为代表的经世致用之学更重要,而文则需要与之契合;如果文不契合,王安石肯定就选择礼教治政,而不会选择文。同样的道理,孔孟圣人之书也是因为含有礼教治政之道才重要,否则,跟普通之文又有什么区别? 这里已含有对原有经书的质疑,难怪邓广铭、陈植锷等学者认为王安石是宋学的真正开创者。

后人不辨乎此,常有弄巧成拙之处,如王安石诗云:"求全伤德义,欲速累功名。玉要藏而待,苗非揠故生。未妨徐出昼,何苦急堕成。此道今亡矣,嗟谁可与明。"(《求全》)王安石所论"何苦急堕成"是指鲁定公十二年(前498)孔子、子路毁三都之事:

> 仲由为季氏宰,将堕三都。于是叔孙氏堕郈。季氏将堕费,公山不狃、叔孙辄帅费人以袭鲁。公与三子入于季氏之宫,登武子之台。费人攻之,弗克。入及公侧,仲尼命申句须、乐颀下,伐之,费人北。国人追之,败诸姑蔑。二子奔齐,遂堕费。将堕成,公敛处父谓孟孙:"堕成,齐人必至于北门。且成,孟氏之保障也。无成,是无孟氏也。子为不知,我将不

---

① [宋]王安石著,邱汉生辑校:《诗义钩沉》,北京:中华书局,1982年,第3页。
② 曾枣庄、刘琳主编:《全宋文》第64册,上海:上海辞书出版社、合肥:安徽教育出版社,2006年,第167页。

堕。"冬，十二月，公围成，弗克。①

此事引发后人争议，但子路之谋，取自孔子则无疑义，因此，关键在于，是赞同孔子的做法，还是表示异议。很显然，王安石并不因为此事乃孔子所立就表示赞同，因此全诗先说不要求全责备，后面再指出孔子失误之处，是想在一定程度上缓和对孔子的批评，也含有对自身所行有瑕疵的遗憾以及期待被包容的心态，因此结尾说"此道今亡矣，嗟谁可与明"，其实王安石是渴望被理解的。但李壁补注把王安石诗意完全理解反了，他说："圣人所为，缓急皆有义。诗所称'何苦'者，正谓后人不能深识此意耳。东坡论此一事，与公意合，今略摘附此。"②苏轼之论乃其《论孔子》，主旨是赞同孔子的做法：

> 此孔子之所以圣也。盖田氏、六卿不服，则齐、晋无不亡之道。三桓不臣，则鲁无可治之理。孔子之用于世，其政无急于此者矣……孔子以羁旅之臣，得政期月，而能举治世之礼，以律亡国之臣，堕名都，出藏甲，而三桓不疑其害己，此必有不言而信，不怒而威者矣。孔子之圣，见于行事，至此为无疑也。③

---

① ［清］洪亮吉撰，李解民点校：《春秋左传诂》，北京：中华书局，1987年，第835—836页。

② ［宋］王安石撰，［宋］李壁笺注，［宋］刘辰翁评点，董岑仕点校：《王安石诗笺注》，北京：中华书局，2021年，第835页。

③ ［宋］苏轼撰，［明］茅维编，孔凡礼点校：《苏轼文集》，北京：中华书局，1986年，第150页。

其实不仅苏轼如此，很多人都这么看待孔子此举，比较有代表性的是吕祖谦：

> 孔子为政于鲁，堕三家都邑。考当时本末，自有次序。所谓三家兼鲁国而有之，已四五君矣。仲尼骤得政，若骤堕三家都邑，自常人论之，必疑变不可知。然考当时事端，初不发于仲尼，乃仲由为季氏宰发此议。又是三家自有此议。后来论此，却言仲尼不自为谋，恐三家万一不从，伤威损重，不可复令鲁国。若使仲由为之，从则公室之权自此振；不从，则不过不从家臣之言，仲尼之体貌未损，鲁国之威权未沮。为此论者，亦未免为利害所夺，亦未知圣人为政。夫子之得邦家，所谓立之斯立，绥之斯来，动之斯和。圣人作而万物睹。仲尼在上，同此心者，孰不怀？同此气者，孰不感？况仲由是勇锐兼人之资，感于气最先者，所以为堕都之议。而叔孙氏、季氏皆从，堕郈与费，此二人亦非仲由所能令。盖圣人在上，他自有所感动，仲由特发之耳。然两都既堕，独公敛处父负固而不服，何故？此闭固难感者，所以虽用兵未克，如三苗逆命一般。若仲尼终为政于鲁，则闭固者亦须服。又将此事反覆论，当时仲尼为政，公室之权虽未尽收，已不见公室与三家之异。昭公时，三家与公室相为仇雠，到此能与三子入宫登台，当仓卒变乱之时，敢入季氏之宫，分明见得季氏与国同体了。此见圣人感化之功如此。[1]

---

[1] ［宋］吕祖谦著，杜海军点校：《左氏传说》，杭州：浙江古籍出版社，2017年，第179—180页。

吕祖谦极尽为孔子辩护之能事，越发可见王安石批评孔子之胆量与识见，实则我们对王安石的批评，如果从王安石这段话的角度来看，虽然达不到王安石批评孔子的效果，但也不会毫无意义。

王氏之学不断发展，使王安石处在不同生命时期对待同一人事的态度有变化，惹人非议，如李壁注《寄赠胡先生》诗说："余尝见公《题王昭素〈易论要纂〉后》云：'予尝苦王先生《易论》晦而难读，徐徽生删取其略，以示予，又取其义可传及虽不足传而犹可论者存之。'按，公初于前辈宿儒，犹有尊事之意。故如昭素与安定，皆以先生呼之。其后诋排诸老，略不少假，此意无复存矣。"①李壁以是否称"先生"为判断王安石是否尊事前辈宿儒的标准，略显呆板，实际上，王安石《寄赠胡先生》诗并非完全赞同胡瑗之说，故其序云"孔孟去世远矣，信其圣且贤者，质诸书②焉尔。翼之先生与予并时，非若孔孟之远也，闻荐绅先生所称述，又详于书，不待见而后知其人也。叹慕之不足，故作是诗"③，王安石自己说得很清楚，他是因为孔孟相距太远而叹慕同时代的学者，其终极目标，还是聚焦在以孔孟为代表的圣人之道，尤其是圣人之道中的经世致用之处，因此，当王安石发现胡瑗跟他一起提倡圣人之书时自然加以支持，但后来发现，同样的书，大家的关注点和落脚点都有差别，王安石也

---

① ［宋］王安石撰，［宋］李壁笺注，［宋］刘辰翁评点，董岑仕点校：《王安石诗笺注》，北京：中华书局，2021年，第720页。

② "书"字，原作"诗书"二字，误，董岑仕校记云："'诗'，龙舒本、王珏本、应云骘本、何迁本及《宋文鉴》无此字。"（［宋］王安石撰，［宋］李壁笺注，［宋］刘辰翁评点，董岑仕点校：《王安石诗笺注》，北京：中华书局，2021年，第721页）甚是。盖王序又云"又详于书"，前后对应，不当有"诗"字。

③ ［宋］王安石撰，［宋］李壁笺注，［宋］刘辰翁评点，董岑仕点校：《王安石诗笺注》，北京：中华书局，2021年，第719—720页。

不会苟同，自然加以批评，体现出前后态度的差异。这本是学术发展的正常现象，李壁却形容王安石的批评为"诋排诸老，略不少假"，含有明显的价值立场，并不可取，但指出的现象是事实。

第三，无论王安石是否达到圣人之道，圣人之道都成为反对者抨击他的理由。圣人之道对王安石来说是一把双刃剑，无论达到还是达不到，都难免被人批评。王安石《答陈枢书》云："某懦陋浅薄，学未成而仕，其言行往往背戾于圣人之道，摈而后复者，非一事也。"①此类甚多，如"辍学以从仕，仕非吾本谋。欲归谅不能，非敢忘林丘"（《答虞醇翁》）。虽然是自谦之词，但是较为真实地反映出王安石心中的忧虑，即认为自己没有达到圣人之道，结果就被批评为"安石居金陵，阅佛书，恍然有得，是所得不在六经而在佛书。古之学者，以其所得施之政事，今安石以道自任，而所得乃在为相之后，颠倒如此"②，一方面认为王安石既然说自己常常"背戾于圣人之道"，把王氏之学坐实为学习佛书的结果，这是从根源上认为王氏之学误入歧途；另一方面则认为，学者以道自任，应该先得道后施政，王安石却是在施政之后才得道，顺序本身就颠倒了，何况这个道还不是正道呢！

如果王安石自我感觉已经达到圣人之道，甚至被许为圣人，会怎么样呢？还是会被其他人驳斥批评，如《邵氏闻见录》就说："王荆公之子雱作荆公画像赞曰：'列圣垂教，参差不齐，集厥大成，光于仲尼。'是圣其父过于孔子也。雱死，荆公以诗哭之曰：'一日凤

① 曾枣庄、刘琳主编：《全宋文》第 64 册，上海：上海辞书出版社、合肥：安徽教育出版社，2006 年，第 178 页。
② ［宋］李焘撰，上海师范大学古籍整理研究所、华东师范大学古籍整理研究所点校：《续资治通鉴长编》，北京：中华书局，2004 年，第 9070 页。

鸟去，千年梁木摧。'是以儿子比孔子也。父子相圣，可谓无忌惮者矣。"①王安石、王雱父子以孔子互相称呼对方，是"人人皆可以为尧舜"的勉励，结果被大批特批为"无忌惮"。

邵氏的批评还是温和的，随着孔子地位的不断强化，到了清代，王安石甚至被视作名教罪人，如钱大昕就在《王安石狂妄》中说：

> 王安石与子雱皆以经术进，当时颂美者多以为周孔，或曰孔孟。范镗为太学正，献诗云："文章双孔子，术业两周公。"安石大喜曰："此人知我父子。"雱死，安石题其祠堂云："斯文实有寄，天岂偶生才。一旦凤鸟去，千秋梁木摧。"是真以孔圣比其子矣。安石在相位行新法，举朝交争。安石有诗云："众人纷纷何足竞，是非吾喜非吾病。颂声交作莽岂贤，四国流言旦犹圣。唯圣人能轻重人，不能铢两为千钧。乃知轻重不在彼，要之美恶由吾身。"是亦以圣自许也。《小雅》之篇曰"皇父孔圣"，又云"具曰予圣"，古来迷国罔上之臣，先后一辙。安石非独得罪于宋朝，实得罪于名教，岂可以其小有才而末减其狂惑丧心之大恶哉？②

钱大昕是著名学者，此处却未能有自由思想，将王安石指斥为狂妄，甚至用文字狱的钩稽之法给王安石安排罪名，以这种做法来

---

① ［宋］邵伯温撰，李剑雄、刘德权点校：《邵氏闻见录》，北京：中华书局，1983 年，第 158 页。

② ［清］钱大昕撰，程羽黑笺注：《十驾斋养新录笺注》，上海：上海书店出版社，2015 年，第 255 页。

说,当然是荒唐至极,但王安石确实是以圣人自期则无疑。

（二）外王失利的大讨论

虽然王安石自己说过"唯士欲自达,穷通非外求。岂必相天子①,乃能经九畴"(《惜日》),但在当时情况下,王安石终究不能不通过得君来施政,而从政在一定程度上验证甚至促进王氏之学的改变,无论是好的改变还是坏的改变,事实上好坏都是相对的,情况相当复杂。

在熙宁变法之前,王安石提点江东刑狱时就遇到众多挫折,流言四起,以至于他自己都有些灰心,因此在寄给孙觉的诗中说:"施为已坏平生学,梦想犹归寂寞滨。"(《度麾岭寄莘老》)明确指出自己平生所学被施为所破坏,这就说明出于种种原因,所学与所做出现极大的偏差,甚至大到让王安石打退堂鼓,故有"无恩披南国,疑此行当剪"(《解使事泊棠阴时三弟皆在京师二首》其二)的气馁之诗。

话虽如此,但时势紧迫,让王安石无法从容求道,因此他一再表示自己是"某学未成而仕,仕又不能俯仰以赴时事之会;居非其好,任非其事,又不能远引以避小人之谤谗。此其所以为不肖而得罪于君子者"②,虽然有着较为精确的自我认知和反思,但是仍旧

---

① "天子"一作"夫子",李壁认为"夫子"更好,"言夫子不必须得相位而后其道行也"([宋]王安石撰,[宋]李壁笺注,[宋]刘辰翁评点,董岑仕点校:《王安石诗笺注》,北京:中华书局,2021年,第398页),实则"天子"与"夫子"之意都是成为宰相,在本文的论述中并无抵牾。

② 曾枣庄、刘琳主编:《全宋文》第64册,上海:上海辞书出版社、合肥:安徽教育出版社,2006年,第105页。

没有因为君子的批评而停止，只是认为君子批评的原因在于小人的诽谤和谗言。王安石也不是没有想过"愿为五陵轻薄儿，生在贞观开元时。斗鸡走犬过一生，天地安危两不知"（《凤凰山二首》其二），可惜时不我待，又无田可以隐退，"物变极万殊，心通才一曲。读书谓已多，抚事知不足。与君语承华，念此非不夙。恨无数顷田，归讲使成熟。当官拙自计，易用忤流俗。穷年走区区，得谤大于屋"（《寄吴冲卿》）。只能一边虽被诽谤也不改变自心，一边不断做出各种解释，比熙宁变法时更清晰、更原汁原味地展现出当时的状况和王安石的调整过程，尤其是跟朋友的讨论惹人深思。另外，变法的目的是富国强兵，到元丰五年（1082）神宗讨伐西夏彻底失败，则预示着外王的最后破产。

第一，进退两难。虽然做出很多解释，但真正理解王安石的朋友很少。因此，他不得不降低对理解的期待。在提点江东刑狱之前，王安石声誉日隆，没想到江东之行给王安石带来很多负面影响，以至于朋友们纷纷质疑，王安石不得不做出各种解释，他在给王回的信中说：

> 自江东日得毁于流俗之士，顾吾心未尝为之变。则吾之所存，固无以媚斯世，而不能合乎流俗也。及吾朋友亦以为言，然后怃然自疑，且有自悔之心。徐自反念，古者一道德以同天下之俗，士之有为于世也，人无异论。今家异道，人殊德，又以爱憎喜怒变事实而传之，则吾友庸讵非得于人之异论、变事实之传，而后疑我之言乎？况足下知我深，爱我厚，吾之所以日夜向往而不忘者，安得不尝试言吾之所自为，以冀足下之

察我乎?①

起初王安石以为是流俗之人在谗毁他,直到朋友们也对他提出批评,王安石才重视起来,只不过,他认为朋友是被流俗之人的谣言所蒙蔽,换句话说,觉得这是误会。在跟丁宝臣解释时,王安石涉及更为根本的歧异,他说:

> 古者一道德以同俗,故士有揆古人之所为以自守,则人无异论。今家异道,人殊德,士之欲自守者,又牵于末俗之势,不得事事如古,则人之异论,可悉弭乎?要当择其近于礼义而无大谴者取之耳。不审足下终将何以为仆谋哉?②

提点刑狱最关键的是赏罚标准,而这就涉及判断的价值问题,在王安石看来,如今道德不一,不可能在完全没有流俗之人诽谤的情况下做事,只好择取那些所行近于礼义而没有"大谴"的官员,言外之意是,当世并没有完全符合王安石心中标准的人选。

由以上资料可知,王安石当时跟不少朋友有过沟通,其中"一道德以同天下之俗"之类思想,已开王安石变法之先河,只不过从知鄞县到提点江东刑狱,范围都无法与熙宁执政相比,在王安石多做解释的情况下尚且遭到纷纷非议,而他跟王回、丁宝臣等好友解释的结果也不尽理想。为了避免非议,王安石想要辞掉提点江东

---

① 曾枣庄、刘琳主编:《全宋文》第 64 册,上海:上海辞书出版社、合肥:安徽教育出版社,2006 年,第 106 页。
② 曾枣庄、刘琳主编:《全宋文》第 64 册,上海:上海辞书出版社、合肥:安徽教育出版社,2006 年,第 144 页。

刑狱之官而申请重做地方太守,并不能得到朋友们的真正理解,反而以"不宜自求便安,数渎朝廷"①为由加以劝止。做这个官,被朋友们批评没做好;不做这个官,还是被朋友们批评,认为王安石是自保,不顾朝廷大体。王安石在跟王令的求教信中苦恼地说:"某处此遂未有去理,如孙少述、丁元珍、曾子固尚以书见止,不宜自求便安,数渎朝廷,它人复可望其见察者乎?罪衅日积,而不知所以自脱,足下安以为我谋哉?"②朋友们尚且这样使王安石进退两难,其他人还有什么指望,甚至有的朋友开始疏远他,王安石在《与王逢原书》其四中说:"近见莘老,其不肯豫人事,固知其如此久矣。而书来过相称誉,似以俗人见遇,不知其故何也?既已任此职事矣,彼以此遇我,殆其宜也。"③朋友孙觉甚至跟王安石玩起了假客套,完全没有朋友的真心相待,不能不令人心寒。这种心情,王安石在与此事关系不大的茶法诗中加以表露,他说:"区区欲救弊,万谤不容口。天下大安危,谁当执其咎。劳心适有罪,养誉终天丑。"(《酬王詹叔奉使江东访茶法厉害见寄》)劳心劳力去处理天下大安危,却被认为有罪,退而养誉,自己良心上又过不去,何况朋友们还

<hr>

① 曾枣庄、刘琳主编:《全宋文》第64册,上海:上海辞书出版社、合肥:安徽教育出版社,2006年,第86页。
② 曾枣庄、刘琳主编:《全宋文》第64册,上海:上海辞书出版社、合肥:安徽教育出版社,2006年,第140页。
③ 曾枣庄、刘琳主编:《全宋文》第64册,上海:上海辞书出版社、合肥:安徽教育出版社,2006年,第255页。

会批评。①

　　无论王安石多么渴望被理解，真正能理解他的人并不多，其中王令是真正为王安石考虑的，王安石在王令去世后曾沉痛地说："自吾失逢原，触事辄愁思。岂独为故人，抚心良自悲。我善孰相我，孰知我瑕疵。我思谁能谋，我语听者谁。"（《思王逢原》）可见二人友谊之深，而二人友谊正建立在共同弘扬圣人之道上，王安石在给王令的诗中说："永怀古人今已矣，感此近世何为哉。庄韩百家蓺天起，孔子大道寒于灰。儒衣纷纷欲满地，无复气焰空煤炱。力排异端谁助我，忆见夫子真奇材……晤言相与入圣处，一取万古光芒回。"（《寄王逢原》）将王令视作共同入圣的同道。果然，王令也没让王安石失望，他在《答王介甫书》中说："近闻江东在位，往往怨怒，此皆令所亲见。介甫所待遇，未有以失之也，然而人之如此者，以其所为异耳。持公心，不阿党，以游兹世，难矣，恐久而不免人祸也。"②王令认识到要想在这样的时代有所作为很难，担心王安石不仅不能实现抱负，反而招致"人祸"，因此建议他坚决辞官，一定要担任地方太守而后已。曾巩、王回等好友不让王安石请辞，可看出时局不得不变，但最终又在如何改变的问题上出现分歧，更能说明当时北宋面临问题之复杂、艰险，而此事最关键的人物还是王安

---

　　①　此类诗句甚多，如"为客当酌酒，何预主人谋"（《日出堂上饮》）、"高论颇随衰俗废，壮怀难值故人倾"（《偶成二首》其一）、"目送家山无几许，千年空想蟪蛄声"（《将次镇南》）、"膏泽未施空谤怨，疮痍犹在岂讴吟"（《次韵张唐公马上》）等。刘成国评《日出堂上饮》云："或有激于本年提点江东刑狱，颇有按举，而致谤议纷然，故作负气语也。"（《王安石年谱长编》，第 465 页）可从。既是负气语，则终究不会放弃更张之念，亦可知矣。

　　②　曾枣庄、刘琳主编：《全宋文》第 80 册，上海：上海辞书出版社、合肥：安徽教育出版社，2006 年，第 86—87 页。

石自己，他通过这次江东之行，全面认识到北宋存在的问题，也使他意识到一场不温不火的变革终究于事无补。

第二，坚定王安石以身任道的决心。虽然王安石遭到各种诽谤，但没有中途而废，最终的结果仍旧算成功，刘成国说："公提点江东一路，谤议喧哗，而治绩卓然，磨勘优等；又力主榷茶，与宰执意合，故有此优除。"①所谓"优除"，指升为三司度支判官，由此也可见王安石所为实乃时势所趋，但王安石对此一开始并不打算接受，他在《上富相公书》中说：

> 自被使江东，夙夜震恐，思得脱去，非独为私计，凡以此也。三司判官，尤朝廷所选择，出则被使漕运。而金谷之事，某生平所不习，此所以蒙恩反侧而不敢冒也。②

这当然不是害怕更多的流俗非议，也不仅仅是为自己考虑，而是害怕真会像曾巩、王回等好友所说的那样不仅无补于朝廷之事，反而因自己所为使之更为混乱，这一方面说明曾巩等人对王安石的影响之大，另一方面也说明王安石用世之心甚深，也为他后来接受这个"优除"埋下一个伏笔，因为既然是以是否有利于朝廷为标准，而不是只为自身利益考虑，那么，当他认为接受"优除"可以补益朝廷时，自然就会接受。王安石在《与王逢原书》其三中说："唯逢原见教，正得鄙心之所欲，方欲请，而已被旨还都，遂得脱此。亦可喜

---

① 刘成国：《王安石年谱长编》，北京：中华书局，2018年，第458页。
② 曾枣庄、刘琳主编：《全宋文》第64册，上海：上海辞书出版社、合肥：安徽教育出版社，2006年，第122—123页。

也。但今兹所除,复非不肖所宜居,不免又干渎朝廷,此更增不知者之毁。然吾自计当如此,岂能顾流俗之纷纷乎?"①从信中不难看出王安石卸任提点江东刑狱时的欢喜,但他也对未来的从政之路深表担忧,哪怕是升职,只要真正问题没有解决,再次被诽谤是可想而知的,王安石当然不是顾虑流俗纷纷,而是"自计当如此",已经预见到会这样,王安石之所以会有这个预测,是因其已经有了较为全面变法的主张。

果然,王安石入京之后就献上万言书,主张"因天下之力以生天下之财,取天下之财以供天下之费"(《上仁宗皇帝言事书》)。洪迈评云:"当时富、韩二公在相位,读之不乐,知其得志必生事。后安石当国,其所注措,大抵皆祖此书。"②前半"生事"之说虽有偏颇,后半所论却符合事实。等到王安石变法,基本是按照万言书展开的。

由此观之,熙宁变法是当时社会发展的必然结果,但从王安石个人的生命历程来看,他变法之前小试牛刀,已经反对声不绝,到真正变法之时,王令已死,他自己又焦头烂额,无暇解释,引发的波动更大,已可预知。从王安石对提点江东刑狱事件的自我剖析中不难看出,王安石对此有充分的认知,他怎么会对变法可能带来的对其自身的诋毁毫无认识? 只不过以身任之罢了,这才是真正的以身报国,而这在一定程度上也是对王令的纪念,王安石在《王逢原墓志铭》中说:

---

① 曾枣庄、刘琳主编:《全宋文》第 64 册,上海:上海辞书出版社、合肥:安徽教育出版社,2006 年,第 139 页。

② [宋]洪迈撰,孔凡礼点校:《容斋随笔》,北京:中华书局,2005 年,第 673 页。

呜呼！道之不明邪，岂特教之不至也，士亦有罪焉。呜呼！道之不行邪，岂特化之不至也，士亦有罪焉。盖无常产而有常心者，古之所谓士也。士诚有常心以操圣人之说而力行之，则道虽不明乎天下，必明于己；道虽不行于天下，必行于妻子。内有以明于己，外有以行于妻子，则其言行必不孤立于天下矣。此孔子、孟子、伯夷、柳下惠、扬雄之徒所以有功于世也。呜呼！以予之昏弱不肖，固亦士之有罪者，而得友焉。①

王安石将道之不明与不行，归于士人之罪责，期待王令能"任世之重而有功于天下"，不幸王令早死，却也使王安石亲自肩负此任的决心变得更为坚定。

第三，强化对朋友以道取舍的信心，并跟曾巩展开激烈讨论。王安石这段评价王令的话，引来曾巩的长篇书信反驳，他在《与王深父书》中说：

比承谕及介甫所作王令志文，以为扬子不过，恐不然也。夫学者，其心笃于仁，其视听言动由于礼，则无常产而有常心，乃所履之一事耳。何则？使其心笃于仁，其视听言动由于礼，然而无常产也，则其于亲也，生事之以礼，故啜菽饮水之养，与养以天下一也；死葬之以礼，故敛手足形旋葬之葬，与葬以天下一也。而况于身乎？况于妻子乎？然其心笃于仁，其视听言动由于礼者，非尽于此也。故曰乃所履之一事耳。而孟子

---

① 曾枣庄、刘琳主编：《全宋文》第 65 册，上海：上海辞书出版社、合肥：安徽教育出版社，2006 年，第 199 页。

亦以谓无常产而有常心者，唯士为然，则为圣贤者不止于
然也。

介甫又谓士诚有常心，以操群圣人之说而力行之，此孔孟
以下，所以有功于世也。夫学者苟不能其心笃于仁，其视听言
动由于礼，则必不能不失其常心，此后之学者之患也。苟能其
心笃于仁，其视听言动由于礼，则必不失其常心，且既已皆中
于礼矣，而复操何说而力行之哉？此学者治心修身，本末先后
自然之理也。所以始乎为士，而终乎为圣人也。颜子三月不
违仁，盖谓此也。人不堪其忧而不改其乐，盖乐此也。

凡介甫之所言，似不与孔子之所言者合，故曰以为扬子不
过，恐不然也。此吾徒所学之要义，以相去远，故略及之，不审
以为如何？[①]

王安石与曾巩的分歧，在于曾巩较为全面地探讨孔子之道，认
为王安石所言不过是其中的一点，不是全部，而王安石想要强调的
是，他所讲的那一点正是时代所紧缺的，二人不在一个对话频道
上。王安石认为，就算不能盛行天下，只要能在自身和妻子身上有
所体现，一样是圣人之道，这是针对王令早死没有功绩的现实情况
所发；而曾巩认为，如果真的是圣人之道，怎么会不能盛行呢？如
果不能盛行天下，那肯定不是真正的圣人之道。王安石就王令之
事来立论，曾巩却从更广泛的"圣贤"角度来说，二人意见不一致，
很正常。

---

① ［宋］曾巩撰，陈杏珍、晁继周点校：《曾巩集》，北京：中华书局，1984
年，第 264 页。

相较而言,虽然曾巩的话逻辑更为严密,但过于空泛,说了等于没说,令人无从下手;王安石的话实践性较强,使人容易树立信心并加以实践,短板却是理论欠缺,易被攻击。这也是好理解的,毕竟曾巩所说的那一套,是千百年来成熟起来的孔子之论,而王安石所言,已经有开宗立派的新气象,新事物会有缺陷,是很正常的。实际上王安石在《答韩求仁书》中已经论述过道之全,可以跟曾巩的质疑对读,他说:

> 虽然,颜子之行,非终于此,其后孔子告之以"克己复礼",而"请事斯语"矣。夫能言动视听以礼,则盖已终身未尝违仁,非特三月而已也。语道之全,则尤不在也,尤不为也,学者所不能据也,而不可以不心存焉。[①]

因为道全很难在不完美的世界完全呈现,所以每次在现实世界呈现出来的,都是道之一端而已。王安石甚至比曾巩走得更远,认为诸子百家、释道小说等都有道之一端,他在《涟水军淳化院经藏记》中说:

> 道之不一久矣,人善其所见,以为教于天下,而传之后世,后世学者或徇乎身之所然,或诱乎世之所趋,或得乎心之所好,于是圣人之大体,分裂而为八九。博闻该见有志之士,补苴调胹,冀以就完而力不足,又无可为之地,故终不得。盖有见于

---

① 曾枣庄、刘琳主编:《全宋文》第 65 册,上海:上海辞书出版社、合肥:安徽教育出版社,2006 年,第 99 页。

　　无思无为，退藏于密，寂然不动者，中国之老、庄，西域之佛也。①

　　王安石先分析道之不一及其因传道者个体经历、喜好和世事的不同而变得更加撕裂，博学之士想要统一道德，终究因种种原因而难以实现，而佛老则是对道之无思无为等方面有所传承的一方。正因为有此认识，所以王安石主张兼容并包，刘成国云："公于杨、墨、老、释诸家，兼容并蓄，而不同于韩愈'人其人，火其书，庐其居'。惟百家各得圣人之一隅，故欲复'道之大全'，须泛滥百家，出入释、老，方能有所去取。《文集》卷七十三《答曾子固书》：'然世之不见全经久矣，读经而已，则不足以知全经。故某自百家诸子之书，至于《难经》、《素问》、《本草》、诸小说无所不读，农夫、女工无所不问，然后于经为能知其大体而无疑。盖后世学者，与先王之时异矣，不如是，不足以尽圣人故也。'公之为学，即以儒为主，融贯百家为一整体。"②所言甚是。故王安石说："圣贤何常施，所遇有伸屈。曲士守一隅，欲以齐万物。"（《圣贤何常施》）对一隅之士展开批评，但也埋下伏笔：既然一隅之士不能齐万物，则道全之士是不是就可以齐万物、一风俗呢？

　　如刘成国所引王安石《答曾子固书》所云，王安石跟曾巩的思想区别很大。③　不过，曾巩的批评可能也在无形中促进了王安石

---

　　①　曾枣庄、刘琳主编：《全宋文》第 65 册，上海：上海辞书出版社、合肥：安徽教育出版社，2006 年，第 59 页。
　　②　刘成国：《王安石年谱长编》，北京：中华书局，2018 年，第 609 页。
　　③　可参见高克勤《曾巩王安石异同论》（《抚州师专学报》1988 年第 4期）、鄢嫣《疏离于古文运动之外——论王安石与欧阳修、曾巩的文学交游》（《北京社会科学》2021 年第 2 期）等文。

的思考，并形成了呼应。王安石不仅用扬雄比王令，还在《答龚深父书》中把王回比作扬雄："所示王深父事甚晓然。不为小廉曲谨以投众人耳目，而趣舍必度于仁义，是乃深父所以合于古人，而众人所以不识深父者也。言之于深父何病？扬雄亦用心于内，不求于外，不修廉隅以徼名当世。故某以谓深父于为雄，几可以无悔。"①可见朋友间的争论并没有影响真正的友谊。遗憾的是，王安石把王回比作扬雄后不久，王回也去世了。曾巩、王回、王令等人，是当时王安石的少数同道，曾巩《与王介甫第三书》云："所云'令深父而有合乎彼，则不能同乎此矣'，是道也，过千岁以来，至于吾徒，其智始能及之，欲相与守之。然今天下同志者，不过三数人尔，则于深父之殁，尤为可痛。"②即便是这守道的"三数人"，尚且不能完全统一意见，甚至时有前述激烈的争论，则王安石想要一道德、同风俗，其难度可想而知，也非常不现实。

这就暴露出王氏之学内在的真正问题：王安石求道之全的穷尽式搜寻，真能带来"道全"吗？从逻辑的角度来说，"穷尽"是不可衡量的，也就难以把握，且穷尽本身就有弊端，王安石诗中说"求全伤德义"（《求全》）可谓一语成谶，而王安石给出的解决办法，是认为道全不可据，只能"心存"，突出心性之要，他在《虔州学记》中说："先王之道德，出于性命之理，而性命之理出于人心。"③这与前文

---

① 曾枣庄、刘琳主编：《全宋文》第 64 册，上海：上海辞书出版社、合肥：安徽教育出版社，2006 年，第 101 页。

② [宋]曾巩撰，陈杏珍、晁继周点校：《曾巩集》，北京：中华书局，1984年，第 257 页。

③ 曾枣庄、刘琳主编：《全宋文》第 65 册，上海：上海辞书出版社、合肥：安徽教育出版社，2006 年，第 37 页。

所说的"常心"之论一致。王安石又引入"理"之概念,在《致一论》
中说:

> 万物莫不有至理焉,能精其理则圣人也。精其理之道,在
> 乎致其一而已。致其一,则天下之物可以不思而得也。《易》
> 曰"一致而百虑",言百虑之归乎一也。苟能致一以精天下之
> 理,则可以入神矣。既入于神,则道之至也。①

认为精通天下之理,自然就得道,而没有意识到,这样获得的究竟
是什么道呢? 能否被检验呢? 王氏之学的内部困境,在施于政事
的时候得到进一步放大,引发挚友们的大讨论,却也促进王安石去
思考解决之法,那就是抛弃孔子之道,转而形成自己的道德性命之
说,带有巨大的主观性。因此,如果朋友们的监督及大众的反馈都
只是流言甚至流俗而已,那么,所行所明之道的客观性从哪里体现
出来呢? 或者不如说,有客观性吗?

(三) 根源: 未实现的天人合一

我们要进一步追问的是,通过变法,王安石使道明道行了吗?
王令、王回已先死,他们对熙宁变法的评价无从得知,但无论是从
曾巩还是王安石的标准来看,恐怕都没有成功。变法之不成功,自
然跟王氏之学有关系,但并非全有关联,甚至某些地方没有太大关
联。但是,在变法中体现出来的王安石对天道人事的看法,一方面

---

① 曾枣庄、刘琳主编:《全宋文》第 64 册,上海:上海辞书出版社、合肥:
安徽教育出版社,2006 年,第 334 页。

体现出王氏之学的本色背景,另一方面则体现出运用王氏之学的客观结果,对于我们寻找其中漏洞给出了较多的线索和证据,有助于我们进一步考察王安石内圣外王之道没有成功的根源所在。

第一,被王安石纳入人事的天变失去绝对威严,造成君臣权力失衡。对王安石"天变"思想最著名的论断,就是"天变不足畏",《元城先生语录》记载,"元城先生曰:'金陵有三不足之说,闻之乎?'仆曰:'未闻。'先生曰:'金陵用事,同朝起而攻之,金陵辟众论,进言于上曰:"天变不足惧,祖宗不足法,人言不足恤。"此三句非独为赵氏祸,乃为万世祸也。老先生尝云:"人主之势,天下无能敌者,或有过誉,人臣欲回之,必思有大于此者巴揽之,庶几可回也"'"[1]。刘安世明确认为三不足之说是王安石对神宗所言,并引用老先生司马光之论,认为人主的权力需要靠天变、祖宗之法和众人之论才能制衡。

关于三不足之说,王安石虽未明言,核心思想却较为一致,王安石说:

> 陛下躬亲庶政,唯恐伤民,此即是惧天变。陛下询纳人言,无小大唯是之从,岂是不恤人言。然人言固有不足恤者,苟当于义理,则人言何足恤。至于祖宗之法不足守,则固当如此。且仁宗在位四十年,凡数次修敕。若法一定子孙当世世守之,则祖宗何故屡自变改。[2]

---

① [宋]马永卿辑,[明]王崇庆解,[明]崔铣编行录,[清]钱培名补脱文:《元城语录解 附行录解脱文》,上海:商务印书馆,1939 年,第 5 页。
② 汪圣铎点校:《宋史全文》,北京:中华书局,2016 年,第 662 页。

王安石虽仍旧保留了对"天变"的畏惧，但已经改为"躬亲庶政，唯恐伤民"的修人事了，人事自然可以变更，所以已经埋下了瓦解"惧天变"的伏笔。与神宗对话不久，王安石进献《洪范传》，并写《进洪范表》云：

> 叙者天之道，叙之者人之道。天命圣人以叙之，而圣人必考古成己，然后以所尝学，措之事业，为天下利。①

王安石用"叙者天之道，叙之者人之道"之句，将天道的解释权完全划归圣人，甚至认为这就是天所赋予圣人的职责，已经明确将天之神圣转为圣人之事，自然就不惧天了，相反，如果人事达到极致，甚至可以影响天地，王安石在跟神宗讨论汉武帝之不仁时有如下对话：

"安石曰：'不仁如此，非特人祸，阴阳之报亦岂可逃也！'上曰：'有政事则岂特人得其所，鸟兽鱼鳖亦咸若，如"数罟不入污池"，即鱼鳖亦得遂其生长矣。'安石曰：'诚然。先王所以泽及鸟兽草木，非特政事而已，其德义之至，乃能至天地协应，故"兴雨祁祁，有渰凄凄"者，周人盛时之诗；及其衰也，饥馑札瘥，应其政事，变雅所刺是也。盖人和则天地之和应，人不和则天地之和不应，自然之理也。'"②王安石所说的"阴阳之报"看似还有惧怕天变之意，实际上已经在"德义之至，乃能至天地协应"的观点里被消减了，因为王安

---

① 曾枣庄、刘琳主编：《全宋文》第 63 册，上海：上海辞书出版社、合肥：安徽教育出版社，2006 年，第 240 页。

② ［宋］李焘撰，上海师范大学古籍整理研究所、华东师范大学古籍整理研究所点校：《续资治通鉴长编》，北京：中华书局，2004 年，第 5657 页。

石的逻辑是人事决定天变，而不是天变决定人事，这样一来，人事的"和谐"与否，难以完全避免作伪，因为哪怕人事真的一塌糊涂，也只要换个标准或者找些替罪羊就能解决，后来宋徽宗之所为，就是如此。

我们可以说，不惧天变在今天的社会中问题不大（当然，也有问题），但在君权不受限制的时代则诚如司马光所说，是弊大于利的。刘安世以为是"万世祸"，当然过于夸张，因为只要废除君主专制制度，有更多其他法律措施保证每个人的权利不受其他人不合理的破坏，王安石之言便有更多的积极价值。然而在当时，王安石之说在无形中加强了皇权专制，也加强了自身的稳定性，如史书云：

> 司天监灵台郎亢瑛言天久阴，星失度，宜罢免王安石，于西北召拜宰相。斥安石姓名，署字，引童谣证安石且为变。仍乞宣问西、南京留台张方平、司马光，并都知、押班、御药看详。所奏及禀太皇太后。上以瑛状付中书，安石遂谒告。冯京等进呈送英州编管，上批令刺配英州牢城。安石翼日乃出。①

亢瑛想用天变来罢免王安石，结果被不惧天变的君臣发配，就是较为明显的例子。

虽然作为宰相的王安石也受益，但是主要加强了神宗的皇权，这就打破了皇帝与士大夫共治天下的平衡，甚至王安石还提倡"乐天"，从而达到"任理而无情"的境界，通过"为天之所为"的人来代

---

① ［宋］李焘撰，上海师范大学古籍整理研究所、华东师范大学古籍整理研究所点校：《续资治通鉴长编》，北京：中华书局，2004 年，第 5571—5572 页。

替自然之天的效果，王安石对神宗说：

> 陛下正当为天之所为。知天之所为，然后能为天之所为。
> 为天之所为者，乐天也，乐天然后能保天下。不知天之所为，
> 则不能为天之所为。不能为天之所为，则当畏天。畏天者不
> 足以保天下，故战战兢兢，如临深渊，如履薄冰者，为诸侯之孝
> 而已。所谓天之所为者，如河决是也。天地之大德曰生，然河
> 决以坏民产而天不恤者，任理而无情故也。故祈寒暑雨，人以
> 为怨，而天不为之变，以为非祈寒暑雨不能成岁功故也。[①]

"为天之所为"，表面看是以天为效法的榜样，但由于加入"任理"之
理，而用"理"代替"天"，从而使天可以纳入"理"中。这从理论的角
度来说本身没有错，一旦实践起来就会出现问题，因为纳天入理的
毕竟是人，是人就无法完全做到"任理无情"，也就是说，通过纳天
入理，天的权威被彻底消解了，可以任人解释，如熙宁五年（1072）
华州山崩，王安石就对神宗说：

> 华州山崩，臣不知天意为何，若有意，必为小人发，不为君
> 子。汉元时日食，史高、恭、显之徒，即归咎萧望之等，望之等
> 即归咎恭、显之徒。臣谓天意不可知，如望之等所为，亦不必
> 合天意。然天若有意，必当恕望之等，怒恭、显之徒。[②]

① ［宋］李焘撰，上海师范大学古籍整理研究所、华东师范大学古籍整理
研究所点校：《续资治通鉴长编》，北京：中华书局，2004 年，第 5742 页。
② ［宋］李焘撰，上海师范大学古籍整理研究所、华东师范大学古籍整理
研究所点校：《续资治通鉴长编》，北京：中华书局，2004 年，第 5810 页。

天意已经成为正反两派皆可利用的工具。而人情亦被纳入理中,王安石对神宗说:

> 小人情状,以市井事观之即可见。市井卖百钱物,只著价二三十钱,必忿怒;若著价三五百钱,亦必妄为忿怒,邀厚价;若恰与百钱,即必便肯成交易。为能知其情状,故服也。今遇小人多不当其情状,此所以不服,更纷纷也。人情虽难知,然亦有可见之道,在穷理而已。①

既然穷理可以知人情,也可以知天之所为,那王安石是否用"理"连接了天人之道呢? 很遗憾,这是他的理想,并没有实现。

第二,没有实现的根本,在于王安石没有解决天人之道的合一难题。他在《礼乐论》最后说:"故古之人言道者,莫先于天地;言天地者,莫先乎身;言身者,莫先乎性;言性者,莫先乎精。精者,天之所以高,地之所以厚,圣人所以配之。"②以"精"的状态来描述天地身性之道,却仍旧没有回答如何"精"的问题,这是时代局限所在,王安石虽在时代条件下做到了极致,并通过"精"的描述,指出了大概的方向,但并没有完全给出方法,始终在这个破绽中转圈,如其《致一论》中说:

> 精其理之道,在乎致其一而已。致其一,则天下之物可以

---

① [宋]李焘撰,上海师范大学古籍整理研究所、华东师范大学古籍整理研究所点校:《续资治通鉴长编》,北京:中华书局,2004 年,第 5895 页。

② 曾枣庄、刘琳主编:《全宋文》第 64 册,上海:上海辞书出版社、合肥:安徽教育出版社,2006 年,第 332 页。

不思而得也。《易》曰'一致而百虑',言百虑之归乎一也。苟能致一以精天下之理,则可以入神矣。既入于神,则道之至也。夫如是,则无思无为寂然不动之时也。虽然,天下之事固有可思可为者,则岂可以不通其故哉? 此圣人之所以又贵乎能致用者也。致用之效,始见乎安身。盖天下之物,莫亲乎吾之身,能利其用以安吾之身,则无所往而不济也。无所往而不济,则德其有不崇哉?①

表面上看,王安石指出精通之道在于致一,可是怎么致一呢? 又绕回性命之理来了,他继续说:

身既安、德既崇,则可以致用于天下之时也。致用于天下者,莫善乎治不忘乱,安不忘危;莫不善乎德薄而位尊,智小而谋大。孔子之举此两端,又以明夫致用之道也,盖用有利不利者,亦莫不由此两端而已。夫身安德崇而又能致用于天下,则其事业可谓备也。事业备而神有未穷者,则又当学以穷神焉。能穷神,则知微知彰,知柔知刚。夫于微彰刚柔之际皆有以知之,则道何以复加哉? 圣人之道,至于是而已也。②

就这样完美地完成了一个循环论证。

北宋每况愈下的政治现实也让王安石没有时间克服思想中的

---

① 曾枣庄、刘琳主编:《全宋文》第 64 册,上海:上海辞书出版社、合肥:安徽教育出版社,2006 年,第 334 页。
② 曾枣庄、刘琳主编:《全宋文》第 64 册,上海:上海辞书出版社、合肥:安徽教育出版社,2006 年,第 334—335 页。

问题,没来得及完善其学说,更没有克服其中的破绽,就在熙宁元年(1068)提出来了,他在《本朝百年无事札子》中说:

> 赖非夷狄昌炽之时,又无尧汤水旱之变,故天下无事,过于百年。虽曰人事,亦天助也。盖累圣相继,仰畏天,俯畏人,宽仁恭俭,忠恕诚悫,此其所以获天助也。伏惟陛下躬上圣之质,承无穷之绪,知天助之不可常恃,知人事之不可怠终,则大有为之时,正在今日。①

认为北宋百年无事的原因是"天助",完全违背了其之前"天人不相干"的说法,暴露出其学说本身的不稳定性,可谓"有素定之规模,随用而随施之",其学说总是根据具体情况而加以改变,如其《郊宗议》就说:

> 天道升降于四时。其降也,与人道交;其升也,与人道辨。冬日,上天与人道辨之时也,先王于是乎以天道事之;秋则犹未辨乎人也,先王于是乎以人道事之。以天道事之,则宜远人,宜以自然,故于郊、于圆丘;以人道事之,则宜近人,宜以人为,故于国、于明堂。始而生之者,天道也,成而终之者,人道也。冬之日至,始而生之之时也;季秋之月,成而终之之时也。故以天道事之,则以冬之日至;然人道事之,则以季秋之月。远而尊者,天道也;迩而亲者,人道也。祖远而尊,故以天道事

---

① 曾枣庄、刘琳主编:《全宋文》第64册,上海:上海辞书出版社、合肥:安徽教育出版社,2006年,第16页。

之，则配以祖；祢迩而亲，故以人道事之，则配以祢。郊天，祀之大者也，遍于天之群神，故曰以配天；明堂则弗遍也，故曰以配上帝而已。夫天与人异道也，天神以人事之，何也？曰：所谓天者，果异于人邪？所谓人者，果异于天邪？故先王之于人鬼也，或以天道事之。萧合稷黍，臭阳达于墙屋者，以天道事之也。呜呼！天人之不相异，非知神之所为，其孰能与于此？此礼也尚矣，孔子何以独称周公？曰：严父配天者，以得天为盛，天自民视听者也，所谓得天，得民而已矣。自生民以来，能继父之志，能述父之事而得四海之欢心以事其父，未有盛于周公者也。[1]

王安石为了回答神宗的疑惑，强行用天人之道来作答，且不论它，就其中所体现出来的天人之道也是前后矛盾，前半部分说"其降也，与人道交；其升也，与人道辨"，后文又说"天与人异道也""天人之不相异"等，内部已不能自洽，暴露出王安石思想中的天人之道并没有形成坚实之论，而是处在随取随用的状态，因此当熙宁八年（1075）不断出现天文异象的时候，王安石又对神宗说：

　　盖天道远，先王虽有官占，而所信者人事而已。天文之变无穷，人事之变无已，上下傅会，或远或近，岂无偶合？此其所以不足信也。周公、召公岂欺成王哉？其言中宗所以享国日久，则曰"严恭寅畏天命，自度，治民不敢荒宁"。其言夏、商所

---

① 曾枣庄、刘琳主编：《全宋文》第 64 册，上海：上海辞书出版社、合肥：安徽教育出版社，2006 年，第 53—54 页。

以多历年所,亦曰德而已。①

又从天道转到人事,强调人事虽然偶有跟天命"傅会"或"偶合"之时,但治国之术主要不在天命,而在道德而已。

这一方面容易使王安石根据客观需要而一笔抹杀祖宗的"人事"业绩,尤其是宋仁宗的功劳,是不符合历史事实的;另一方面又会使王安石因为客观需要而强调自身的"人事"正当性,最有代表性的是其《老子》之论,他说:

> 道有本有末。本者,万物之所以生也;末者,万物之所以成也。本者,出之自然,故不假乎人之力而万物以生也;末者,涉乎形器,故待人力而后万物以成也。夫其不假人之力而万物以生,则是圣人可以无言也、无为也;至乎有待于人力而万物以成,则是圣人之所以不能无言也、无为也。故昔圣人之在上而以万物为己任者,必制四术焉。四术者,礼、乐、刑、政是也,所以成万物者也。故圣人唯务修其成万物者,不言其生万物者,盖生者尸之于自然,非人力之所得与矣。②

刘成国对此有深入分析:"此篇为公之最重要文字之一,由此可见公欲以天道绾合法度之思想取向,以及欲超越汉唐天人感应论及天人二分说之学术建构。盖自中唐以来,柳宗元所持之天人相分

---

① [宋]李焘撰,上海师范大学古籍整理研究所、华东师范大学古籍整理研究所点校:《续资治通鉴长编》,北京:中华书局,2004年,第6597页。

② 曾枣庄、刘琳主编:《全宋文》第64册,上海:上海辞书出版社、合肥:安徽教育出版社,2006年,第357—358页。

说，即颇为流行。北宋前期学者，亦多有沿袭者。彼等以为天自天、人自人，天道、人道二者毫无关涉。公虽屡屡驳斥天人感应论之荒谬，然并未截然割裂天道与人道之关联。而以为天道无为，人道则须有为，二者相辅相承，始能生成万物，形成秩序——万物待天而生，其成则仰仗人之积极有为。而礼、乐、刑、政，即有为之具也，不可须臾或缺。由此，创法立制之变革，实可与天地参。此种理路，与趋于内倾而于南宋后渐成思想主流之道学，颇为不同，可视为一种'大有为'政治的合法性论证。"①刘先生将王安石之论作为其政治的合法性论证，此言甚是，而王安石"欲超越汉唐天人感应论及天人二分说之学术建构"本身极有意义，但并没有完全达到，因为自然生万物与圣人成万物并不能完全穷尽"万物"之内涵，且看似通过自然之设分出圣人的部分责任，使圣人之职责更为集中到成万物中去，实际上却加深了"生"与"成"也就是天与人之间的裂缝，把自然排除出圣人能力范围之外，则自然之天连圣人都不可知，圣人又如何把握万物之形器？他人又如何贯通？由此暴露出王安石礼、乐、刑、政的内在矛盾，是就人事论人事，没有真正贯通内圣外王之道，但也正是因为没有完全贯通，反而更加好用、更加灵活，因为天道跟人事没有建立起必然的联系，人事也就不用受天道的制约，想怎么用就怎么用，连圣人也成了被任意打扮的小姑娘。

可能王安石也意识到其中的缺陷，又撰写《九变而赏罚可言》加以补充：

---

① 刘成国:《王安石年谱长编》,北京:中华书局,2018年,第1200—1201页。

> 万物待是而后存者,天也;莫不由是而之焉者,道也;道之在我者,德也;以德爱者,仁也;爱而宜者,义也。①

后面借庄子之言将此理推至赏罚等事。王安石的目的是很明确的,那就是在天人之间找到一个真正的连接点,也就是文中所说的"莫不由是而之焉"的"道",从而为其政治服务,刘成国云:"乃取《庄子》'九变而赏罚可言',以天道绾合法制,欲为礼、乐、刑、政等治术寻求一更高天道依据,重建儒家政治宪纲。所谓'仰而视之'者,力主天人相分,以为天自天,人自人,人事不关天道。其弊在于直信己是,任意赏罚。'言道德者至于窈冥而不可考'者,摒弃人事,以道德为虚无,而无用于世。此皆公所不取。"②所云甚是,问题是,以"道"沟通天人的设想很好,但这个"道"具体又是什么呢?如何证明?"道"是"莫不由是而之焉者",究竟前往何处呢?这种模糊性,一方面可以更好地论证王安石的政治设想是对的,因为没有确定的标准,总是可以辩护;另一方面其实暴露出王安石并没有真正解决天人之间的融合问题。

第三,天人之间的融合问题没有解决,使王安石的性理之学流露出新的破绽,那就是内圣不一定能外王,甚至外王与内圣起到的不是贯通作用,而是互相粉饰的虚假效果。尽管王安石在《礼乐论》中已经指出主客体之关系,他说:

---

① 曾枣庄、刘琳主编:《全宋文》第 64 册,上海:上海辞书出版社、合肥:安徽教育出版社,2006 年,第 338 页。

② 刘成国:《王安石年谱长编》,北京:中华书局,2018 年,第 1203 页。

气之所禀命者,心也。视之能必见,听之能必闻,行之能
必至,思之能必得,是诚之所至也。不听而聪,不视而明,不思
而得,不行而至,是性之所固有,而神之所自生也,尽心尽诚者
之所至也。故诚之所以能不测者,性也。贤者,尽诚以立性者
也;圣人,尽性以至诚者也。神生于性,性生于诚,诚生于心,
心生于气,气生于形。形者,有生之本。故养生在于保形,充
形在于育气,养气在于宁心,宁心在于致诚,养诚在于尽性,不
尽性不足以养生。①

王安石从形到神等方面来论述"气"与"心"的主客关系,从心性之
学来看已经较为完备,可如何跟礼乐制度挂钩呢?

内圣外王在北宋更实际的价值,在于通过内政取得对外作战
的胜利。而在元丰五年(1082)之前,熙河之役等确实在一定程度
上取得了效果,可是元丰五年讨伐西夏的最终失利,说明内政与对
外作战的关系并不紧密,王安石没有认识到这一点。他批评韩愈
《平淮西碑》是"欲编诗书播后嗣,笔墨虽巧终类俳"(《和董伯懿咏
裴晋公平淮西将佐题名》),认为韩愈没有说到点子上。但我们知
道,在文学史上,韩愈这篇文章却是名篇,因此李壁读到这里深表
不解地说:"余尝以《淮西碑》,诚所谓'编之《诗》《书》之册而无愧',
'类俳'之说,殆非至公,岂公别有说耶?"②实际上,王安石在此诗
末尾已给出答案:"重华声名弥万国,服苗干羽舞两阶。宣王侧身

---

①　曾枣庄、刘琳主编:《全宋文》第 64 册,上海:上海辞书出版社、合肥:
安徽教育出版社,2006 年,第 328—329 页。
②　[宋]王安石撰,[宋]李壁笺注,[宋]刘辰翁评点,董岑仕点校:《王安
石诗笺注》,北京:中华书局,2021 年,第 336 页。

内修政，常德立武能平淮。昔人经纶初若缓，欲弃此道非吾侪。"
（《和董伯懿咏裴晋公平淮西将佐题名》）王安石按照他自己对内政
外王的理解，认为韩愈的理解并不符合"此道"（即内政修而外夷
服），所以"类俳"。实则事实证明，王安石的理解虽然逻辑上很好
把握，但是如前所述，难以落实；更可怕的是，即便外王失利，也可
理解为内政没有真正做足功夫所致，如王安石评价安史之乱就是
如此思路："由来犬羊著冠坐庙堂，安得四鄙无豺狼。"（《开元行》）
认为是唐玄宗错用李林甫、杨国忠等奸臣致使内政不修，因而外乱
遂起。这就使"此道"更有自我辩护的力量，使其得到实际检验的
机会更为渺茫——而这本身，在我们看来，已经足以说明内政与外
土之间的关联并不紧密。

对天人之道的缝隙，王安石早先采取以人配天的做法来弥合，
如《推命对》云：

> 人不能合于天耳。夫天之生斯人也，使贤者治不贤，故贤
> 者宜贵，不贤者宜贱，天之道也，择而行之者，人之谓也。天人
> 之道合，则贤者贵，不肖者贱；天人之道悖，则贤者贱，而不肖
> 者贵也。天人之道悖合相半，则贤不肖或贵或贱……盖天之
> 命一，而人之时不能率合焉，故君子修身以俟命，守道以任时，
> 贵贱祸福之来，不能沮也。①

这意味着王安石很早就意识到天人在现实中的割裂，甚至加以宣

---

① 曾枣庄、刘琳主编：《全宋文》第 65 册，上海：上海辞书出版社、合肥：
安徽教育出版社，2006 年，第 14—15 页。

扬,这在其"天人不相干"的《洪范传》中体现得更为明显,从而把人们的思想从"天人感应说"中解放出来,以至后来引出"天变不足畏"之类的过度观点,实际上,《洪范传》本身也"没有彻底摆脱'人惧天'的传统观念"①。想要在一定程度上弥合天人缝隙,而以人配天的做法无法完全解决这一难题,后来王安石干脆以天配人,强调人事的决定作用,已如前述,亦不成功。无奈之下,王安石只好搬出先王来,说是"先王以为不可忽,而患天下后世失其法,故三岁一同。同之者,一道德也",又说:

> 先王知其然,是故体天下之性而为之礼,和天下之性而为之乐。礼者,天下之中经;乐者,天下之中和。礼乐者,先王所以养人之神,正人气而归正性也。是故大礼之极,简而无文;大乐之极,易而希声。简易者,先王建礼乐之本意也。世之所重,圣人之所轻;世之所乐,圣人之所悲。非圣人之情与世人相反,圣人内求,世人外求,内求者乐得其性,外求者乐得其欲,欲易发而性难知,此情性之所以正反也。②

且不说"先王"是否实有其人,王安石在天人之道的结合中预留了作为人的"先王"媒介,使其天人之道的不彻底显得更清晰。类似的情况还有很多,如前所引王安石《老子》中将"礼、乐、刑、政"看作补足其道的途径,导致的结果是,王安石必然要通过得君才能致

---

① 张兵:《〈洪范〉诠释研究》,济南:齐鲁书社,2007 年,第 143 页。
② 曾枣庄、刘琳主编:《全宋文》第 64 册,上海:上海辞书出版社、合肥:安徽教育出版社,2006 年,第 329 页。

道，这本身就是道不粹全的体现。王安石将"圣人内求，世人外求"截然分开，加以对立，就已经为王安石内圣学说无法直接达到外王效果埋下伏笔。

哪怕王安石对"天人之道"重新下定义，也难以掩盖其中的问题，他说：

> 是故先王之道可以传诸言、效诸行者，皆其法度刑政，而非神明之用也。《易》曰："神而明之，存乎其人；默而成之，不言而信，存乎德行。"去情却欲而神明生矣，修神致明而物自成矣，是故君子之道鲜矣。齐明其心，清明其德，则天地之间所有之物皆自呈矣。君子之守至约，而其至也广；其取至近，而其应也远。《易》曰："拟之而后言，议之而后动，拟议以成其变化。"变化之应，天人之极致也。是以《书》言天人之道，莫大于《洪范》，《洪范》之言天人之道，莫大于貌、言、视、听、思。大哉，圣人独见之理，传心之言乎，储精晦息而通神明！①

先王之道能够传于言行的都是法度刑政，那王安石又通过什么方式知其"神明之用"呢？跟欧阳修不谈心性空言不同，王安石自信自己所言是先王之道，因此认为天人之道就在于"貌、言、视、听、思"，也就是其前面所论述的"气""心"关系，则使天人之道由"外求"转为"内求"，通俗点来说，就是通过重新定义天人之道的概念来化解其本身所无法克服的学说中具有的天人之间的破绽，但玩

---

① 曾枣庄、刘琳主编：《全宋文》第 64 册，上海：上海辞书出版社、合肥：安徽教育出版社，2006 年，第 330 页。

弄概念往往在现实面前一击就碎。

　　这个破绽王安石自己无法真正解决，所以呼吁一生向学，他说：

　　　　夫天下之人非不勇为圣人之道，为圣人之道者，时务速售诸人以为进取之阶。今夫进取之道，譬诸钩索物耳，幸而多得其数，则行为王公大人；若不幸而少得其数，则裂逢掖之衣为商贾矣。由是观之，王公大人同商贾之得志者也，此之谓学术浅而道不明。由此观之，得志而居人之上，复治圣人之道而不舍焉，几人矣？①

很多人半途而废，因此无法达到圣人之道。如果一直学习会如何？王安石画了个大饼：

　　　　是故君子之学，始如愚人焉，如童蒙焉。及其至也，天地不足大，人物不足多，鬼神不足为隐，诸子之支离不足惑也。是故天至高也，日月星辰阴阳之气可端策而数也；地至大也，山川丘陵万物之形、人之常产可指籍而定也。是故星历之数、天地之法、人物之所，皆前世致精好学圣人者之所建也，后世之人守其成法，而安能知其始焉？②

---

　　①　曾枣庄、刘琳主编：《全宋文》第 64 册，上海：上海辞书出版社、合肥：安徽教育出版社，2006 年，第 331 页。
　　②　曾枣庄、刘琳主编：《全宋文》第 64 册，上海：上海辞书出版社、合肥：安徽教育出版社，2006 年，第 332 页。

学到最后,发现所有一切数、法,都是"前世致精好学圣人者之所建",又陷入唯心主义之中;如果圣人真有此等建设能力,又何必如此出难题考验后世之人呢?

当然,如果从归因的角度来看,没有完全统一的天人之道,实则给王安石带来极大的心理安慰,哪怕最终变法失败。因为"尽人事,听天命",保留了天人之间的隔膜,也就为自己的失败留下了线索,而不至于从根本上一笔抹杀其思想,王安石诗中说:"党锢纷纷果是非,当时高士见精微。可怜窦武陈蕃辈,欲与天争汉鼎归。"(《读后汉书》)先对党争表示批评,有强烈的现实观照,对北宋党争不无启发,末句对窦武、陈蕃辈的努力,最终回天乏术,表示惋惜,既是惋惜后汉,也为自己留下无奈的叹息。我们并不想以此揣测王安石的预见性之强,后世对他的争论似乎都在其笼罩之中①,也不想为他开脱,属于他的失误我们已经一再加以剖析,而是想借此说明,王安石做到了当时能做到的极致,只是最终的成败,确非人力所能决定罢了。

二、尚同之弊

元丰八年(1085),苏轼在《答张文潜县丞书》中说:

---

① 刘辰翁评其"奸罔纷纷不为明,有心天下共无成。空令执笔螭头者,日记君臣口舌争"(《读开成事》)云:"后来类此,可叹。"([宋]王安石撰,[宋]李壁笺注,[宋]刘辰翁评点,董岑仕点校《王安石诗笺注》,北京:中华书局,2021年,第1784页)由此可见一斑。

文字之衰,未有如今日者也。其源实出于王氏。王氏之文,未必不善也,而患在于好使人同己。自孔子不能使人同,颜渊之仁,子路之勇,不能以相移。而王氏欲以其学同天下!地之美者,同于生物,不同于所生。惟荒瘠斥卤之地,弥望皆黄茅白苇,此则王氏之同也。近见章子厚言,先帝晚年甚患文字之陋,欲稍变取士法,特未暇耳。议者欲稍复诗赋,立《春秋》学官,甚美。①

在苏轼看来,王安石自身文学才华很好,但因为想要用他的学说统一天下,导致文学衰败,以至神宗去世之前还想稍变、补救。苏轼把王安石统一天下思想之后的文学景象形容为"黄茅白苇",略显过分,但确实指出王安石尚同的思想缺陷。"以其学同天下",既是王安石为熙宁变法所做的思想动员和舆论准备,也是他在时势所迫之下为了弥合内圣外王、天人之道等学说中的裂缝而做出的调整和努力。从新法推行的角度来说,尚同有一定的意义和价值,但从其社会效果和最终结果来看,则暴露出更多问题。

(一) 尚同出于学术与政事的双重需要

王安石之所以尚同,是由其弥合学术内部矛盾和推行新法、改革政事的双重需要共同促成的。先说学术需要。如前所述,王安石追求圣人之道是有无法克服的内部矛盾的,事实上,王安石对圣人之道的"休咎之效"也有自觉的认识,他在《策问》五中说:

---

① 张志烈、马德富、周裕锴主编:《苏轼全集校注》第 16 册,石家庄:河北人民出版社,2010 年,第 5322 页。

问：圣人之为道也，人情而已矣。考之以事而不合，隐之以义而不通，非道也。《洪范》之陈五事，合于事而通于义者也，如其休咎之效，则予疑焉。人君承天以从事，天不得其所当然，则戒吾所以承之之事可也。必如《传》云人君行然，天则顺之以然，其固然邪？"僭常旸若"，"狂常雨若"，使狂且僭，则天如何其顺之也？尧汤水旱，奚尤以取之邪？意者微言深法，非浅者之所能造，敢以质于二三子。①

既然圣人之道无所不能，通乎天道与人情，那么按道理来说，则应该无往而不顺，可为什么狂僭之徒，天却顺从；尧汤圣人，却降水旱之火！王安石预设的答案，可能是其《洪范传》中出现的"大人不相干"之论，但这本身存在前文所说的内在缺陷，除此之外，它还有一个根本的方法论问题，那就是如果"考之以事而不合，隐之以义而不通，非道也"，则在承认"天人不相干"的同时，不也就等于是在承认圣人之道无法通天事吗？如果通不了天事，按照王安石的观点，又不算真正的圣人之道，因此王安石出现了策问中的困惑。

然而王安石最后仍然坚信"微言深法，非浅者之所能造"，言外之意是，深者自会明白，无形之中对圣人进行了全能化和偶像化，但这并没有克服内在的矛盾，其《太平州兴学记》云：

盖继道莫如善，守善莫如仁。仁之施自父子始，积善而充之，以至于圣而不可知之谓神。推仁而上之，以至于圣人之于

---

① 曾枣庄、刘琳主编：《全宋文》第 65 册，上海：上海辞书出版社、合肥：安徽教育出版社，2006 年，第 31 页。

天道,此学者之所当以为事也,昔之造书者实告之矣。有闻于上,无闻于下,有见于初,无见于终,此道之所以散,百家之所以成,学者之所以讼也。学乎学,将以一天下之学者,至于无讼而止。①

既然王安石已经说"以至于圣而不可知之谓神",则"推仁"以至于"圣人""天道"的观点,他又如何从"昔之造书者实告之"中知道呢?既然如何获得圣人之道本身就有疑问,那又怎么能够拿它来"一天下之学者,至于无讼"呢? 何况"一天下之学者,至于无讼"本来就是不可能达到的虚假命题,因为真正的学者必然会讨论,像曾巩与王安石那样,甚至到了"直道讵非难,尽言竟多迕"(曾巩《过介甫归偶成》)的地步。

而能完全一致的学者,虽未必皆是阿谀奉承者,但于学术精进又有何益? 如韦骧《上王内翰书》云:

某闻道之难行也,唯德可以行之;道之难明也,唯文可以明之。以德而不以文,其传也不足以远;以文而不以德,又可传乎哉? 二者相须而成,以为斯道之主者,必有命世者当之……若其德足以行,文足以明,坚厚醇粹,杰然而不可拟者,唯公一人而已。②

_____

① 曾枣庄、刘琳主编:《全宋文》第 65 册,上海:上海辞书出版社、合肥:安徽教育出版社,2006 年,第 42 页。
② [宋]韦骧撰,李玲玲、郜同麟整理:《钱唐韦先生文集》,杭州:浙江古籍出版社,2019 年,第 486 页。

韦骧是王安石弟子，其所谓"道行道明"之论，亦从王安石而来，最后用王安石的标准来评价王安石，成为"一人而已"，韦骧其人不奸，然而得出这样的结论除了拍拍王安石的马屁，又有什么补益呢？更多的则是传声筒，陈师道云："王无咎、黎宗孟皆为王氏学，世谓黎为'模画手'，一点画不出前人，谓王为'转般仓'，致无赢余，但有所欠。以其因人成能，无自得也。"①当然，人跟人之间不可能完全相同，因此《跋王直讲集》云："南城王补之，世指其为王荆公之学者也。其乡人傅次道又掇取补之之言所以学荆公异者，表而出之，以明其和而不同。"②然而，一旦"吾爱真理，更爱吾师"，心中横亘着王安石"一天下之学者"的尚同之念，则与其说是和而不同，不如说是"以水济水"，求同忌异甚至掩盖差异了，故吕南公《复傅济道书》云：

> 今日解经人极多，大概不出于介甫之书，与皇祐以来《题府》《韵类》无异也。先时王补之解《论语》，众甚钦仰，俄而皆曰，是得之介甫云耳。然则为补之者，孰若静坐熟眠，而听介甫自说乎？介甫未尝不开说也，则天下之士苟已心服，介甫何必区区各鸣喉吭哉？仆诚怪为之者不思也。或人谓彼非不知可以勿为，然不为则无以合世。故已显者以此示其可贵，未显者以此希其见贵。呜呼，若是则滋惑矣。夫今天下之待介甫不过如周、孔耳，周公至显而作六典，孔子至穷而翻六经，然当

---

① ［宋］陈师道撰，李伟国点校：《后山谈丛》，北京：中华书局，2007年，第25页。

② 曾枣庄、刘琳主编：《全宋文》第215册，上海：上海辞书出版社、合肥：安徽教育出版社，2006年，第214页。

时无人效而作且翻者。虽传解之文皆不为之,而何害其服周、孔乎? 如以为直希利达,则不必更称深知道德性命也。①

由此可见,想要"一天下之学者,至于无讼"来达到王安石所云的圣人天道,不过是他的虚假想象而已,不仅会自误,也会误人,最终王安石以这个虚假的想象为标准,对群体进行错误的归类,混淆了君子小人之意,或者不如说,王安石"一天下之学者"的本意就是区分君子小人,所谓"物物各自我,谁为贤与顽"(《登景德塔》),只不过最后适得其反。范纯仁《论刘琦等不当责降》说:

> 以陛下切于求治,安石不度己才,欲求近功,忘其旧学,舍尧舜知人安民之道,讲五霸富国强兵之术,尚法令则称商鞅,言财利则背孟轲。鄙老成为因循之人,弃公论为流俗之语,异己者指为不肖,合意者即谓贤能。②

王安石既然已经"弃公论为流俗之语",则范纯仁之言亦未能入心,在错误的道路上越走越远,史书云:"冯京曰:'闻举人多盗王安石父子文字,试官恶其如此,故抑之。'上曰:'要一道德。若当如此说,则安可臆说? 诗书法言相同者乃不可改?'安石曰:'柔远能迩,诗、书皆有是言,别作言语不得。臣观佛书,乃与经合,盖理如此,则虽相去远,其合犹符节也。'上曰:'佛,西域人,言语即异,道理何

---

① 曾枣庄、刘琳主编:《全宋文》第 109 册,上海:上海辞书出版社、合肥:安徽教育出版社,2006 年,第 219 页。

② 曾枣庄、刘琳主编:《全宋文》第 71 册,上海:上海辞书出版社、合肥:安徽教育出版社,2006 年,第 183—184 页。

缘异？'安石曰：'臣愚以为苟合于理，虽鬼神异趣，要无以易。'上曰：'诚如此。'"①王安石沉浸在自己以理同万物鬼神的幻想中，殊不知那些考生所做的事，却是抄袭"王安石父子文字"，现实跟理想之间的落差，真是巨大的讽刺，而事情发生之后王安石还不改正，则另有内情。

这就不得不说到政事需要。我们知道，王安石这么做，最终是为变法服务，因此对小人有所包容，如其诗中所云：

> 寒光乍洗山川莹，清影遥分草树纤。
> 万里更无云物动，中天只有兔随蟾。

> 江海清明上下兼，碧天遥见一毫纤。
> 此时只欲浮云尽，窟穴何妨有兔蟾。

> 一片清光万里兼，几回圆极又纤纤。
> 君看出没非无意，岂为辛勤养玉蟾。

（《咏月三首》）

李壁注云："此见公包容小人之意，不知卒为己害。"②可谓深得王安石之心。诗中以月自喻，以浮云比喻异见纷纭者，以兔蟾比喻跟其思想一致的小人，当变法之际，如果不录用那些跟他思想一致的

① ［宋］李焘撰，上海师范大学古籍整理研究所、华东师范大学古籍整理研究所点校：《续资治通鉴长编》，北京：中华书局，2004年，第5659—5660页。
② ［宋］王安石撰，［宋］李壁笺注，［宋］刘辰翁评点，董岑仕点校：《王安石诗笺注》，北京：中华书局，2021年，第1736页。

人,还怎么变法呢？但变法显然不是为了中饱这些小人的私囊,故王安石无奈地说:

> 且其学术不一,一人一义,十人十义,朝廷欲有所为,异论纷然,莫肯承听,此盖朝廷不能一道德故也。故一道德则修学校,欲修学校则贡举法不可不变。[①]

王安石之说出自《墨子·尚同》,梁启超认为这是追求民选:

> 此墨子论国家起原,与霍氏陆氏卢氏及康德氏之说,皆绝相类者也。荀子亦曰:"人生而有欲,欲而不得,则不能无求,求而无度量分界则争,争则乱,乱则穷。先王恶其乱也,故制礼义以分之,以养人之欲,给人之求。"礼论篇其论政治之所自起,亦大略相同。霍陆卢诸氏,皆以为未建国以前,人人恣其野蛮之自由,而无限制。既乃不胜其敝,始相聚以谋辑睦之道,而民约立焉。墨子所谓一人一义十人十义,即意欲自由之趋于极端者也。其谓明乎天下之乱生于无正长,故选择贤圣立为天子,使从事乎一同。谁明之？民明之。谁选择之？民选择之。谁立之？谁使之？民立之,民使之也。然则墨子谓国家为民意所公建,其论甚明。[②]

---

① [元]马端临撰,上海师范大学古籍研究所、华东师范大学古籍研究所点校:《文献通考》,北京:中华书局,2011年,第907页。
② 梁启超:《子墨子学说》,北京:中华书局,2015年,第37—38页。

王安石却相反，他不是主张自下而上的民选，而是主张自上而下通过朝廷贡举之法来建立学校，统一思想，强化专制，跟墨子思想正好相反。最终变法目的没有实现，反而成为小人窃夺权柄的工具，则已非王安石的初衷了。

（二）虽如一人，终非一人：王安石与神宗的离合

曾公亮曾感叹"上与安石如一人，此乃天也"，惹来后世无数羡慕者，以为神宗与安石君臣之遇，远迈刘备与诸葛亮、唐太宗与魏征，这倒并没有错，但如果因此认为王安石跟神宗真同为一人，则大错特错，二人不仅有明显的区别，还呈现出内部的紧张关系，甚至在关键问题上出现较大分歧。

神宗本身就是个不确定因素，王安石虽然以尧舜之君相期待，实际上却差别很大，又不能直说，只好不断粉饰，如《论孙觉令吏人写章疏札子》涉及孙觉泄漏神宗之语等事，王安石苦口婆心地开导神宗不要惩罚孙觉，他说：

> 陛下圣明高远，自汉以来，令德之祖，皆未有能企及陛下者，每事当以尧舜三代为法，奈何心存末世褊吝之事乎？《书》曰："任贤勿贰，去邪勿疑。"不明知其贤，而任之以为贤，不明见其邪，而疑之以为邪，非尧舜三代之道也。陛下以臣为可信，故圣问及之，臣敢不尽愚？今日口对，未能详悉，故谨具札子以闻。[1]

---

[1] 曾枣庄、刘琳主编：《全宋文》第 64 册，上海：上海辞书出版社、合肥：安徽教育出版社，2006 年，第 69 页。

王安石先"口对"，继而又专门上札子论述，对神宗的鼓励甚至达到了拍马屁的程度①，可即便如此，神宗也没真的像尧舜那样改变对孙觉的惩罚，仍旧把他降官，由此可见神宗可不是一教就能听的普通学生，遑论做到了。

为此，王安石对神宗采取力所能及的约束，但这种约束是通过君臣一体来实现的一种软约束，《宋史》本传记载王安石对宋神宗所说之话云：

> 陛下诚能为尧、舜，则必有皋、夔、稷、离；诚能为高宗，则必有傅说。彼二子皆有道者所羞，何足道哉？以天下之大，人民之众，百年承平，学者不为不多。然常患无人可以助治者，以陛下择术未明，推诚未至，虽有皋、夔、稷、离、傅说之贤，亦将为小人所蔽，卷怀而去尔。②

虽然王安石把能否招到贤才的责任推到神宗头上，使神宗多少有些危机感，但并不具有切实的约束力，因为这一切的前提是很脆弱的，是建立在神宗自己"常患无人可以助治"的基础上的，如果神宗放弃天下大治的理想或误以为已经达到天下大治的状况而不再担心了，那这个基础就能轻易瓦解。

王安石跟神宗合作之初还能"面折"神宗，此类也较多，如熙宁

---

① 这类话孙觉也说过，比如"陛下以高世之资，求治甚力，好学而不倦，可谓不世出之主矣"（《论人主有高世之资求治之意在成之以学奏》），最后还是被贬秩外放，担任越州通判。

② ［元］脱脱等撰，中华书局编辑部点校：《宋史》，北京：中华书局，1985年，第 10543—10544 页。

五年(1072)王安石严厉批评神宗:

> 今陛下于此辈人,乃似未能点检。陛下修身齐家,虽尧、舜、文、武亦无以过,至精察簿书刀笔之事,群臣固未有能承望清光。然帝王大略,似当更讨论。今在位之臣有事韩琦、富弼如仆妾者,然陛下不能使之革面。契丹非有政事也,然夏国事之极为恭顺,未尝得称国主。今秉常又幼,国人饥馑困弱已甚,然陛下不能使之即叙,陛下不可不思其所以。此非不察于小事也,乃不明于帝王之大略故也。陛下以今日所为,不知终能调一天下兼制夷狄否,臣愚窃恐终不能也。①

王安石直接从"帝王大略"的角度批评神宗,等于在教神宗怎么做皇帝,并把神宗的为君之道直接否定了,面对王安石这样的批评,神宗则是"默然良久",并未反驳,可见确实引起神宗重视。

王安石还一再以道德性命之学督促神宗提高自身素质,他说:

> 然天下事须自陛下倡率,若陛下于忠邪情伪勤怠之际,每示含容,但令如臣者督察,缘臣道不可过君,过君则于理分有害。且刑名法制非治之本,是为吏事,非主道也。国有六职,坐而论道谓之三公。所谓主道者,非吏事而已。盖精神之运,心术之化,使人自然迁善远罪者,主道也。②

---

① 〔宋〕李焘撰,上海师范大学古籍整理研究所、华东师范大学古籍整理研究所点校:《续资治通鉴长编》,北京:中华书局,2004 年,第 5574 页。
② 〔宋〕李焘撰,上海师范大学古籍整理研究所、华东师范大学古籍整理研究所点校:《续资治通鉴长编》,北京:中华书局,2004 年,第 5590 页。

王安石认为心性养成就可以考察百官，更好地驱使他们为国效力，而不仅仅是靠"刑名法制"，这样一来，"若陛下能考核事情，使君子甘自竭力，小人革面不敢为欺，即陛下无为而不成，调一天下兼制夷狄，何难之有"①，大饼画得神宗"大悦"，事实却是神宗不堪任事，更别说能考核事情之实，王安石又说：

> 陛下欲知事之是非、人之情伪，即当先知所与计事者为忠为邪。若所与计事者为邪，即不肯以天下治乱安危为己责，更或幸天下有事，因以济其奸。陛下圣质高远，然自以涉事未久，故畏谨过当，未能堪事。只契丹移口铺，陛下便须为之惶扰，即听惑，听惑即奸人过计或误而见听，奸人过计或误而见听，即宗庙社稷安危未可知。陛下既未能堪事，即未宜使边鄙有事。陛下欲胜夷狄，即须先强中国。诗曰："无竞惟人，四方其训之。"然则强中国，在于得人而已。②

如果说王安石的话不一定代表实情，那么我们可以翻开史书核实，神宗确实面对契丹的风吹草动就过度反应，很容易自乱阵脚，王安石批评得很中肯。

一来北宋现实与王安石的理想差距甚远，二来理想本身也过于高远，因为王安石希望神宗"闻道"，他说：

---

① ［宋］李焘撰，上海师范大学古籍整理研究所、华东师范大学古籍整理研究所点校：《续资治通鉴长编》，北京：中华书局，2004年，第5628页。
② ［宋］李焘撰，上海师范大学古籍整理研究所、华东师范大学古籍整理研究所点校：《续资治通鉴长编》，北京：中华书局，2004年，第5761—5762页。

人主要闻道，若不闻道，虽不好邪诌、好正直，即有人如刘栖楚叩头出血谏争，却阴为奸私邪慝，而无术以揆之，亦不免乱亡。自古惟大无道之君，乃以恣睢致乱亡。如汉元帝非不孜孜为善，但不闻道，故于君子、小人情状无以揆之，而为小人所蔽。陛下试读石显传，天下后世皆知其为奸邪，能害当时政事，然求其显然罪状即不可得，自非人主闻道即不能见微，不能见微即为此辈所蔽，至于衰乱而不悟。陛下不迩声色，忧勤政事，可谓有至仁之资，然要揆君子、小人情状，决天下大计，须闻道；苟能闻道，即声色玩好不能累其心，不必强勉而后能胜也；君子、小人之情状来接于我，即有以应之，不必劳耳目思虑而后能察也。三公以论道为职者，必以为治天下国家，不可以不闻道故也。①

且不说王安石自身都没达到这一境界，否则为何变法没有成功之前，他就开始求退？熙宁六年（1073）神宗让他修三经新义，按道理来说应该功成之后制礼作乐，所以王安石推辞不受，最后却又接受了。王安石尚且如此，神宗如何能够达到？故神宗有时还会自我怀疑地说："雾说卿意似不专为病，朕亦为雾说，必为在位久，度朕终不足与有为，故欲去耳。"②神宗似也察觉到二人之间的差距。虽然王安石有时夸赞神宗如周文王，但神宗有自知之明，如二人在三经义序上的分歧就体现出来，史云：

① ［宋］李焘撰，上海师范大学古籍整理研究所、华东师范大学古籍整理研究所点校：《续资治通鉴长编》，北京：中华书局，2004 年，第 5815 页。
② ［宋］李焘撰，上海师范大学古籍整理研究所、华东师范大学古籍整理研究所点校：《续资治通鉴长编》，北京：中华书局，2004 年，第 5908 页。

先是,安石撰诗序,称颂上德,以文王为比,而上批:"得卿所上三经义序,其发明圣人作经大旨,岂复有加！然望于朕者,何其过钦！责难之义,在卿固所宜著传于四方,贻之后世,使夫有识考朕所学所知,及乎行事之实,重不德之甚,岂胜道哉！恐非为上为德之义也。其过情之言,可速删去,重为修定,庶付有司早得以时颁行。"①

王安石再相曾评价过神宗:

陛下亦能受人臣犯颜谏争,此臣所以敢言,不然,则臣岂敢忘明哲保身之义？唐太宗行义至不修,陛下修身乃与尧、舜无异,然陛下不能使群臣皆忠直敢言者,分曲直、判功罪不如唐太宗故也。②

这段话应该是说到了点子上,王安石虽期许神宗成为尧舜,结果却连唐太宗还不如,这固然是神宗自身的问题,也反映出王安石学说中的内部矛盾,即修身未必能够外王,因此可以修身如尧舜的神宗,最终却无法取得唐太宗的统一大业,而王安石自始至终都天真地认为正道可以夺权,靠所谓的正道就可以改变天下流俗,他忧心忡忡地对神宗说:

① ［宋］李焘撰,上海师范大学古籍整理研究所、华东师范大学古籍整理研究所点校《续资治通鉴长编》,北京:中华书局,2004 年,第 6514—6515 页。
② ［宋］李焘撰,上海师范大学古籍整理研究所、华东师范大学古籍整理研究所点校《续资治通鉴长编》,北京:中华书局,2004 年,第 6440 页。

> 陛下欲以先王之正道胜天下流俗,故与天下流俗相为重轻。流俗权重,则天下之人归流俗;陛下权重,则天下之人归陛下。权者与物相为重轻,虽千钧之物,所加损不过铢两而移。今奸人欲败先王之正道,以沮陛下之所为。于是陛下与流俗之权适争轻重之时,加铢两之力,则用力至微,而天下之权,已归于流俗矣,此所以纷纷也。①

实则唐太宗促成贞观之治,哪里能完全用正道解释得通?

客观地说,神宗有神宗的价值,王安石总是以其他君王为参照来要求他,本身就是巨大的偏见。归根到底,还是王安石之论有瑕疵,单说治理天下并非治人而已,还有很多出于人类社会之外的自然难题需要处理,王安石光关注治人之论就失之偏颇,何况人心难知,王安石总是过度乐观自信,在这一点上神宗都比他清醒一些。有一次,王安石说:"然陛下以为人心难知,亦不至此,若素行君子必不为小人,素行小人岂有复为君子。"神宗就说:"如曾布,卿亦岂意其如此?"王安石回答:

> 曾布性行,臣所谙知。方臣未荐用时,极非毁时事,臣以其材可使,故收之。及后宣力,臣倾心遇之,冀其遂为君子,非敢保其性行有素也。布且如此,陛下岂可不知其故?若陛下以一德遇群臣,布知利害所在,必不至此,陛下岂可不思?②

---

① [元]脱脱等撰,中华书局编辑部点校:《宋史》,北京:中华书局,1985年,第 10545 页。

② [宋]李焘撰,上海师范大学古籍整理研究所、华东师范大学古籍整理研究所点校:《续资治通鉴长编》,北京:中华书局,2004 年,第 6461 页。

但他能够以此来说服神宗，可见确实代表了当时的最高智力的认知，因此王安石再入相的制词说："信厚而简重，敦大而高明。潜于神心，驰天人之极挚；尊厥德性，溯道义之深源。延登杰才，裨参魁柄。傅经以谋王体，考古而起治功。训齐多方，新美万事。"①虽不无溢美之词，但大抵属实，因此这篇制词当时有"世以为工"②的称誉。

　　综合以上王安石对神宗的教诲，已经体现出神宗跟王安石精神的背离。

　　一方面，神宗与王安石心中所关心事物不同，因此孰轻孰重判断不一，体现出分歧，王安石经常批评神宗不察大体、务于细事就是如此，王安石说：

> 周公制法如此，不以烦碎为耻者，细大并举，乃为政体，但尊者任其大，卑者务其细，此先王之法，乃天地自然之理。如人一身，视、听、食、息，皆在元首，至欲搔痒，则须爪甲。体有小大，所任不同，然各不可阙。天地生万物，一草之细，亦皆有理。今为政但当论所立法有害于人物与否，不当以其细而废也。市易务勾当官乃取贾人为之，固为其所事烦细故也，岂可责市易务勾当官不为大人之事？臣以谓不当任烦细者，乃大人之事。如陛下朝夕检察市易务事，乃似烦细，非帝王大体，此乃书所谓"元首丛脞"也。陛下修身，虽尧、舜无以加，然未

---

① 曾枣庄、刘琳主编：《全宋文》第 114 册，上海：上海辞书出版社、合肥：安徽教育出版社，2006 年，第 128 页。
② 余祖坤编：《历代文话续编》，南京：凤凰出版社，2013 年，第 143 页。

能运天下者,似于大体未察,或代有司职,未免丛脞。①

王安石所说的大小,其实涉及内心的标准,当神宗与王安石之间出现大小轻重判断不同的时候,说明他们评断的标准不一,也就是意见相左。

意见不同是很正常的,有时候经过讨论,王安石能说服神宗,如皇城司探事,史云:"上曰:'初无此处分。此辈本令专探军中事,若军中但事严告捕之法,亦可以防变。'安石曰:'专令探军中事即无妨,若恃此辈伺察外事,恐不免作过。孙权、曹操用法至严,动辄诛杀,然用赵逵、吕壹之徒,皆能作奸乱政。陛下宽仁,不忍诛罚,焉能保此辈不作奸?三代圣王且不论,如汉高祖、唐太宗已不肯为孙权、曹操所为,但明示好恶赏罚,使人臣皆忠信,不敢诞谩,天下事安有蔽匿不闻者?细碎事纵不闻,何损于治体?欲闻细碎事,却致此辈作奸,即所损治体不细。'上以为然。"②经过王安石的开导,君臣就达成一致了,实际上也就是标准契合起来。

但神宗与王安石虽若一人,终究不是一人,出现分歧是必然的结果,如熙宁七年(1074)大旱,王安石与神宗之间对话如下:

> 上以久旱,忧见容色,每辅臣进见,未尝不叹息恳恻,欲尽罢保甲、方田等事。王安石曰:"水旱常数,尧、汤所不免。陛下即位以来,累年丰稔,今旱暵虽逢,但当益修人事,以应天

---

① [宋]李焘撰,上海师范大学古籍整理研究所、华东师范大学古籍整理研究所点校:《续资治通鉴长编》,北京:中华书局,2004 年,第 5827 页。

② [宋]李焘撰,上海师范大学古籍整理研究所、华东师范大学古籍整理研究所点校:《续资治通鉴长编》,北京:中华书局,2004 年,第 5837—5838 页。

灾，不足贻圣虑耳。"上曰："此岂细故？朕今所以恐惧如此者，正为人事有所未修也。"于是中书条奏，请蠲减赈恤。①

君臣对大旱是小事还是大事就出现了判断的不同。使事情更复杂的是，王安石有时候对"大""细"的判断标准会根据现实需要做出调整，如论泸州事时他对神宗说："今乘其未然，以爵命羁縻，旁近诸夷，各随所部加以爵命，既各有爵命，并为内属部落，即难相并吞。纵欲如此，即诸部各待王命，彼亦畏中国讨伐，又怀恩命，自然并吞之心息。此所谓'为大于细，图难于易'也。"②更可看出所谓大小，不过是根据现实而转化标准的结果，这就使标准更难把握。

另一方面，王安石是在儒家心性论的基础上发展自身学术与主张的，而神宗更感兴趣的实则是法家思想，王安石劝勉神宗的话中多次指出其对"刑名法制"的关注与熟悉，除了前面所引资料，又如：

> 陛下能以道揆事，则岂患人不革面？若陛下未能以道揆事，即未革面之人日夕窥伺圣心，乘隙罅为奸私，臣不能保其不乱政也。陛下于刑名、度数、簿书丛脞之事，可谓悉矣，然人主所务在于明道术，以应人情无方之变，刑名、度数、簿书之间，不足以了此。③

① ［宋］李焘撰，上海师范大学古籍整理研究所、华东师范大学古籍整理研究所点校：《续资治通鉴长编》，北京：中华书局，2004 年，第 6147—6148 页。
② ［宋］李焘撰，上海师范大学古籍整理研究所、华东师范大学古籍整理研究所点校：《续资治通鉴长编》，北京：中华书局，2004 年，第 6020 页。
③ ［宋］李焘撰，上海师范大学古籍整理研究所、华东师范大学古籍整理研究所点校：《续资治通鉴长编》，北京：中华书局，2004 年，第 5634—5635 页。

就指出神宗更关注"刑名、度数、簿书丛脞之事"，而对道术认知不足。这也好理解，毕竟道术心性，是对神宗自身的约束，且需要很长时间才能有得，而刑名法制之类，是约束别人的，又能在短时间内有效，神宗选择后者是很正常的。

王安石本人也为了更好地引导神宗而放弃了部分原则，由此被后人诟病。有一次，神宗批评汉武帝多欲，史书云："上曰：'武帝自为多欲耳。'上谕执政曰：'人主举动不当有欲以害政。'安石曰：'欲亦不能害政，如齐桓公亦多欲矣，而注厝方略，不失为霸于天下，能用人故也。'"①史书记载得很有意思，神宗先说武帝多欲，没人搭话，他赶紧再说"人主"不能因欲害政，似乎急于跟汉武帝划清关系，也以此来试探大臣。要知道，神宗年轻力壮，正是多欲之时，王安石赶紧为他找个台阶下，并在诗歌中加以表达，想在满足神宗之欲的基础上实现天下大治，这却引来后人的批评，《鹤林玉露》云：

> 荆公诗云："谋臣本自系安危，贱妾何能作祸基。但愿君王诛宰嚭，不愁宫里有西施。"夫妲己者，飞廉、恶来之所寄也。褒姒者，聚子、膳夫之所寄也。太真者，林甫、国忠之所寄也。女宠蛊君心，而后恬壬阶之以进，依之以安。大臣格君之事，必以远声色为第一义。而谓"不愁宫里有西施"何哉？范蠡霸越之后，脱屣富贵，扁舟五湖，可谓一尘不染矣。然犹挟西施以行，蠡非悦其色也，盖惧其复以蛊吴者而蛊越，则越不可保矣。于是挟之以行，以绝越之祸基，是蠡虽去越，未尝忘越也。

① ［宋］李焘撰，上海师范大学古籍整理研究所、华东师范大学古籍整理研究所点校：《续资治通鉴长编》，北京：中华书局，2004 年，第 5656 页。

曾谓荆公之见而不及蠡乎？惟管仲之告齐桓公，以竖刁、易
牙、开方为不可用，而谓声色为不害霸，与荆公之论略同。①

罗大经误解了王安石的良苦用心，实际上王安石是有远见的，后来
理学家对待宋哲宗，就因为要求过严使他心理扭曲，得不偿失。类
似的还有"人主若能以尧、舜之政泽天下之民，虽竭天下之力以奉
乘舆，不为过当。守财之言，非天下正理，然陛下圣心高远，如纷华
盛丽无可累心，故安于俭节，自是盛德，足以率励风俗，此臣所以不
敢不上体圣心也"②之言，更是引发后世巨大争议。

　　王安石对神宗的要求适当放低，实际上是想让他更好地成长，
只不过收效甚微，因为神宗还是执着于法家思想，熙宁九年（1076）
神宗对王安石说：

　　　　道必有法，有妙道斯有妙法，如释氏所谈妙道也，则禅者
　　　其妙法也。妙道不可以智知，不可以识识，然尚有法可以诠
　　　之，则道之粗者固宜有法也。③

刘成国指出"法者，即刑名法度之谓也"④，可从。这就为王安石与

① ［宋］罗大经撰，王瑞来点校：《鹤林玉露》，北京：中华书局，1983 年，第
186 页。
② ［宋］李焘撰，上海师范大学古籍整理研究所、华东师范大学古籍整理
研究所点校：《续资治通鉴长编》，北京：中华书局，2004 年，第 5885—5886 页。
③ ［宋］李焘撰，上海师范大学古籍整理研究所、华东师范大学古籍整理
研究所点校：《续资治通鉴长编》，北京：中华书局，2004 年，第 6732 页。
④ 刘成国：《王安石年谱长编》，北京：中华书局，2018 年，第 1909 页。

神宗的变法带来了阴影，同时也预示着王安石的变法初衷已经在皇权的干预下慢慢变质，走向了自身的对立面。

虽然神宗以"师臣"①对待王安石，甚至以行道济民的理想来评价自己跟王安石的君臣相遇，神宗说：

> 卿所以为朕用者，非为爵禄，但以怀道术可以泽民，不当自埋没，使人不被其泽而已。朕所以用卿，亦岂有他？天生聪明，所以乂民，相与尽其道以乂民而已，非以为功名也。自古君臣如卿与朕相知极少，岂与近世君臣相类？如冯京、文彦博，自习近世大臣事体，或以均劳逸为言，卿岂宜如此？朕顽鄙初未有知，自卿在翰林，始得闻道德之说，心稍开悟，卿，朕师臣也，断不许卿出外。②

神宗虽如此说，但王安石最后也不得不隐退金陵，尽管明面上说是因病需要休养，实际上还是因为神宗圣德难以副王安石之望，王安石说：

---

① 关于"师臣"的说法，有人出于维护君权的需要加以否认，"陈瓘论曰：熙宁之初，神考以安石为贤，自邓绾黜逐以后，不以安石为贤矣。安石退而著书，愤郁怨望，傲然自圣。于是书托圣训之言曰：'卿，朕师臣也。'又曰：'君臣之义，重于朋友。朕既与卿为君臣，宜为朕少屈。'此等不逊之言托于圣训，前后不一，又谓吕惠卿亦师臣也，又谓如常秩者亦当屈己师之。神考尝谓常秩不识去就，安石亲闻此训，书于日录，岂有不识去就之人，而可以为圣主之师乎"。（汪圣铎点校：《宋史全文》，北京：中华书局，2016年，第685页）可备一说。不过，苏轼《赠王安石太傅》制词已有"宠以师臣之位，蔚为儒者之光"等语，可见"师臣"之说，当时是认可的，只不过随着北宋灭亡，此一争议亦加剧起来。
② ［宋］李焘撰，上海师范大学古籍整理研究所、华东师范大学古籍整理研究所点校：《续资治通鉴长编》，北京：中华书局，2004年，第5661页。

陛下至明，非臣所能仰望，然于事机亦时有不见……陛下好察细务，诚由聪明有余，然恐不能不于大略却有所遗。臣愿观古兴王所以运动天下，变移风俗如何，即见陛下今日得失事，固难一一尽言。①

面对王安石的责问，神宗回答说"只为事难得分明者"，王安石则以神宗没有"穷究到底"才导致不分明，从二人言论中不难看出神宗心性含糊不彻底，难怪王安石求退，因为含糊之下，容易走偏，太过危险，而王安石则多次劝神宗说：

陛下每有所建立，未尝不致纷纷，所以然者，陛下不深察人情故也。人情有向有不向，陛下有所不察，故人向者至少而事多爽侮……今陛下于不向之人每务含容，天下之人岂以为陛下含容，但以为陛下不能照察，为奸人所侮耳。《老子》曰其下畏之侮之。为天下王，至为人所侮，何以济大业，成天下之务？今不向之人岂尽不晓事，好为异见，直缘敢侮而已。②

王安石劝说得如此苦口婆心，神宗的反映却是"上笑"，可见并未真的听进去。其实，王安石对此亦有自觉认识，他借诗说："先生善鼓瑟，齐国好吹竽。操竽入齐人，雅郑亦复殊。岂不得禄赐，归卧自歔欷。寥寥朱丝弦，老矣谁与娱?"(《即事六首》其四)从诗意

① ［宋］李焘撰，上海师范大学古籍整理研究所、华东师范大学古籍整理研究所点校：《续资治通鉴长编》，北京：中华书局，2004 年，第 5688 页。
② ［宋］李焘撰，上海师范大学古籍整理研究所、华东师范大学古籍整理研究所点校：《续资治通鉴长编》，北京：中华书局，2004 年，第 5708—5709 页。

来看，或作于未大用前，但诗中已经流露出难以真正契合的忧虑，没想到参政以后，看似君臣契合，实则问题仍旧不少。

连王安石自身都不得不罢相，遑论其他，表现出君臣关系的转变，所以刘安世又说"及元丰之初，人主之德已成，又大臣尊仰将顺之不暇，天容毅然，正君臣之分，非与熙宁初比也"，概括的是比较准确的。更没想到的是，变法不仅没有行道明道，反而使大道扭曲，用王安石自己的话来说就是"道之变"了：

> 上曰："轼又言：'兵先动者为客，后动者为主，主常胜客，客常不胜，治天下亦然。人主不欲先动，当以静应之于后，乃胜天下之事。'此说何如？"安石曰："轼言亦是，然此道之经也，非所谓道之变，圣人之于天下感而后应，则轼之言有合于此理。然事变无常，固有举事，不知出此，而圣人为之倡发者。譬之用兵，岂尽须后动然后能胜敌！顾其时与势之所宜而已。"上曰："卿言如此极精。"①

苏轼之言为常道，也是符合事实的，王安石则以变道勉励神宗，而变道无疑是对变法的呼应，道已变，则不复如初矣，此类甚多，如王安石批评程颢说："颢所言，自以为王道之正。臣以为颢所言，未达王道之权。"②跟批评苏轼如出一辙，究其原因，在于王安石总想创新，而大道有其稳定性，一旦创新就容易背离。

———————————

① [清]黄以周等辑注，顾吉辰点校：《续资治通鉴长编拾补》，北京：中华书局，2004 年，第 188—189 页。
② 汪圣铎点校：《宋史全文》，北京：中华书局，2016 年，第 653 页。

王安石不仅求道行政如此，对自己著书立说也是这么狠：

> 一日，(刘)贡甫访之，值其方饭，使吏延入书室中。见有稿草一幅在砚下，取视之，则论兵之文也。贡甫性强记，一过目辄不忘，既读，复置故处。独念吾以庶僚谒执政，径入其便坐，非是，因复趋出，待于庑下。荆公饭毕而出，始复邀入坐。语久之，问贡甫近颇为文乎，贡甫曰："近作《兵论》一篇，草创未就。"荆公问所论大概如何，则以所见稿草为己意以对，荆公不悟其尝见己之作也，默然良久，徐取砚下稿草裂之。盖荆公平日论议，必欲出人意之表，苟有能同之者，则以为流俗之见也。①

所载之事近乎小说，但从中亦可看出，王安石对别出心裁的追求之深，这样很容易逞口舌之快，走火入魔。我们这里举一个具体而有代表性的例子来说明王安石将道进行权变之后的结果，王安石变法是为了实现致君尧舜的回归三代之理想，但在变法过程中一再以事实需要背离三代之法，范纯仁《奏乞罢均输》云：

> 此盖制置条例之臣，不务远图，欲希近效，略取《周礼》赊敛之制，理市之法，而谓可以平均百物，抑夺兼并，以求陛下之信。其实用桑羊商贾之术，将笼诸路杂货，买贱卖贵，渔夺商

---

① ［宋］徐度撰，朱凯、姜汉椿整理：《却扫编》，郑州：大象出版社，2019年，第256页。

人毫末之利，以开人主侈大之心，甚非尧舜三代务本养民之意也。①

就指责变法虽然略取《周礼》理财之论，但实际上使用的是桑弘羊的办法，根本不是尧舜三代抚养民众的本意。随着经济发展，宋代商业自然比尧舜时发达，王安石的政策也有其合理性，所以王安石会针锋相对地加以反驳说：

> 上曰："范纯仁又有文字，意甚忿，言：'臣始见陛下用富弼、王安石，臣窃庆忭以为必能以尧、舜之道致太平。今富弼家居不出，王安石乃以富国、强兵霸者之事佐陛下。'"宋曰："范纯仁至中书亦责臣：'本以经术佐人主，今乃以理财为先。'臣答以'正为经术以理财为先，故为之。若不合经术，必不出此'。"②

虽然王安石可以从《周礼》等经书中找到支撑自己的材料以做适应现实的调整，但如此一来，就跟这些经书的原貌和他自己之前所宣扬的尧舜三代之道有了根本的不同，也暴露出经学本身的内在矛盾，这里不一一展开。

总之，诸如此类"变道"甚多。以王安石的逻辑来看，道不明行乃士人之罪，那么道被改变，岂非更大之罪？王安石如何处理？金

---

① 曾枣庄、刘琳主编：《全宋文》第 71 册，上海：上海辞书出版社、合肥：安徽教育出版社，2006 年，第 181—182 页。
② 顾宏义、李文整理标校：《宋代日记丛编·熙宁日录》，上海：上海书店出版社，2013 年，第 193 页。

陵又为他提供了哪些救赎？这就是我们后面几章要解答的核心
问题。

<h3 style="text-align:center">（三）"一天下之学者"的失败</h3>

王安石想要"一天下之学者"，自然是其学说内部的重要推动，
但也跟变法时所遇到的空前的阻力有关，这个阻力之大及其对王
安石的重要影响，甚至连他的政敌都有所察觉，难怪变法之于王安
石，简直如其逆鳞一般，触碰不得。司马光曾说：

> 介甫素刚直，每议事于人主前，如与朋友争辩于私室，不
> 少降辞气，视斧钺鼎镬无如也。及宾客僚属谒见论事，则唯希
> 意迎合，曲从如流者亲而礼之；或所见小异，微言新令之不便
> 者，介甫辄艴然加怒，或诟詈以辱之，或言于上而逐之，不待其
> 辞之毕也。明主宽容如此，而介甫拒谏乃尔，无乃不足于
> 恕乎？①

司马光的描述或有添油加醋之嫌，但结合当时的朝堂撕裂情况来
看，并非毫无根据，变法使王安石心态都发生了巨大的变化，究其
原因，不理性的党争有重要的责任，程颢也说：

> 新政之改，亦是吾党争之有太过，成就今日之事，涂炭天
> 下，亦须两分其罪可也。当时天下，岌岌乎殆哉！介父欲去数

---

① ［宋］司马光著，李之亮笺注：《司马温公集编年笺注》，成都：巴蜀书
社，2009 年，第 555 页。

矣。其时介父直以数事上前卜去就，若青苗之议不行，则决其去。伯淳于上前，与孙莘老同得上意，要了当此事。大抵上意不欲抑介父，要得人担当了，而介父之意尚亦无必。伯淳尝言："管仲犹能言'出令当如流水，以顺人心'。今参政须要做不顺人心事，何故？"介父之意只恐始为人所沮，其后行不得。伯淳却道："但做顺人心事，人谁不愿从也？"介父道："此则感贤诚意。"却为天祺其日于中书大悖，缘是介父大怒，遂以死力争于上前，上为之一以听用，从此党分矣。①

甚至在争论的关键时候，王安石不怒反笑，心理状态极为反常，史书记载云：

戬既上疏，又诣中书力争，辞气甚厉。公亮俯首不答，安石以扇掩面而笑。戬怒曰："参政笑戬，戬亦笑参政所为。岂但戬笑，天下谁不笑者？"陈升之解之曰："察院不须如此。"戬顾曰："只相公得为无过耶？"②

王安石为什么在如此激烈的争论中发笑？吕大临《张御史行状》说："君争之不可，乃告诸执政，执政笑而不答。君曰：'戬之狂

---

① ［宋］程颢、程颐著，王孝鱼点校：《二程集》，北京：中华书局，2004 年，第 28 页。

② ［宋］李焘撰，上海师范大学古籍整理研究所、华东师范大学古籍整理研究所点校：《续资治通鉴长编》，北京：中华书局，2004 年，第 5108 页。

易,宜其为公所笑。然天下之士笑公为不少矣。'"①张戬认为是自己的"狂易"之举引发王安石之笑,已经由公事之争转为人身攻击了。按道理来说,王安石作为执政不当如此,此笑背后呈现出其心态因变法争议所带来的变化,果然,此事之后王安石就加快了对异论者的外放或外任,甚至在跟神宗的对话中也毫不掩饰地有所流露:

> 上曰:"今一辈人所谓道德者,非道德也。"安石曰:"乡原似道德而非道德也。"上曰:"其间亦有是智不能及者。"安石曰:"事事苟合流俗,以是为非者,亦岂尽是不能也?"②

神宗明确指出党争中人对"道德"的不同认识,如果从神宗和王安石的角度来看,那些当然不是真的道德。不过,神宗给他们找了原因,是智商不够,如果聪明,肯定能做到;王安石则直接对此表示质疑,认为他们"以是为非",跟懂不懂、会不会没关系,已经对异论者带有不正常的阴谋论的理解了,使"一天下之学者"更加困难。

另外,王氏之学内部破绽也是难以统一思想的重要原因,而王安石变法则使其内部破绽显得更为清晰,危害也更大,尤其是当面临实践检验出的问题而不承认的时候。究其原因,就在于王安石一开始在神宗面前陈义太高,既然"通知圣人之道",后面怎么会出问题?那一定不是神宗或变法的问题,而是别人的问题,因此,只

---

① 曾枣庄、刘琳主编:《全宋文》第 110 册,上海:上海辞书出版社、合肥:安徽教育出版社,2006 年,第 187 页。

② [宋]李焘撰,上海师范大学古籍整理研究所、华东师范大学古籍整理研究所点校:《续资治通鉴长编》,北京:中华书局,2004 年,第 5217—5218 页。

要神宗不能直接批评，矛盾就在继续，使王安石学术中的破绽被进一步放大，更多的问题被归结到别人身上，甚至有些官员仅仅因为批评就成为被惩治对象，如乌台诗案中的苏轼。

在这种思路引导下，我们会清楚地发现，影响更大的不是破绽本身，因为破绽可以更好地通过讨论加以完善，而是纷争所引发的王安石对君子尤其是反对其学的君子之论的看法发生了转变。他早在《读汉书》诗中就说："京房刘向各称忠，诏狱当时迹自穷。毕竟论心异恭显，不妨迷国略相同。"刘成国云："弘恭、石显为汉元帝时宦官，干政弄权。刘向、京房为一时名臣，屡次上书称引灾异，弹劾宦官擅权，世人皆以忠臣许之。公则以为，京、刘据五行灾异之说攻击恭、显，虽一心为国，然以阴阳灾异附会政事，适足误国误民。"[1]这种思路一旦打开，为王安石不顾君子反对埋下了伏笔，果然，王安石熙宁元年（1068）面对登州谋杀案，时知谏院吴申上疏论事，辅臣以申疏进呈《（谨奉）祖宗成宪不违朝廷众论》一文，王安石则反驳说："先王但稽于众，非一一从也。"[2]使众论正式成为摆设。

就党争中人而论，王安石的人性论显得尤为重要，体现出双刃剑的作用：当王安石用发展的观念来看待人性，既可以突破某些陈规陋习，"作新斯人"，也可以在无形之中混淆君子与小人，造成政局混乱。庆历四年（1044），王安石撰《性说》云：

> 然则孔子所谓"中人以上可以语上，中人以下不可以语

---

① 刘成国：《王安石年谱长编》，北京：中华书局，2018 年，第 565 页。

② 《太平治迹统类》卷十三，转引自刘成国：《王安石年谱长编》，北京：中华书局，2018 年，第 797 页。

上，惟上智与下愚不移"，何说也？曰：习于善而已矣，所谓上
智者；习于恶而已矣，所谓下愚者；一习于善，一习于恶，所谓
中人者。上智也、下愚也、中人也，其卒也命之而已矣。有人
于此，未始为不善也，谓之上智可也；其卒也去而为不善，然后
谓之中人可也。有人于此，未始为善也，谓之下愚可也；其卒
也去而为善，然后谓之中人可也。惟其不移，然后谓之上智；
惟其不移，然后谓之下愚。皆于其卒也命之，夫非生而不可
移也。[①]

王安石认为人性是不断改变的，这样一来，君子跟小人就可以互相
转化。

何况王安石一直追求圣人之道，对君子很了解，而对小人之心
所知甚少，也直接导致他辨别小人的眼力不够，最终使新法难以推
行。陈师道《上苏公书》有详细的分析：

　　知人固未易，未易之中又有甚难。范文正谓王荆公长于
知君子，短于知小人，由今观之，岂特所短，正以反置之耳。古
之所谓腹心之臣者，以其同德也。故武王曰："予有乱臣十人，
同心同德。"而荆公以巧智之士为腹心，故王氏之得祸大也。
闻狙诈咸作使矣，未闻托之心腹也。夫君子无弃人，巧智之士
亦非可弃，以为手足可也；耳目且不可，况腹心乎？盖势在则
欺之以为功，势同则夺之以自利，势去则背之以违害。使之且

---

① 曾枣庄、刘琳主编：《全宋文》第 64 册，上海：上海辞书出版社、合肥：安徽教育出版社，2006 年，第 363 页。

难,况同之乎?无德而智,以智营身,而不及事,智之所后,不得不欺以卫身也。天下之事,又岂巧者之所能乎?士终始不相负,非由义则畏义耳。势在而不负,岂真不负耶?末疾偏废,不害为生,膏肓之溃,吊之可也,常窃悲之。故谓知士当如范公,用士当以王公为戒也。不审阁下以为如何。①

不仅范仲淹如此,吕惠卿也这么说王安石,神宗对王安石转述吕惠卿之言:"'练亨甫以臣兄弟少贫贱更事,识小人情状,故尤忌嫉臣兄弟。'言卿不能知小人情伪,故亨甫利卿在位。"②则王安石不知小人,当为确证。

君子小人之争,苏轼有不同看法。对于众人,王安石、苏轼都以势观之,苏轼在《续欧阳子朋党论》中说:"且夫君子者,世无若是之多也。小人者,亦无若是之众也。凡才智之士,锐于功名而嗜于进取者,随所用耳。孔子曰:'仁者安仁,智者利仁。'未必皆君子也。冉有从夫子则为门人之选,从季氏则为聚敛之臣。"③但是在如何辨别君子上,王安石严格遵守道的标准,苏轼则更讲究策略,其《大臣论下》云:"若夫智者则不然。内以自固其君子之交,而厚集其势;外以阳浮而不逆于小人之意,以待其间。"④更现实一些。

---

① 曾枣庄、刘琳主编:《全宋文》第 123 册,上海:上海辞书出版社、合肥:安徽教育出版社,2006 年,第 294—295 页。

② [宋]李焘撰,上海师范大学古籍整理研究所、华东师范大学古籍整理研究所点校:《续资治通鉴长编》,北京:中华书局,2004 年,第 6488—6489 页。

③ 张志烈、马德富、周裕锴主编:《苏轼全集校注》第 10 册,石家庄:河北人民出版社,2010 年,第 424 页。

④ 张志烈、马德富、周裕锴主编:《苏轼全集校注》第 10 册,石家庄:河北人民出版社,2010 年,第 419 页。

　　本想"一天下之学者"，结果反而混淆君子小人，使王安石变法难度更大。王安石本想以新进代替老成，美其名曰等法度完备，再让老成之士守成，这真是为了未来而牺牲现在，得不偿失。正如岳珂《桯史》所云：

　　　　王荆公相熙宁，神祖虚心以听，荆公自以为遭遇不世出之主，展尽底蕴，欲成致君之业，顾谓君不尧舜，世不三代，不止也。然非常之云，诸老力争，纷纭之议，殆偏天下，久之不能堪。又幸其事之集，始尽废老成，务汲引新进，大更弊法，而时事斩然一新。至于元丰，上已渐悔，罢政居钟山，不复再召者十年。其后元祐群贤迭起，不推原遗弓之本意，急于民瘼，无复周防，激成党锢之祸，可为太息。余尝侍楼宣献及此，宣献诵荆公是时尝因天雪有绝句曰："势合便疑埋地尽，功成直欲放春回。农夫不解丰年意，只欲青天万里开。"其志盖有在。余应曰："不然，旧闻京师隆冬，尝有官检冻死秀才、腰间系片纸，启视之，乃喜雪诗四十韵，使来年果丰，已无救沟中之瘠矣。况小人合势，如章、曾、蔡、吕辈，未知竟许放春否？"宣献忻然是其说。及今观之，发冢之议，同文之狱，以若人而居位，岂不如所臆度，荆公初心，于是孤矣。①

刘成国补充说："'任理而无情''非祁寒暑雨不能成岁功'，此乃以天道为据，为新法辩护，亦即《咏雪》之意也。"②此大不然，王安石

---

① 　[宋]岳珂撰，吴企明点校：《桯史》，北京：中华书局，1981年，第127页。
② 　刘成国：《王安石年谱长编》，北京：中华书局，2018年，第1342页。

本身天人之道未能真正融通，不足为据。且如岳珂所云"使来年果丰，已无救沟中之瘠"，何况来年更贫瘠呢？

（四）来自苏轼的批评

作为王安石的政敌，苏轼跟王安石之间的关系很复杂，苏轼主张包容，其《文与可字说》推崇子张，就是强调其包容广大之处："我之大贤欤，于人何所不容。我之不贤欤，人将拒我，如之何其拒人也。子张之意，岂不曰与其可者，而不可者自远乎？"①又如嘉祐六年（1061）《上富丞相书》：

> 大人得其全，小人得其偏。大人得其全，故能兼受而独制；小人得其偏，是以聚而求合于大人之门。古之圣人，惟其聚天下之偏，而各收其用，以为非偏则莫肯聚也，是故不以其全而责其偏。夫惟全者之不可以多有也，故天下之偏者，惟全之求。今以其全而责其偏，夫彼若能全，将亦为我而已矣，又何求焉。昔者夫子廉洁而不为异众之行，勇敢而不为过物之操，孝而不徇其亲，忠而不犯其君。凡此者，是夫子之全也。原宪廉而至于贫，公良孺勇而至于斗，曾子孝而徇其亲，子路忠而犯其君。凡此者，是数子之偏也。夫子居其全，而收天下之偏，是以若此巍巍也……夫卓越之行，非至行也，而有取于世。狡悍之才，非真才也，而有用于天下。此古之全人所以坐而收其功也。今天下卓越之行，狡悍之才，举不敢至于明公之

① 张志烈、马德富、周裕锴主编：《苏轼全集校注》第11册，石家庄：河北人民出版社，2010年，第1042页。

门,惧以其不纯而获罪于门下。①

其中辩证地指出了"全"与"偏"的关系。且苏轼与其弟苏辙之名字,亦寓有"和而不同"之意。苏轼又字"和仲"(《张厚之忠甫字说》:"而其客苏轼子瞻和仲推先生之意。"②)苏辙又字"同叔"。天地赋予人之秉性不同,人与人之间不可能没有异同,只有跟天地万物同才是真同,苏轼《醉白堂记》先比较韩琦与白居易之异同云:

> 文致太平,武定乱略,谋安宗庙,而不自以为功。急贤才,轻爵禄,而士不知其恩。杀伐果敢,而六军安之。四夷八蛮想闻其风采,而天下以其身为安危。此公之所有,而乐天之所无也。乞身于强健之时,退居十有五年,日与其朋友赋诗饮酒,尽山水园池之乐。府有余帛,廪有余粟,而家有声伎之奉。此乐天之所有,而公之所无也。忠言嘉谋,效于当时,而文采表于后世。死生穷达,不易其操,而道德高于古人。此公与乐天之所同也。③

然后论与天地万物相同:"方其寓形于一醉也,齐得丧,忘祸福,混

---

① 张志烈、马德富、周裕锴主编:《苏轼全集校注》第16册,石家庄:河北人民出版社,2010年,第5195页。

② 张志烈、马德富、周裕锴主编:《苏轼全集校注》第11册,石家庄:河北人民出版社,2010年,第1049页。

③ 张志烈、马德富、周裕锴主编:《苏轼全集校注》第11册,石家庄:河北人民出版社,2010年,第1072—1073页。

贵贱，等贤愚，同乎万物，而与造物者游，非独自比于乐天而已。"①
而其元丰元年（1078）所作《思堂记》则干脆征引《中庸》"万物并育
而不相害，道并行而不相悖"之言来表意。

不苟同也是苏轼所提倡的，元祐四年（1089）《范景仁墓志铭》
云："轼幸得游二公（指范景仁与司马君实——笔者注）间，知其平
生为详，盖其用舍大节，皆不谋而同……然至于论钟律，则反复相
非，终身不能相一。君子是以知二公非苟同者。"②已经指出不苟
同的重要性，而在其《上神宗皇帝书》中说得更详细：

> 君子和而不同，小人同而不和。和如和羹，同如济水。孙
> 宝有言："周公大圣，召公大贤，犹不相悦，著于经典。两不相
> 损。"晋之王导，可谓元臣，每与客言，举坐称善，而述不悦，以
> 为人非尧舜，安得每事尽善，导亦敛衽谢之。若使言无不同，
> 意无不合，更唱迭和，何者非贤。万一有小人居其间，则人主
> 何缘得以知觉。臣之所愿存纪纲者，此之谓也。③

苏轼对定于一尊的思想持否定态度，比如，子思与孟子都注重
圣人之道，子思以圣人之道的标准来要求自己，而孟子则想要天下
之人都行圣人之道，苏轼就赞同子思而批评孟子，其《子思论》云：

---

① 张志烈、马德富、周裕锴主编：《苏轼全集校注》第11册，石家庄：河北
人民出版社，2010年，第1073页。
② 张志烈、马德富、周裕锴主编：《苏轼全集校注》第12册，石家庄：河北
人民出版社，2010年，第1437—1438页。
③ 张志烈、马德富、周裕锴主编：《苏轼全集校注》第13册，石家庄：河北
人民出版社，2010年，第2886页。

　　且夫夫子未尝言性也,盖亦尝言之矣,而未有必然之论也……子思论圣人之道出于天下之所能行。而孟子论天下之人皆可以行圣人之道。此无以异者。而子思取必于圣人之道,孟子取必于天下之人。故夫后世之异议,皆出于孟子,而子思之论,天下同是而莫或非焉。[1]

实际上孟子与王安石定于一尊的态度也不同,王安石是想要从"圣人之道"到"天下之人"全都定于一尊,苏轼则指出二者之间的差别,还借批评孟子之言来批评当时的尚同思想,如《齐高帝欲等金土之价》提到"齐高帝云:'吾当使金土同价。'意则善矣,然物岂有此理者哉。孟子曰:'物之不齐,物之情也。巨屦小屦同价,人岂为之哉!'而孟子亦自忘其言为菽粟如水火之论,金之不可使贱如土,犹土之不可使贵如金也"[2]。其《扬雄论》亦云孔子"至于言性,则未尝断其善恶"[3],《书义·庶言同则绎》亦云:"夫言有异同,则听者有所考……故邪正之相攻,是非之相稽,非君子之所患。君子之所患者,庶言同而已……古之君子,其畏同也如此。同而不绎,其患有不可胜言者矣。"[4]既指出孔子不把人性定于一尊,又指出君子不仅不能尚同,还要"畏同",因为尚同之患,遗患无穷。果然,元

---

　　① 张志烈、马德富、周裕锴主编:《苏轼全集校注》第 10 册,石家庄:河北人民出版社,2010 年,第 325 页。

　　② 张志烈、马德富、周裕锴主编:《苏轼全集校注》第 18 册,石家庄:河北人民出版社,2010 年,第 7289 页。

　　③ 张志烈、马德富、周裕锴主编:《苏轼全集校注》第 10 册,石家庄:河北人民出版社,2010 年,第 325 页。

　　④ 张志烈、马德富、周裕锴主编:《苏轼全集校注》第 11 册,石家庄:河北人民出版社,2010 年,第 571—572 页。

符三年（1100）《唐允从论青苗》就记载了青苗法的真实处境：

> 儋耳进士黎子云言：城北十五里许，有唐村。庄民之老曰
> 允从者，年七十余，问子云言："宰相何苦以青苗钱困我？于官
> 有益乎？"子云答曰："官患民贫富不均，富者逐什一，日益富，
> 贫者取倍称，至鬻田质口不能偿，故为是法以均之。"允从笑
> 曰："贫富之不齐，自古已然，虽天公不能齐也。子欲齐之乎？
> 民之有贫富，犹器用之有厚薄也。子欲磨其厚，等其薄，厚者
> 未动，而薄者先穴矣。"元符三年二月二十日，子云过余言此。
> 负薪能谈王道，政谓允从辈耶？[①]

出于这样不同的认知，苏轼对王安石尚同思想的批评尤其不
遗余力，除了批评王安石政事，还对其选举之法有过集中批评。既
然人之所学不可能完全一致，如果考诗赋，则可以通过外在的表现
来把握，而考经义则只能统一起来，苏轼《送杭州进士叙》云：

> 士之求仕也，志于得也。仕而不志于得者，伪也。苟志于
> 得而不以其道，视时上下而变其学，曰：吾期得而已矣，则凡可
> 以得者，无不为也，而可乎？昔者齐景公田，招虞人以旌，不
> 至。孔子善之，曰："招虞人以皮冠。"夫旌与皮冠，于义非大有
> 损益也，然且不可，而况使之弃其所学，而学非其道欤？[②]

---

① 张志烈、马德富、周裕锴主编：《苏轼全集校注》第 20 册，石家庄：河北
人民出版社，2010 年，第 8227 页。
② 张志烈、马德富、周裕锴主编：《苏轼全集校注》第 11 册，石家庄：河北
人民出版社，2010 年，第 1013—1014 页。

在《送人序》中说得更直接：

> 士之不能自成，其患在于俗学。俗学之患，枉人之材，窒
> 人之耳目，诵其师傅造字之语，从俗之文，才数万言，其为士之
> 业尽此矣。夫学以明礼，文以述志，思以通其学，气以达其文。
> 古之人道其聪明，广其闻见，所以学也，正志完气，所以言也。
> 王氏之学，正如脱埏，案其形模而出之，不待修饰而成器耳，求
> 为桓璧彝器，其可乎？①

王安石引以为傲的《字说》，也被苏轼从这个角度加以批评，其
《书篆髓后》云：

> 余尝论学者之有《说文》，如医之有《本草》，虽草、木、金、
> 石，各有本性，而医者用之，所配不同，则寒、温、补、泻之效，随
> 用各别。而自汉以来，学者多以一字考经，字同义异，皆欲一
> 之，雕刻采绘，必成其说。是以六经不胜异说，而学者疑焉。
> 孔子曰："夫闻也者，色取仁而行违，居之不疑。"则闻为小人。
> 而《诗》曰："允矣君子，展也大成。之子于征，有闻无声。"则闻
> 为君子。又曰："君子周而不比。"则比为恶。而《易》曰："地上
> 有水，比。以建万国，亲诸侯。"则比为善。有子曰："知和而
> 和，不以礼节之，亦不可行也。"则所谓和者，同而已矣。而孔
> 子曰："君子和而不同。"若此者多矣。"丧欲速贫，死欲速朽"，

---

① 张志烈、马德富、周裕锴主编：《苏轼全集校注》第 11 册，石家庄：河北
人民出版社，2010 年，第 1016 页。

此以八字成文，然犹不可一，曰言各有当也，而况欲以一字一之耶？余爱郑君之学简而通，故私附其后。[1]

苏轼不仅反对王安石不能容纳异论，也反对司马光的过于偏执，元祐元年（1086）《辩试馆职策问札子》云："由此观之，是其意专欲变熙宁之法，不复校量利害，参用所长也……诚见士大夫好同恶异，泯然成俗，深恐陛下深居法宫之中，不得尽闻天下利害之实也。"[2]元祐二年（1087）《与杨元素》其十七云："公必闻其略，盖为台谏所不容也。昔之君子，惟荆是师。今之君子，惟温是随。所随不同，其为随一也。老弟与温相知至深，始终无间，然多不随耳。致此烦言，盖始丁此。"[3]

由此可见，苏轼主张相通而不是相同，其《跋君谟飞白》云：

物一理也，通其意，则无适而不可。分科而医，医之衰也；占色而画，画之陋也。和缓之医，不别老少；曹吴之画，不择人物。谓彼长于是则可也，曰能是不能是则不可。世之书篆不兼隶，行不及草，殆未能通其意者也。如君谟真、行、草、隶，无不如意，其遗力余意，变为飞白，可爱而不可学，非通其意，能

---

① 张志烈、马德富、周裕锴主编：《苏轼全集校注》第 19 册，石家庄：河北人民出版社，2010 年，第 7887—7888 页。

② 张志烈、马德富、周裕锴主编：《苏轼全集校注》第 13 册，石家庄：河北人民出版社，2010 年，第 3107 页。

③ 张志烈、马德富、周裕锴主编：《苏轼全集校注》第 17 册，石家庄：河北人民出版社，2010 年，第 6142 页。

如是乎？①

　　而相通的基础，就是自得之道，元祐六年（1091）、七年（1092）间苏轼《录陶渊明诗》云："'清晨闻扣门，倒裳自往开。问子为谁与？田父有好怀。壶浆远见候，疑我与时乖。槛缕茅檐下，未足为高栖。一世皆尚同，愿君汩其泥。深感父老言，禀气寡所谐。纡辔诚可学，违己谁非迷。且共欢此饮，吾驾不可回。'此诗叔弼爱之，予亦爱之。予尝有云：言发于心而冲于口，吐之则逆人，茹之则逆予，以谓宁逆人也，故卒吐之。与渊明诗意不谋而合，故并录之。"②因为不违己，故不尚同。元丰四年（1081）《答陈师仲主簿书》云："诗文皆奇丽，所寄不齐，而皆归合于大道，轼又何言者。"③

　　苏轼的观点，其实是在自我与大道之间找到平衡点，也就是如何在实现自我的基础上让别人也找到适合他自己的发展方法，而王安石则要让所有人走同一条道路，自然不现实。

三、吾谁与归

　　王安石以圣贤为伴，他在咏孟子的诗中说："何妨举世嫌迂阔，

---

①　张志烈、马德富、周裕锴主编：《苏轼全集校注》第 19 册，石家庄：河北人民出版社，2010 年，第 7808—7809 页。

②　张志烈、马德富、周裕锴主编：《苏轼全集校注》第 19 册，石家庄：河北人民出版社，2010 年，第 7555 页。

③　张志烈、马德富、周裕锴主编：《苏轼全集校注》第 16 册，石家庄：河北人民出版社，2010 年，第 5326 页。

故有斯人慰寂寥。"(《孟子》)显然是把孟子引为同调，把孔孟视作同归之人。但变法使这条归路充满争议，人们甚至开始怀疑王安石的学说本质了，尤其是他咏出"今人未可非商鞅，商鞅能令政必行"(《商鞅》)之类的诗句，更加深这种矛盾。如果说变法的失利使王安石背负巨大的心理压力，那他所遇到的人生困境则使这种压力被进一步放大。我们本节要谈的，便是这种现实的人生困境，尤其是跟其家庭密切相关的问题。

关于王安石的家庭，学者多从正面展开研究，很少关注背后呈现的问题。[1] 当然，王安石的家庭问题受到其政治生涯的影响，呈现出动态的变化，因此，无论是正面论述，还是下文所涉及的问题，都共同构成王安石家庭生活的完整面貌，而二者之间亦可形成对比关系，更突显王安石在"大家""小家"之间的纠结，而非故意给王安石找碴。我们从兄弟关系、夫妻生活、子女问题和暮年之悲四个角度切入，来看看被誉为"模范丈夫"、伟大的政治家和文学家的王安石光辉形象背后的烟火人生。

（一）弟王安国之死

先看兄弟关系。虽然王安石兄弟政见未必都相同，但感情很深。其弟王安国因受王安石与吕惠卿的政治斗争牵连而早死，给王安石的兄弟关系抹上阴影。史云：

---

[1] 可参见汤江浩《北宋临川王氏家族及文学考论：以王安石为中心》(北京：人民文学出版社，2005 年)、张明华《真名士自风流——王安石的生活方式》(《文史知识》2002 年第 8 期)、王育济《宋代王安石家族及其姻亲》(《东岳论丛》2001 年第 3 期)等著作和论文。

　　始，惠卿事安石如父子，安国负气，恶其恺巧，数面折之，惠卿切齿。及安石罢相，引惠卿辅政，惠卿遂欲代安石，恐其复来，乃因侠狱陷安国，亦以沮安石也。安国既贬，上降诏谕安石，安石对使者泣。及再入相，安国犹在国门，由是安石与惠卿交恶。侠虽荐京宜为宰相，然实不识京。侠又称元绛、孙永、王介凡四人，自言识绛，余皆未识，而琥等独斥京，盖希惠卿风旨也。①

　　李焘此录多来自《东轩笔录》卷五。《东轩笔录》记载得更为详细生动，尤其把王安国如何卷入政治斗争的过程交代得更为清晰：

　　熙宁六、七年，河东、河北、陕西大饥，百姓流移于京西就食者，无虑数万，朝廷遣使赈恤。或云，使者隐落其数，十不奏一，然而流连襁负，取道于京师者，日有千数。选人郑侠监安上门，遂画流民图，及疏言时政之失，其辞激讦讥讪，往往不实。书奏，侠坐流窜，而中丞邓绾、知谏院邓润甫言"王安国尝借侠奏稿观之，有奖成之言，意在非毁其兄"。是时平甫以著作佐郎、秘阁校理判官告院，坐此放归田里。逾年，起为大理寺丞，监真州粮料院，不赴而卒。平甫天下之奇才，黜非其罪，而又不寿，世甚叹息。台官希执政之旨，且将因此以浼荆公也。②

————————

　　① ［宋］李焘撰，上海师范大学古籍整理研究所、华东师范大学古籍整理研究所点校：《续资治通鉴长编》，北京：中华书局，2004年，第6312页。
　　② ［宋］魏泰撰，李裕民点校：《东轩笔录》，北京：中华书局，1983年，第52页。

刘成国认为此说不可全信,其云:"《长编》外,《东都事略》《宋史》等凡涉此案,大都袭邵氏之说。窃谓吕惠卿罗织郑侠狱,固因郑之攻讦而大怒,更因公罢相后,议事屡与韩绛、冯京不合,欲借此倾之,其意并不在公。……至于王安国则因与其兄异议,曾讽讥吕惠卿,又确曾索郑侠奏稿揄扬之,故陷此狱。"①虽对吕惠卿与王安石的关系有所拨正,但对王安国因受政争而牵连并无异议。

这对注重儒家伦理、看重兄弟之情的王安石是很大的打击,因此史书记载有泪下之语,王安国之死也使王安石更重兄弟之情,其《夜梦与和甫别如赴北京时和甫作诗觉而有作因寄纯甫》就说:"水荻中岁乐,鼎茵暮年悲。同胞苦零落,会合尚凄其。"②对王安礼和王安上两个弟弟表现出的感情甚为感人,这虽是王安石一直以来的兄弟情深使然,但王安国的早死,恐怕也是不可忽视的重要原因。

(二) 夫妻之间

王安石夫妇之间的生活习惯有所不同。王安石自言貌丑,"唯予貌丑骇公等,自镜亦正如蒙倛"(《和贡父燕集之作》),又比较随意,吴夫人则有洁癖,《萍洲可谈》卷三云:

> 王荆公妻越国吴夫人,性好洁成疾,公任真率,每不相合。自江宁乞骸归私第,有官藤床,吴假用未还,吏来索,左右莫敢

---

① 刘成国:《王安石年谱长编》,北京:中华书局,2018 年,第 1774—1775 页。
② [宋]王安石撰,[宋]李壁笺注,[宋]刘辰翁评点,董岑仕点校:《王安石诗笺注》,北京:中华书局,2021 年,第 6 页。

言。公一旦跣而登床，偃仰良久，吴望见，即命送还。①

因此吴夫人还特意买妾来服侍他，《邵氏闻见录》云：

> 王荆公知制诰，吴夫人为买一妾，荆公见之，曰："何物也？"女子曰："夫人令执事左右。"安石曰："汝谁氏？"曰："妾之夫为军大将，部米运失舟，家资尽没犹不足，又卖妾以偿。"公愀然曰："夫人用钱几何得汝？"曰："九十万。"公呼其夫，令为夫妇如初，尽以钱赐之。②

尽管王安石最后没要妾，也因此得到后世读者尤其是女读者的倾慕，但我们也不能不怀疑，吴夫人给他买妾，可能的原因之一是二人生活习惯不同，所以想买妾服侍王安石。

吴夫人的洁癖不仅体现在对自己上，她也这样对别人，《萍洲可谈》说：

> 荆公吴夫人有洁疾，其意不独恐污己，亦恐污人。长女之出，省之于江宁，夫人欣然裂绮縠制衣，将赠其甥，皆珍异也。忽有猫卧衣笥中，夫人即叱婢揭衣置浴室下，终不肯与人，竟腐败无敢取者。余大父至贫，挂冠月俸折支，得压酒囊，诸子幼时，用为胫衣。先公痛念兹事，既显，尽以月俸颁昆弟宗族，

---

① ［宋］朱彧撰，李伟国点校：《萍洲可谈》，北京：中华书局，2007 年，第 163 页。

② ［宋］邵伯温撰，李剑雄、刘德权点校：《邵氏闻见录》，北京：中华书局，1983 年，第 121 页。

终身不自吝一钱。诸父仰禄以活，不治生事。晚年迁谪，族人失俸，大有狼狈者，五叔父遂不聊生。余窃谓使荆公与大父易地，吴夫人安得有此疾。①

朱彧认为吴夫人有洁癖是富贵使然，有一定道理，但也未必全是。王安石早年奔波路上，作为妻子的吴夫人也当吃了不少苦头，如"天旋无穷走日月，青发能禁几回首。儿呻妇叹冬复春，强欲笑歌难发口。黄卷幽寻非贵嗜，藜床稳卧虽贫有。二物长乖亦可怜，一生所得犹多苟"（《乙未冬妇子病至春不已》）。可见王安石早年生活简陋也觉得无妨，倒是妻子儿女使其不得不更加努力，因此，他最终能过上富贵生活，爱洁癖的妻子倒是起了不少推动作用。

不管如何，以王安石之不修边幅，与吴夫人之相处当略有尴尬之处。方勺《泊宅编》卷一云："介甫尝昼寝，谓叶涛曰：'适梦三十年前所喜一妇人，作长短句赠之，但记其后段："隔岸桃花红未半，枝头已有蜂儿乱。惆怅武陵人不管。清梦断，亭亭伫立春宵短。"'"②已透露一二消息，夫妇二人的生活可能不很圆满。

此则材料，《王安石年谱长编》系于元丰三年（1080）。③ 而据刘成国研究，王安石大约二十三岁时迎娶吴夫人，庆历四年（1044）生长子王雱。④ 叶涛则于元丰元年（1078）罢官，回到金陵跟从王

① ［宋］朱彧撰，李伟国点校：《萍洲可谈》，北京：中华书局，2007 年，第164 页。

② ［宋］方勺撰，许沛藻、杨立扬点校：《泊宅编》，北京：中华书局，1983年，第5 页。

③ 刘成国：《王安石年谱长编》，北京：中华书局，2018 年，第 2062 页。

④ 刘成国：《王安石年谱长编》，北京：中华书局，2018 年，第 137 页。

安石学习文辞,元祐元年(1086)平反担任太学正,王安石则于本年四月六日去世,因此,若《泊宅编》记载无误,叶涛所言属实,则三十年前荆公所喜之妇人,当在1048—1056年之间,王安石于1048—1050年间知鄞县,1051年四月归葬其父于江宁牛首山,1051—1054年担任舒州通判,1054年九月以后担任群牧判官,虽为京官,但京师居大不易,《与孙侔书》其三云:"某到京师已数月,求一官以出,既未得所欲,而一舟为火所燔,为生之具略尽,所不燔者人而已。家人又颇病。"①此简李德身《王安石诗文系年》和刘成国《王安石年谱长编》皆系于1054年,②可从。此时王安石因贫贱而屡辞馆职,王安石此时作有《乙未冬妇子病至春不已》《赠张康》等诗可证,因此此段时间当无心喜欢某妇人。其中王安石过得较为舒心之日,乃通判舒州时,虽然吕南公《灌园集》记载"在舒时,王介甫躬尚检素"③,但也有宴饮之事,如《到郡与同官饮》《招同官游东园》等诗,中有"荒歌野舞同醉醒"④"一日以逍遥"⑤等句,虽写同僚之乐,可见生活状况尚可,此时最有可能于宴饮上心喜某妇人,然王安石对自己要求甚高,此时开始撰写《淮南杂说》来"原道德之意,窥性命之端"⑥,虽有心动,当未行动,故词中云"惆怅武陵人不

---

① 王水照主编:《王安石全集》第七册,上海:复旦大学出版社,2016年,第1374页。

② 刘成国:《王安石年谱长编》,北京:中华书局,2018年,第320页。

③ 刘成国:《王安石年谱长编》,北京:中华书局,2018年,第275页。

④ [宋]王安石著,[宋]李壁笺注,高克勤点校:《王荆文公诗笺注》,上海:上海古籍出版社,2010年,第443页。

⑤ [宋]王安石著,[宋]李壁笺注,高克勤点校:《王荆文公诗笺注》,上海:上海古籍出版社,2010年,第445页。

⑥ 刘成国:《王安石年谱长编》,北京:中华书局,2018年,第273—274页。

管"云云，以致三十年后尚入清梦。

王安石的随意，诗中多有表现，他还写过跳蚤、疥疮等题材的诗，如"浮阳燥欲出，阴湿与之战。燥湿相留连，虫出乃投间。搔肤血至股，解衣燎炉炭。方其惬心时，更自无可患。呼医急治之，莫惜千金散。有乐即有苦，惬心非所愿"（《疥》），把疥痒写得如临其境，大概王安石也没少得其乐。这些诗虽然有所夸大，但恐怕不会毫无根据。

《癸巳存稿》引宋曾慥《高斋漫录》云："王安石在金陵，贻老姥病痦药，老姥酬以麻线一缕，曰：'相公好将归，人事相婆也。'安石好受之。"①王安石帮老姥，老姥给他一缕麻线作为送给吴夫人的礼物，王安石也郑重其事地收下了，可见王安石并不理解吴夫人的洁癖，如果真的明白，就应该婉拒老姥的好意，而不必把这麻线拿回去给吴夫人出难题。

除了洁癖之外，吴夫人跟王安石之间的生活节奏也不同，洪迈《夷坚志》云：

> 王荆公居金陵半山，又建书堂于蒋山道上，多寝处其间。客至必留宿，寒士则假以衾裯，其去也，举以遗之。临安薛昂秀才来谒，公与之夜坐，遣取被于家。吴夫人厌其不时之须，应曰："被尽矣。"公不怿，俄而曰："吾自有计。"先有狨坐挂梁间，自持叉取之以授薛。明日，又留饭，与弈棋，约负者作梅花诗一章。公先输一绝句，已而薛败，不能如约，公口占代之云：

---

① ［清］俞正燮撰，于石等点校：《癸巳存稿》，合肥：黄山书社，2005年，第177页。

"野水荒山寂寞滨,芳条弄色最关春。欲将明艳凌霜雪,未怕青腰玉女嗔。"薛后登第贵显,为门下侍郎,至祀公于家,言话动作率以为法,每著和御制诗,亦用《字说》。①

王安石退居金陵,喜欢接济秀才,但吴夫人"厌其不时之须",并没有给予王安石全力的支持。

王安石超凡脱俗,对夫妻之情也比较淡然,《三朝名臣言行录》卷六云:

> 元丰七年春,公有疾,两日不言。少苏,与蔡元度书曰:"风疾暴作,心虽明了,口不能言。"语吴国夫人曰:"夫妇之情偶合耳,不须它念,强为善而已。"执叶涛手曰:"君聪明,宜博读佛书,慎勿徒劳作世间言语。安石生来多枉费力作闲文字,深自悔责。"吴国勉之曰:"公未宜出此言。"曰:"生死无常,吾恐时至不能发言,故今叙此。时至则行,何用君劝?"公疾瘳,乃自悔曰:"虽识尽天下理,而定力尚浅。或者未死,应尚竭力修为。"②

王安石因病两天说不了话,苏醒过来就对后事略做交代,完全不必"自悔",而他对吴夫人的嘱咐是"夫妇之情偶合耳,不须它念,强为善而已",认为夫妇之间的情缘是偶然的结合,让她不要为自己去世难过,努力向善就行了,虽是安慰吴夫人之言,却也呈现出二人

---

① ［宋］洪迈撰,何卓点校:《夷坚志》,北京:中华书局,2006 年,第 523 页。
② 朱熹:《三朝名臣言行录》卷六,转引自刘成国:《王安石年谱长编》,北京:中华书局,2018 年,第 2141 页。

关系的淡然。

倒是秦淮的胭脂气被王安石纳入赏花诗中，如写杏花诗："石梁度空旷，茅屋临清炯。俯窥娇饶杏，未觉身胜影。嫣如景阳妃，含笑堕宫井。怊怅有微波，残妆坏难整。"（《杏花》）把杏花落在水面上的花影比作躲避隋军而钻入景阳井里的张丽华、孔贵嫔，不但妙想天来，而且突出杏花的娇娆之姿，通过水之倒影变得疏淡起来，使微波都能吹坏的残妆成为值得惆怅的对象，把残酷历史投射在张丽华等女子身上的红颜祸水色彩洗涤殆尽，引人深思。

而这类诗歌创作，也充分显示出王安石的个人趣味及其对性别的思考。此类甚多，又如"谁能挽姮娥，俯濯凌波袜"（《步月二首》其二），虽写希望月亮不要西沉，却以女性形象加以展现，更显多情。此类还有"残年自羁囚"之时，用心于文墨，写出"语我饮倡乐，不如诗献酬……文墨有真趣，荒淫何足收。来篇若淑女，窈窕众所求"句，把好的诗篇比作淑女，亦可见王安石并非不解情趣，只是追求确实与俗不同。

暮年王安石常独眠独卧，如大病后醒来，是"烦痾脱然醒，净若遗身觉。移榻欹独眠，欣佳恐难数"（《病起》）。有时则独卧：

> 午鸠鸣春阴，独卧林壑静。
> 微云过一雨，淅沥生晚听。
> 红绿纷在眼，流芳与时竞。
> 有怀无与言，伫立钟山暝。
>
> （《独卧有怀》）

> 独卧南窗榻，翛然五六旬。

已闻邻杏好，故挽一枝春。

独卧无心处，春风闭寂寥。
鸟声谁唤汝，屋角故相撩。

（《病中睡起折杏花数枝二首》）

独卧动辄"五六旬"，醒来唯有鸟伴。而其独卧有时甚慵懒随意：

翠幕卷东冈，欹眠月半床。
松声悲永夜，荷气馥初凉。
清话非无寄，幽期故不忘。
扁舟亦在眼，终自懒衣裳。

（《欹眠》）

半床是月，可见夫妻情况。有时独卧招友：

山林投老倦纷纷，独卧看云却忆君。
云尚无心能出岫，不应君更懒于云。

（《招杨德逢》）

有时独卧连草也不除：

谁有锄耰不自操，可怜园地满蓬蒿。
欲寻春物无蹊径，独卧南床白日高。

（《独卧二首》其一）

并想象着屋外春景：

> 茅檐午影转悠悠，门闭青苔水乱流。
> 百啭黄鹂看不见，海棠无数出墙头。

（《独卧二首》其二）

还常常怀念这种独宿之时：

> 千丈崩奔落石埼，秋声散入夜云悲。
> 州桥月下闻流水，不忘钟山独宿时。

（《夜闻流水》）

而王安石之随意休憩，所在皆有：

> 漱甘凉病齿，坐旷息烦襟。
> 因脱水边屦，就敷岩上衾。
> 但留云对宿，仍值月相寻。
> 真乐非无寄，悲虫亦好音。

（《定林院》）

> 爱此江边好，留连至日斜。
> 眠分黄犊草，坐占白鸥沙。

（《题舫子》）

随意旷达，到处安眠闲坐，固然展示出王安石之精神境界，也暗示夫妻情况。甚至常有独饭之句：

窗明两不借，榻净一籧篨。

栩栩幽人梦，夭夭老者居。

安能问香积，谁可告华胥。

独饭墙阴转，看云坐久如。

（《独饭》）

（三）痛失爱子

对王安石打击最大的，是痛失爱子王雱。在说儿子之前，先看看王安石的女儿们。王安石爱女，有《鄞女墓志铭》《别鄞女》《寄吴氏女》《寄吴氏女子一首》等诗文。王安石的女儿们似乎也都很有才，王安石教育女儿们，颇为理性，如《寄吴氏女子一首》，便以理胜情，他在诗中劝慰大女儿不要思家，诗中说：

伯姬不见我，乃今始七龄。

家书无虚月，岂异常归宁？

汝夫缀卿官，汝儿亦揯绖。

儿已受师学，出蓝而更青。

女复知女功，婉嫕有典刑。

自吾舍汝东，中父继在廷。

小父数往来，吉音汝每聆。

既嫁可愿怀，孰如汝所丁？

而吾与汝母，汤熨幸小停。

丘园禄一品，吏卒给使令。

膏粱以晚食，安步而辎𫐐。

山泉皋壤间，适志多所经。

汝何思而忧？书每说涕零。

吾庐所封殖，岁久愈华菁。

岂特茂松竹？梧楸亦冥冥。

芰荷美花实，弥漫争沟泾。

诸孙肯来游，谁谓川无聆？

姑示汝我诗，知嘉此林垌。

末有拟寒山，觉汝耳目荧。

因之授汝季，季也亦淑灵。

（《寄吴氏女子一首》）

用自己"适志"山水之间，与妻子病药渐停等事来安慰女儿的思家之心，且拟寒山诗来进一步劝解。而对不太念家的女儿蔡氏女子，则更多挂念，并一再形诸笔墨：

建业东郭，望城西埭。

千嶂承宇，百泉绕溜。

青遥遥兮缅属，绿宛宛兮横逗。

积李兮缟夜，崇桃兮炫昼。

兰馥兮众植，竹娟兮常茂。

柳蔫绵兮含姿，松偃寒兮献秀。

鸟跂兮下上，鱼跳兮左右。

顾我兮适我，有斑兮伏兽。

感时物兮念汝，迟汝归兮携幼。

我菅兮北渚，有怀兮归女。

石梁兮以苫盖,绿阴阴兮承宇。

仰有桂兮俯有兰,嗟汝归兮路岂难。

望超然之白云,临清流而长叹。

(《寄蔡氏女子二首》)

　　原来安慰吴氏女子的风景,如今成为期待蔡氏女子归宁的理由,由此可见,在王安石心中不是不操心女儿,而是对于该操心的儿女就操心,不须操心的儿女就不操心。然则安石无情乎？非也,盖吴氏女子在远,故以勿念为寄;而对于较近的蔡氏女子,不来探望,则颇为思念。蔡氏女子嫁蔡卞,从《示元度》"独当邀之子,商略终宇宙"来看,蔡卞当时或在南京(《宋史·蔡卞传》失载),蔡氏女子或亦同城,少见来访,故王安石《寄蔡氏女子二首》先云"建业东郭,望城西堧",王安石在城东,望向城西,"感时物兮念汝,迟汝归兮携幼",再云"嗟汝归兮路岂难……临清流而长叹",无奈之情,溢于言表。

　　甚至对同一个女儿,该操心的时候还是会操心的,如对吴氏女子说：

荒烟凉雨助人悲,泪染衣巾不自知。

除却春风沙际绿,一如看汝过江时。

(《送和甫至龙安微雨因寄吴氏女子》)

　　其不自知之父爱,何其深沉感人！而该安慰的时候还是会安慰,如：

> 梦想平生在一丘，暮年方得此优游。
>
> 江湖相望真鱼乐，怪汝长谣特地愁。

（《寄吴氏女子》）

相较而言，长子王雱是王安石最寄予厚望的，而在时人的记忆中，王雱去世还跟王安石有密切关系。司马光《涑水记闻》卷十六云：

> 介甫使徐禧、王古按秀狱，求惠卿罪不得；又使蹇周辅按之，亦无状迹。王雱危之，以让练亨甫、吕嘉问，亨甫等请以邓绾所言惠卿事杂他书下秀狱，不令丞相知也。惠卿素加恩结堂吏，吏遽报惠卿于陈州。惠卿列言其状，上以示介甫，介甫对"无之"，归以问雱，乃知其状。介甫以咎雱，雱时已寝疾，愤怒，遂绝。介甫以是惭于上，遂坚求退。①

王安石是把王雱视作孔子培养的，其《题雱祠堂》云：

> 斯文实有寄，天岂偶生才？
>
> 一日凤鸟去，千秋梁木摧。
>
> 烟留衰草恨，风造暮林哀。
>
> 岂谓登临处，飘然独往来。

---

① ［宋］司马光撰，邓广铭、张希清点校：《涑水记闻》，北京：中华书局，1989年，第312页。

虽然引来后世反驳，但于此可窥见王安石对王雱的教育与期望之高，而王雱也确实在经义方面造诣很深，没有辜负王安石的期望，可惜三十三岁就去世了，怎不让王安石心灰意冷？何况王雱去世还跟王安石的责备有直接关联。王安石看到王雱的遗墨都会伤心不已：

> 永庆招提墨数行，岁时风露每悽伤。
> 残骸岂久人间世，故有情钟未可忘。
>
> （《题永庆壁有雱遗墨数行》）

实际上，王雱也因熙宁变法而被重度抹黑，被人扣上很多罪名，除了司马光所记载，《邵氏闻见录》卷十一还做了更为生动甚至扭曲的记载：

> 雱者字元泽，性险恶，凡荆公所为不近人情者皆雱所教。吕惠卿辈奴事之。荆公置条例司，初用程颢伯淳为属。伯淳贤士，一日盛暑，荆公与伯淳对语，雱囚首跣足，手携妇人冠以出，问荆公曰："所言何事？"荆公曰："以新法数为人沮，与程君议。"雱箕踞以坐，大言曰："枭韩琦、富弼之头于市，则新法行矣。"荆公遽曰："儿误矣。"伯淳正色曰："方与参政论国事，子弟不可预，姑退。"雱不乐去。伯淳自此与荆公不合。祖宗之制，宰相之子无带职者，神宗特命雱为从官，然雱已病不能朝矣。雱死，荆公罢相，哀悼不忘，有"一日凤鸟去，千年梁木摧"之诗，盖以比孔子也。荆公在钟山，尝恍惚见雱荷铁枷杻如重囚者，荆公遂施所居半山园宅为寺，以荐其福。后荆公病

疮良苦，尝语其侄曰："亟焚吾所谓《日录》者。"侄绐公，焚他书代之，公乃死。或云又有所见也。[①]

邵氏认为王雱教王安石做"不近人情"之事，真是本末颠倒，至于鬼神之类的记载，更是荒诞不经，但是，邵氏的记忆并非毫无意义，它说明王雱深度介入王安石变法，这才给了人们抹黑王雱的机会。

实际上，王雱在变法中发挥着重要作用，不仅是作为王安石的得力助手，还因与神宗年龄接近，成为神宗与王安石之间的润滑剂，当王安石和神宗有缝隙时，王雱可从中斡旋，如王安石求退时，神宗劝不过来，就找王雱，史云：

> 上再三晓譬，安石乃乞告将理。既而上又召安石子雱再三问劳，又令冯京、王珪喻旨，于是安石复入视事。留身，上谓安石曰："必一成安好。"安石白上："犹病昏暗烦愦，后来有可用者，陛下宜早甄擢，臣恐必难久任忧责。"上曰："雱说卿意似不专为病，朕亦为雱说，必为在位久，度朕终不足与有为，故欲去耳。"安石曰："陛下至仁圣，臣岂有他，但后世风俗皆以势利事君，臣久冒权位，不知避贤，即无以异势利之人。况又病，必恐有旷败，致累陛下知人之明，所以力求罢也。"[②]

---

① ［宋］邵伯温撰，李剑雄、刘德权点校：《邵氏闻见录》，北京：中华书局，1983 年，第 121 页。

② ［宋］李焘撰，上海师范大学古籍整理研究所、华东师范大学古籍整理研究所点校：《续资治通鉴长编》，北京：中华书局，2004 年，第 5908 页。

神宗甚至有时会梦见王雱，对其病更是关怀备至：

> 是日，辅臣奏事已，上顾王安石曰："闻卿子雱久被病，比稍愈否？"安石曰："雱病足疡下漏，遍用京师医不效，近呼泰州疡医徐新者治之，少愈。"上曰："卿子文学过人，昨夕，尝梦与朕言久之。今得稍安，良慰朕怀也。"①

可见神宗跟王雱关系之密切，甚至形诸梦寐。因为王雱如此重要，所以当王雱去世时，王安石再次坚决要求罢相，《王安石罢相拜太傅镇南军节度同中书门下平章事判江宁府制》云："俄属伯鱼之逝，遽兴王导之悲。引疾自陈，丐闲斯确。"②指出二者之间的密切关系，比较符合实际。

除王雱之外，王安石还有一个儿子王旁有失心之病，《东轩笔录》卷七记录了王旁失心病的详细状况：

> 王荆公之次子名雱③，为太常寺太祝，素有心疾。娶同郡庞氏女为妻，逾年生一子，雱以貌不类己，百计欲杀之，竟以悸死，又与其妻日相斗哄。荆公知其子失心，念其妇无罪，欲离异之，则恐其误被恶声，遂与择婿而嫁之。是时，有工部员外郎侯叔献者，荆公之门人也，取魏氏女为妻，少悍，叔献死而帷

---

① ［宋］李焘撰，上海师范大学古籍整理研究所、华东师范大学古籍整理研究所点校：《续资治通鉴长编》，北京：中华书局，2004 年，第 6012 页。
② 司义祖编：《宋大诏令集》，北京：中华书局，1962 年，第 335 页。
③ 雱当为旁，刘成国云："王荆公之次子名旁（原为雱，误）。"（刘成国：《王安石年谱长编》，北京：中华书局，2018 年，第 1905 页）

薄不肃,荆公奏逐魏氏妇归本家。京师有谚语曰:"王太祝生前嫁妇,侯工部死后休妻。"①

王旁因为怀疑妻子出轨而失心,整日鸡犬不宁,给王安石带来极大的心理困扰,甚至不得不把儿媳改嫁。王安石在《与耿天骘书》其一中说:

> 今夏复感眩瞀如去秋,偶复不死,然几如是,而能复久存乎?旁妇已别许人,亦未有可求昏处,此事一切不复关怀。陶渊明所谓"身如逆旅舍,我为当去客",于未去间,凡事缘督应之而已。②

王安石在给朋友的信中说"不复关怀""凡事缘督应之",豁达之外亦可见其无奈之心。

以上简单地勾勒了王安石在学术思想、政治实践和家庭生活等方面的困境,实际上最直接的困境来自神宗去世后新法陆续被废:

> 自元丰八年六月,各项新法陆续废罢。兹据李埴《皇宋十朝纲要》卷十下、卷十二胪列如下:(元丰八年)七月甲午,罢诸镇寨市易、抵当。甲寅,罢鄜延团将。八月己巳,罢诸州县市

---

① [宋]魏泰撰,燕永成整理:《东轩笔录》,郑州:大象出版社,2019年,第255页。

② 曾枣庄、刘琳主编:《全宋文》第64册,上海:上海辞书出版社、合肥:安徽教育出版社,2006年,第250页。

易、抵当。丁亥,罢府界新创牧马监并经度制置牧马司。罢三路提举保甲钱粮官。九月乙未,罢在京免行钱。罢成都府利州路买马。戊午,止京东西收买保马。十月丁丑罢义仓。己卯,散军器所兵匠。丙戌,罢方田。诏府界诸路者户长壮丁并募人充,仍等第给雇钱。其保正、甲头、承帖人并罢。己丑,罢三路提举保甲官。诏保甲止冬教三月。十一月丙午,罢诸县巡教保甲官。十二月戊寅,罢增置铸钱十四监。始复坊正,并募人充给雇钱。元祐元年正月丁巳,诏河北盐复行旧法通商。二月乙丑,用司马光言复行差役旧法。①

其中免役法使王安石受到的打击最大,却也从中展现出其极大的政治自信:

> 王荆公在金陵,闻朝廷变其法,夷然不以为意。及闻罢役法,愕然失声曰:"亦罢至此乎?"良久曰:"此法终不可罢。安石与先帝议之,二年乃行,无不曲尽。"后果如其言。②

随着新法设置被陆续废除,政敌又更进一步对王安石学术思想进行抨击:

> 元祐初,温公拜相,更易熙丰政事。荆公在钟山,亲旧恐伤其意,不敢告语。有举子自京师归,公问有何新事,对曰:

---

① 刘成国:《王安石年谱长编》,北京:中华书局,2018年,第2196页。
② 刘成国:《王安石年谱长编》,北京:中华书局,2018年,第2194页。

"近有指挥不得看《字说》。"公曰："法度可改，文字亦不得作乎？"是夜，闻公绕床行至达旦，于屏上书"司马光"三字凡数百。其胸次不平之气，概可见也。①

然而，新法废除对于王安石来说，一则王安石的自信至终未失，甚至反而有所强化；二则即使更改新法，王安石也有不平，但并非觉得是其法有误；三则新法变更不久，王安石已经去世，留存资料不多。因此，文学之都的救赎并非变法被废所引发，而是以变法为中心的思想历程、政治风雨和生活经历本身在王安石心中留下的症结和转变，这些共同促成王安石晚年的悲凉心境。

（四）暮年之悲

由于以上种种遭遇，使人生本来就难免的暮年之悲，在王安石身上变得更加凄凉，这在王安石晚年的诗歌中多有体现，在送别朋友时如此，如"百忧生暮齿，一笑隔沧波"（《送赞善张君西归》）、"濠梁送归处，握手但悲辛"（《送邓监簿南归》）、"园宅在人境，岁时伤我心"（《与道原游西庵遂至草堂宝乘寺二首》其一）等，送别侄女时更是如此：

> 云结川原暗，风连草木萎。
> 遥瞻季行役，正对女伤悲。
> 梦事终千变，生涯老百罹。

---

① ［宋］曾慥撰，俞钢、王彩燕整理：《高斋漫录》，郑州：大象出版社，2019年，第8—9页。

更惭无道力，临路涕交颐。

（《送陶氏妇兼寄纯甫》）

自己独眠时虽有旷达之语，却更显悲凉：

> 井迳从芜漫，青藜亦倦扶。
> 百年唯有且，万事总无如。
> 弃置蕉中鹿，驱除屋上乌。
> 独眠窗日午，往往梦华胥。

（《昼寝》）

"华胥"典出《列子·黄帝》：

黄帝即位十有五年，喜天下戴己，养正命，娱耳目，供鼻口，焦然肌色皯黣，昏然五情爽惑。又十有五年，忧天下之不治，竭聪明，进智力，营百姓，焦然肌色皯黣，昏然五情爽惑。黄帝乃喟然赞曰："朕之过淫矣。养一己其患如此，治万物其患如此。"于是放万机，舍宫寝，去直侍，彻钟悬，减厨膳，退而闲居大庭之馆，斋心服形，三月不亲政事。昼寝而梦，游于华胥氏之国。华胥氏之国在弇州之西，台州之北，不知斯齐国几千万里；盖非舟车足力之所及，神游而已。其国无师长，自然而已。其民无嗜欲，自然而已。不知乐生，不知恶死，故无夭殇；不知亲己，不知疏物，故无爱憎；不知背逆，不知向顺，故无利害：都无所爱惜，都无所畏忌。入水不溺，入火不热。斫挞无伤痛，指擿无痟痒。乘空如履实，寝虚若处床。云雾不碍其视,雷霆不乱其听,美恶不滑其心,山谷不踬其步,神行而已。黄帝既寤,怡然自得,召天老、力牧、太山稽,告之,曰:"朕闲居三月,斋心服形,思有以养身治物之道,弗获其术。疲而睡,所梦若此。今知至道不可以情求矣。朕知之矣! 朕得之矣! 而不能以告若矣。"又二十有八年,天下大治,几若华胥氏之国,而帝登假。百姓号之,二百余年不辍。①

关于黄帝梦华胥国的含义,唐人卢重玄解曰:

> 既寤于道也,自不因外物以得之。疲而睡者,冥于理,去嗜欲也。讲神归性,不可以情求也。不能以告若者,心澄忘言也。凡以数理天下者,但成其空名。数极则迹见,虚而不能实也。上以虚名责于下,下以虚名应于上,上下相蒙,积虚以为理;欲求纯素,其可得乎? 夫道者,神契理合,应物以真。非偏善于小能,不暴怒于小过,如春之布,万物皆生。俗易风移,自然而化;不知所以化,不觉所以成,故百姓思之不知其极也。②

由此可见,王安石晚年昼寝所梦华胥国,实乃其终极理想之国度,而这理想国度是"如春之布,万物皆生。俗易风移,自然而化",可是王安石变法显然没有实现这个目标,甚至走向了卢重玄所批评的"以数理天下者,但成其空名。数极则迹见,虚而不能实也。上以虚名责于下,下以虚名应于上,上下相蒙,积虚以为理;欲求纯

---

① 杨伯峻撰:《列子集释》,北京:中华书局,1979 年,第 39—43 页。
② 杨伯峻撰:《列子集释》,北京:中华书局,1979 年,第 43 页。

素,其可得乎"之类的困境。二者看似矛盾,但这也可以从短期目标和长期目标的角度来解释。短期来看,熙宁变法是手段,长期来说,华胥国之类的境界,才是王安石通过变法想要达成的终极效果,因此《昼寝》诗中加上"往往"两字,说明并非一时心血来潮,甚至在独自吃饭时,王安石也会追问华胥国的消息:"安能问香积,谁可告华胥。"(《独饭》)华胥国不仅是王安石的治国之梦,也是其晚年渴望达到的人生之梦:

> 竹鸡呼我出华胥,起灭篝灯拥燎炉。
> 试问道人何所梦,但言浑忘不言无。
>
> (《书定林院窗》)

同样是理想国度代名词的桃花源,王安石则不甚喜欢,他虽然有诗云:

> 径暖草如积,山晴花更繁。
> 纵横一川水,高下数家村。
> 静憩鸡鸣午,荒寻犬吠昏。
> 归来向人说,疑是武陵源。
>
> (《径暖》)

虽然有疑似之言,但毕竟在现实中没有最大的推广之意,跟象征太平盛世的华胥国相比,武陵源究竟还是世外桃源,因此,《王直方诗话》引苏东坡之论说:"坡云:'武陵源'不甚好;又云:也是此韵

中别无韵也。"①可谓把握住了王安石此诗的精髓。甚至在王安石看来,有时候武陵源还比不上钟山:

> 两山松栎暗朱藤,一水中间胜武陵。
> 午梵隔云知有寺,夕阳归去不逢僧。

(《游钟山》)

对华胥国的追求,很显然跟王安石变法有很大不同,或者如前所说,王安石变法的最终目的,可能是想实现类似华胥国这样的理想,可是到暮年眼看这个理想离现实越来越远,王安石内心的暮年之悲,无疑变得更为沉重了。而这种暮年之悲,加深了王安石诗歌创作的意蕴,故有"有生常寂寞,所得是风骚"(《赠殊胜院简师》)之句。

离开政坛后,满怀遗憾的王安石,真能在金陵得到救赎吗?

---

① 郭绍虞辑:《宋诗话辑佚》,北京:中华书局,1980 年,第 45 页。苏轼此论,李壁误以为是王安石自云,见[宋]王安石撰,[宋]李壁笺注,[宋]刘辰翁评点,董岑仕点校:《王安石诗笺注》,北京:中华书局,2021 年,第 775 页。

第二章　字寓妙道

　　　文字是物质社会与精神世界的桥梁。当熙
宁变法暴露出更多问题时,王安石已经在文字
上选择了再出发。他在汉字王国遨游,不仅仅
是寻找破解的密码,更是制定崭新的法则。在
与汉字的对视中,王安石看见了汉字之光,而他
本人也因此被重新照亮。

如前所说，王安石学术思想内部矛盾甚多，王安石自己可能也意识到了，所以《致一论》的最后并不致一，他说：

> 呜呼，语道之序，则先精义而后崇德，及喻人以修之之道，则先崇德而后精义，盖道之序则自精而至粗，学之之道则自粗而至精，此不易之理也。夫不能精天下之义，则不能入神矣；不能入神，则天下之义亦不可得而精也。犹之人身之于崇德也，身不安则不能崇德矣；不能崇德，则身岂能安乎？凡此宜若一，而必两言之者，语其序而已也。①

他把圣人"两言之者"所透露出来的儒家本身具有的局限性，努力致一起来，论证到最后自己也不敢自信必然如此，只能用"宜若一"的"宜若"来表达美好的愿望了，而"语序"之提出，已为王安石的语言哲学思想做了预告。

而《字说》则是王安石试图对自身道德性命之理的矛盾进行语言弥合的艰苦尝试，王安石《再答吕吉甫书》说："向著《字说》，粗已成就，恨未得致左右。观古人意，多寓妙道于此，所惜许慎所传止此，又有伪谬，故于思索难尽耳。"②王安石想从语言文字中解开古人妙道，也就意味着对过去自身之道的反思与修正，因此王安石晚年甚为重视《字说》的删定，黄庭坚《书王荆公骑驴图》云：

---

① ［宋］王安石著，唐武标校：《王文公文集》，上海：上海人民出版社，1974年，第341页。

② 曾枣庄、刘琳主编：《全宋文》第64册，上海：上海辞书出版社、合肥：安徽教育出版社，2006年，第253页。

荆公晚年删定《字说》，出入百家，语简而意深，常自以为平生精力尽于此书。好学者从之请问，口讲手画，终席或至千余字。金华俞紫琳清老，尝冠秃巾，衣扫塔服，抱《字说》追逐荆公之驴，往来法云、定林，过八功德水，逍遥済亭之上。龙眠李伯时曰："此胜事，不可以无传也。"①

王安石写作《字说》时的认真与投入精神，足以看出他对《字说》之重视程度，又如《独醒杂志》云："王荆公作《字说》，一日踌躇徘徊，若有所思而不得。子妇适侍见，因请其故。公曰：'解"飞"字未得。'妇曰：'鸟反爪而升也。'公以为然。"②叶梦得《岩下放言》亦云："作《字说》时，用意良苦，尝置石莲百许枚几案上，咀啮以运其思。遇尽未及益，即啮其指，至流血不觉。"③都用具体的事例说明王安石运思之深。而王安石《字说》完成时所写的诗歌虽然有自谦之意，如"正名百物自轩辕，野老何知强讨论。但可与人漫酱瓿，岂能令鬼哭黄昏"（《进〈字说〉》）、"鼎湖龙去字书存，开辟神机有圣孙。湖海老臣无四目，漫将糟粕污修门"（《成〈字说〉后》），实则正透出自傲之处。

值得注意的是朱熹的说法，他在《朱子语类》中带有批判性地指出：

---

① 曾枣庄、刘琳主编：《全宋文》第 107 册，上海：上海辞书出版社，合肥：安徽教育出版社，2006 年，第 254 页。

② ［宋］曾敏行撰，朱杰人整理：《独醒杂志》，郑州：大象出版社，2019 年，第 225 页。

③ ［宋］叶梦得撰，徐时仪整理：《岩下放言》，郑州：大象出版社，2019 年，第 163 页。

> 荆公作《字说》时，只在一禅寺中。禅床前置笔砚，掩一毙灯。人有书翰来者，拆封皮埋放一边。就倒禅床睡少时，又忽然起来写一两字，看来都不曾眠。字本来无许多义理，他要个个如此做出来，又要照顾须前后，要相贯通。①

朱熹的话有一定道理，文字非圣人所造，实乃约定俗成，不断变迁，奈何王安石以许慎《说文》为基础一定要找出其中的义理？实际上王安石对文字发展亦有自觉认知，他说："六书篆籀数变改，训诂后世多失真。谁初妄凿妍与丑，坐使学士劳骸筋。"(《吴长文新得颜公坏碑》）又说：

> 惟初造文字，人惑鬼愁慑。
>
> 秦愚既改罪，新眊仍易叠。
>
> 六书遂失指，隶草矜敏捷。
>
> 谁珍坛山刻，共赏兰亭帖。
>
> 东京一祭酒，收拾偶予惬。
>
> 少尝妄思索，老懒因退怯。
>
> 侯方习篆籀，寸管静尝厌。
>
> 深原道德意，助我耕且猎。
>
> 昔功恐唐捐，异味今得馅。
>
> （《再用前韵寄蔡天启》）

---

① ［宋］黎靖德编，王星贤点校：《朱子语类》，北京：中华书局，1986 年，第 3100 页。

　　不但指出文字发展，而且期待蔡天启跟他一起探究文字奥秘，果然，王安石后来发展并突破《说文》窠臼。但由朱熹的批评也可以看出，与其说王安石是通过文字来阐发圣人义理，不如说是借文字传达自身所思考的义理，尤其是要达到义理的前后照应、相互贯通，也就是借整理《字说》，对自己的学说进行重新检视。由于现在流传下来的《字说》都不是全本，我们已无从窥其全豹，但朱熹仍旧见过全本，他所说的"要照顾须前后，要相贯通"之论当属可信。而这也有助于我们转换角度，把《字说》视作王安石的语言哲学思想文本来看。

　　从西方哲学的角度来看，王安石的《字说》已有较强的语言哲学色彩。西方哲学大体经过本体论、认识论和语言哲学的发展阶段。语言哲学是哲学上的语言转向所带来的深刻变动的产物，苏德超指出："语言转向（linguistic turn）一词由伯格曼首次使用。其界定如下：'所有的语言论哲学家，都通过叙述确切的语言来叙述世界。这是〈语言〉转向（linguistic turn），是日常语言哲学家与理想语言哲学家共同一致的关于方法的基本出发点。'"[1]所谓语言哲学（philosophy of language，linguistic philosophy）[2]，"虽已有悠久的历史，但到目前为止还没有对这个概念下一个明确的含义"[3]，一般是指"包括关于语言的本质、语言与现实的关系等内容

---

[1]　苏德超：《哲学、语言与生活：论维特根斯坦的语言哲学》，长沙：湖南教育出版社，2009年，第7页。

[2]　西方语言哲学及其研究史，可参见车铭洲编，李连江译：《西方现代语言哲学》，天津：南开大学出版社，1989年；*Linguistic Content：New Essays on the History of Philosophy of Language*，edited by Margaret Cameron and Robert J. Stainton，Oxford：Oxford University Press，2015。

[3]　涂纪亮：《英美语言哲学概论》，北京：人民出版社，1988年，"导论"，第1页。

的或多或少具有哲学性质的论著"①。周光庆对语言哲学的主题
进行过概括:"语言哲学的主题应该就是致力于探究人又是如何通
过语言而与他人开展互动的,而与其生存空间(世界)开展互动进
而认识和拥有生存空间(世界)并在其中创造文化的,而塑造自己
的'人性'并激发自己的'符号化的想象力'和智慧的。"②

　　20 世纪 80 年代以来,随着中国在世界上话语权的增加和中
国学派的崛起,越来越多的学者不再仅仅满足于研究西方哲学家
的语言哲学③,更期待在中国文化的土壤上建立汉语哲学乃至中
国语言哲学④。在中国语言哲学的研究中,中国传统学术中的名

---

　　①　陈嘉映:《语言哲学》,北京:北京大学出版社,2003 年,第 4 页。

　　②　周光庆:《通往中国语言哲学的小路:周光庆自选集》,武汉:华中师范
大学出版社,2011 年,第 5 页。

　　③　研究西方哲学家的语言哲学论著甚多,如对柏拉图、马克思、恩格斯、
弗雷格、维特根斯坦、达米特、卡西尔、乔姆斯基、洪堡特、布兰顿、布迪厄、海德
格尔、伽达默尔、约翰·芬奈尔、索绪尔、罗蒙诺索夫、福尔图纳托夫、瓦尔特·
本雅明、赫尔曼·施密茨、保罗·利科、勒塞克尔、阿奎那、克里普克、阿甘本、
比勒、杜威、米哈伊尔·巴赫金、普特南、P. F. 斯特劳森和 K. R. 波普尔等人的
语言哲学的研究与批判,此处不赘述。值得注意的是,一些西方哲学家留心到
汉语的独特性,如德国语言学家洪堡特(Wilhelm von Humboldt)早在 1826 年
就依据汉学家雷慕沙(Jean Pierre Abel Rémusat)的《汉文启蒙》,撰写了《论汉
语的语法结构》《论语法形式的通性以及汉语的特性(致阿贝尔·雷慕沙先生
的信)》等文章,来探究汉语对中国人思想的影响。

　　④　这种"整理国故,再造文明"的想法,从胡适在美国哥伦比亚大学留学
时撰写的博士论文《先秦名学史》即已开始,后来张东荪于 1947 年发表了《从
中国言语构造上看中国哲学》一文。一些汉学家也加入研究的队伍中来,如美
国汉学家陈汉生(Chad Hansen)1983 年出版的《中国古代的语言与逻辑》(中文
版由周云之、张清宇、崔清田等译,北京:社会科学文献出版社,1998 年)就是
从语言的角度切入来研究中国思维方式中的哲学意义。时至今日,随着物质
生活的丰富、文化需求的加大,此类研究的迫切性也就更突出,出现(转下页)

(接上页)众多优秀论著。汉语哲学方面有韩振华《"语言学转向"之后的汉语哲学建构——欧美汉学界对于先秦中国思想的不同解读》(《华文文学》2014年第2期),韩水法《汉语哲学:方法论的意义》(《学术月刊》2018年第7期),孙周兴《我们可以通过汉语做何种哲学》(《学术月刊》2018年第7期),王俊《从作为普遍哲学的现象学到汉语现象学》(《中国社会科学》2020年第7期),黄前程《自己讲自己——汉语哲学的登场,进路与前景》(《现代哲学》2020年第4期),江怡《从汉语哲学的视角看中国哲学研究》(《社会科学文摘》2020年第5期),胡静《关于"汉语哲学"及中国哲学和文化特质的相关问题——许苏民教授学术访谈》(《江汉论坛》2021年第9期),孙汝建《汉语哲学的历史基础与理论建构》(《岭南师范学院学报》2021年第3期),徐英瑾《基于汉语土壤的启蒙哲学何以可能?——以王充的〈论衡〉为例》(《复旦学报(社会科学版)》2021年第4期)等;中国语言哲学方面有香港中文大学哲学系编辑委员会主编《分析哲学与语言哲学论文集》(香港:香港中文大学新亚书院,1993年),香港科技大学人文学部主编《逻辑思想与语言哲学》(台北:学生书局,1997年),陈启云《中国古代思想文化的历史论析》(北京:北京大学出版社,2001年),陶秀璈、姚小平主编《语言研究中的哲学问题》(北京:中央编译出版社,2010年),周光庆《通往中国语言哲学的小路:周光庆自选集》(武汉:华中师范大学出版社,2011年),杨维中《中观学语言哲学刍议》(《安徽大学学报(哲学社会科学版)》2017年第3期),赵建章、赵迎芳《"言不尽意"论的传统误区及出自语言哲学观的修正》(《文艺理论研究》2017年第4期),周建设《先秦语言哲学思想探索》(《中国社会科学》2017年第7期),赵玉强《由"言"观"道":道家语言哲学的内在逻辑与路向探赜》(《浙江社会科学》2017年第8期),孟琢、陈子昊《论章太炎的正名思想——从语文规范到语言哲学》(《杭州师范大学学报(社会科学版)》2018年第5期),周光庆《从汉语词语的创造探寻中国语言哲学思想之源——中国语言哲学思想起源初探之一》(《宝鸡文理学院学报(社会科学版)》2020年第1期),李国山《语言哲学的理论特质及其在汉语语境中的呈现》(《河北学刊》2020年第3期),彭传华《梁启超语言哲学探论》(《江淮论坛》2020年第4期),林合华《牟宗三语言哲学思想探微》(《孔子研究》2020年第5期),霍永寿《论当代中国话语研究的语言哲学基础及其建构》(《四川大学学报(哲学社会科学版)》2020年第6期),崔应贤《先秦"名实之辩"的语言哲学意义》(《学术界》2021年第10期),彭传华《〈马氏文通〉与中国近代语言哲学的开新》(《社会科学战线》2021年第8期),宋喻、彭传华《刘师培语言哲学探赜》(《江淮论坛》2021年第3期),宋喻、彭传华《钱玄同五四时期语言哲学的内涵与特质》(《贵州社会科学》2021年第9期),孟琢《卮言之道:论章太炎的语言哲学》(《哲学研究》2021年第9期),戚金霞《〈荀子〉语言哲学研究的现状及意义》(《贵州民族大学学报(哲学社会科学版)》2021年第3期)等论著,对如何发扬哲学研究中的中国特色的问题做出有益的探索,以期回应并展开中国哲学的内涵建设。

学、"言意之辨"、"小学"(主要研究文字、音韵、训诂之学)等经典课题受到较大的关注与转化,成果丰硕,其中研究先秦及晚近学者语言哲学的论著较多,涉及"宋学"者较少。

如果说"中国早已有了自己的语言哲学理论与实践,在春秋战国时代就已焕发出了奇异的光芒"①,"语言哲学在中国"②,那么北宋最有语言哲学价值的代表作则非王安石《字说》莫属。作为北宋变法家,王安石面临着变法强国的时代挑战。等宋神宗主导变法时,王安石退居金陵,通过编撰《三经新义》及修订《字说》等著作,对变法做出更深的理论思考。从这个角度来说,《字说》是王安石的晚年定论③,是他处理语言与现实世界关系的集中展现,也是王

---

① 周光庆:《通往中国语言哲学的小路:周光庆自选集》,武汉:华中师范大学出版社,2011年,第6页。

② 崔应贤:《先秦"名实之辨"的语言哲学意义》,《学术界》2021年第10期,第156页。

③ 王安石早年对于"解名"有较大的偏见,如《答姚辟书》云:"蹈道者则未免离章绝句,解名释数,遽然自以圣人之术单此者有焉。夫圣人之术,修其身,治天下国家,在于安危治乱,不在章句名数焉而已。而曰圣人之术单此,妄也。虽然,离章绝句,解名释数,遽然自以圣人之术单此者,皆守经而不苟世者也。"(曾枣庄、刘琳主编:《全宋文》第64册,上海:上海辞书出版社、合肥:安徽教育出版社,2006年,第149页)邱汉生评价说:"批判当时的'离章绝句,释名释数'的烦琐学风,明白提倡为天下国家的'安危治乱'而治经的新学风,是王安石经学的特征,也是王安石治经的原则。"([宋]王安石著,邱汉生辑校:《诗义钩沉》,北京:中华书局,1982年,第3页)实际上王安石也试图把"经"与"世"结合起来,因此有"尝谓文者,礼教治政云尔"(曾枣庄、刘琳主编:《全宋文》第64册,上海:上海辞书出版社、合肥:安徽教育出版社,2006年,第167页)之言,将礼教治政与文合而为一,为后来的《字说》打下较为坚实的基础。

安石自己视作通过语言来"同道德之归"①、实现王氏之学内部自
洽的重要举措。

遗憾的是，研究《字说》的学者，除了特殊时期探究王安石变法
与儒法斗争的关联之外②，又多从辑佚、文字学、文字学理论③等方

① 曾枣庄、刘琳主编：《全宋文》第63册，上海：上海辞书出版社、合肥：
安徽教育出版社，2006年，第239页。

② 如程祥徽《评王安石的〈字说〉》（《青海民族学院学报》1975年第2
期）、张文涤、胡炎祜《论〈字说〉和〈字说辨〉的斗争》（《安徽师范大学学报（哲学
社会科学版）》1976年第1期）、何耿镛《关于王安石的〈字说〉——驳"四人帮"
喉舌所谓〈字说〉是王安石变法的"理论根据"的谬论》（《厦门大学学报（哲学社
会科学版）》1978年第4期）、钟来因《王安石〈字说〉的盛与衰》（《读书》1987年
第4期）等。

③ 《字说》已轶，散见于王氏弟子及其论敌的著述中，后人多有辑佚，如
曹锦炎《王安石及其〈字说〉——介绍张宗祥辑本〈熙宁字说辑〉》（《浙江学刊》
1992年第6期）、周玉秀《〈周官新义〉字说辑录》（《辞书研究》2005年第1期）、
张宗祥辑录《王安石〈字说〉辑》（福州：福建人民出版社，2005年）、张钰翰辑录
《王安石全集·字说》（上海：复旦大学出版社，2016年）等；而对《字说》展开文
字学研究者，如徐时仪《王安石〈字说〉考论（上）》（《辞书研究》1992年第4期）、
《王安石〈字说〉考论（下）》（《辞书研究》1992年第5期）、《王安石〈字说〉的文献
价值述略》（《文献》1993年第2期）、《王安石〈字说〉的成书时间和版本流传考》
（《喀什师范学院学报》1995年第1期）、骆瑞鹤《王氏〈字说〉考论》（《人文论丛》
1999年卷）、黄建荣《王安石〈字说〉说解字义的特点和以"会意"说解文字的原
因》（《抚州师专学报》2001年第2期）、王珏《张有〈复古编〉为匡正王安石〈字
说〉而著考略》（《宁夏社会科学》2009年第4期）、杜丽娜《从文字学视角浅析
〈字说〉》（《昭通学院学报》2016年第3期）等；文字学理论方面，则有徐时仪《王
安石的语言文字观》（《江西社会科学》1992年第5期）和《汉语语文辞书发展
史》（上海：上海辞书出版社，2016年）、林志强《论"字说"现象》（《福建师范大
学学报（哲学社会科学版）》1995年第2期）、陈涛《评王安石的字学理论及其
他》（《天津师大学报》1997年第5期）、陈本源《王安石〈字说〉散论》（《苏州教育
学院学报》1999年第1、2期）、周玉秀《宋代几部重要字书中的字说理论》（《辞
书研究》2006年第3期）等。另有硕士论文两篇，分别为周萍《王安石（转下页）

面展开，而忽略其所具有的语言哲学价值。实则作为宋学先驱者之一的王安石，其"声形一分解，道义因附托"的《字说》有着丰富的语言哲学思想。

第一层语言哲学思想，是通过发现声符表义规律、补充和引申《说文》的某些释义乃至彻底否定《说文》的某些解字观念，把字学研究从语言学转变为语言哲学。

第二层语言哲学思想，是将道德性命之理融入字学中，使《字说》带有强烈的思辨色彩。首先，通过文字书写回归语言本色；其次，用字学来沟通"天人之道"，从探索"字"的自然之义到促进道德的同归于一；最后，王安石的语言哲学思想带有极大的开放性和危险性。

第三层语言哲学思想，是王门弟子尤其是陆佃对王安石语言哲学思想的发展和完善，包括发现"一名二读"和"言各有当"的语言现象，发展出带有试验性质的语言哲学思想与名实考辨的方法论。

王安石及其追随者通过语言区分心我、物我、天人等概念，不仅对探索中国语言哲学的自主道路颇有启发，更帮助我们找到王安石弥合自身学说困境的突围之法，已具有近世的科学曙光，需要我们深入分析。

（接上页）〈字说〉研究》（硕士学位论文，湖南师范大学，2011 年）和李燕杰《王安石〈字说〉研究》（硕士学位论文，曲阜师范大学，2011 年）。本文引文主要使用张钰翰辑录《字说》，有时为了考察便利，则径直引辑文原始出处之材料。

一、冲破《说文》牢笼

王安石《字说》，按照反对者的意见，是"多穿凿傅会"①之处，这种看法至今仍有回响，如有学者评价："王安石《字说》违背《说文》，混淆视听，必将遭人嘲笑与诟病。"②从文字学的角度来说，王安石《字说》确实有很多不足，但王安石本来也不是单单为文字学价值而著此书，其《进字说表》云："凡以同道德之归，一名法之守而已。"③所谓"道德"即道德性命之理，是王安石《字说》"考字画奇耦横直，深造天地阴阳造化之理……包括万象，与《易》相表里"④的理论追求，而"名法"则是指"刑名法术"之意，是王安石意欲通过文字治理世道。因此，我们如果仅仅从文字学角度加以批判，其实恰恰是误读《字说》，何况即使是《说文》，也有很多"误释字"⑤。从语

---

① ［元］脱脱等撰，中华书局编辑部点校：《宋史·王安石》，北京：中华书局，1985 年，第 10550 页。

② 王珏：《张有〈复古编〉为匡正王安石〈字说〉而著考略》，《宁夏社会科学》2009 年第 4 期，第 172 页。

③ 曾枣庄、刘琳主编：《全宋文》第 64 册，上海：上海辞书出版社、合肥：安徽教育出版社，2006 年，第 239 页。

④ ［元］马端临撰，上海师范大学古籍研究所、华东师范大学古籍研究所点校：《文献通考》，北京：中华书局，2011 年，第 6423 页。

⑤ 具体情况可参见薛英杰《〈说文解字〉的阐释体系及其说解得失研究》（北京：中央编译出版社，2018 年），李家祥、黄寅瑞《〈说文释误契文举证》（《贵州文史丛刊》1991 年第 4 期），卢艳琴《〈说文解字〉误释类型研究》（硕士学位论文，内蒙古大学，2007 年），曹平《〈说文解字〉第三、四篇误释字汇考》（硕士学位论文，杭州师范大学，2011 年），李娜《〈说文解字〉"误释字"研究》（博士学位论文，河北大学，2012 年），彭霞、冯玉涛《类析许慎的记号认识及对记号的误解》（《宁夏大学学报（人文社会科学版）》2021 年第 3 期）等著作和论文。

言哲学价值的角度来读《字说》会更客观公正一些,因为哲学语言本来就跟日常语言有所区别,劳思光指出:

> 哲学家不能自创文字,所用词语,必是已有之文字(至多稍加改变),但此并非表示哲学家所用之词语,只有一般用法中之意义。反之,每一哲学家,必选定某些词语表示特殊意义,由此以显示其理论。因此,某一字原先是何意义,是一问题;此字在某一思想系统中,或某一哲学家之理论中,是何意义,则是另一问题……清儒不解此义,反讥宋儒不识字,其实字源之研究只能有补助作用,断不能凭之以解一家之说。此点在稍有逻辑训练者,皆能了解。清儒固不足深责,然现代人倘若仍误以字源研究为解释哲学思想之根据,则未免荒谬可笑。[①]

虽然也有如德里达这样的哲学家生造字词,[②]但大多数中国哲学家还是借鉴日常用语构建其学说,王安石在解字时亦然,他出于自己的思想观念和现实目的对字形、字音、字义做出全新的哲学解释,而对其所涉字源进行研究,只能有"补助作用"。正如劳先生所说,也许字源研究无法完全成为解释哲学思想的根据,但如果我们拘泥于传统文字学的方法来指责王安石,则肯定会遮蔽其背后的语言哲学思想。

---

① 劳思光:《新编中国哲学史》第一卷,桂林:广西师范大学出版社,2005年,第87—88页。

② [法]雅克·德里达著,汪家堂译:《论文字学》,上海:上海译文出版社,1999年,第2页。

实际上，作为一部字典，许慎《说文解字》考字形之外，还起到辟邪说、正经义的作用，体现出许慎的语言哲学思想①，但与其《五经异义》不同，归根到底还是落到文字学上，王安石则不一样，他主要落脚在语言的哲思上。王安石对《说文解字》很感兴趣，早在宋英宗时就已萌生研究之意，在《进字说札子》中自述云：

> 臣在先帝时，得许慎《说文》古字，妄尝覃思，究释其意，冀因自竭，得见崖略。若蒙视天，终以罔然，念非所能，因画而止。顷蒙圣问俯及，退复黾勉讨论，赖恩宽养，外假岁月，而桑榆愈眊，久不见功。甘师颜至，奉被训敕，许录臣愚妄谓然者，缮写投进。②

宋英宗时王安石尚未主持变法，此时对《说文解字》感兴趣，目的在于想要"究释其意"，后来经过深思熟虑，终于"得见崖略"，按道理来说，应该乘胜追击，但王安石停止了这项工作，令人生疑。他自己的解释是"若蒙视天，终以罔然，念非所能，因画而止"，后来宋神宗问到研究《说文解字》之事，促使王安石进一步研究，可最终结果也是"久不见功"。这就更加可疑。直到甘师颜奉旨来取书，王安石才把《字说》献上，而所献之书则是"臣愚妄谓然者"，显示出王安

---

① 可参见孟琢、尹梦《〈说文解字〉取今文经学考》(《民俗典籍文字研究》2016 年第 2 期)，李树军《汉代文字整理与经学研究》(《辽宁大学学报(哲学社会科学版)》2014 年第 2 期)，朱军《从〈五经异义〉和〈驳五经异义〉看汉末经学的发展》(《励耘学刊(文学卷)》2016 年第 1 期)等文。

② 曾枣庄、刘琳主编《全宋文》第 64 册，上海：上海辞书出版社、合肥：安徽教育出版社，2006 年，第 28—29 页。

石的谨慎，而谨慎的原因，在于其《字说》与《说文解字》存在根本的差异。王安石当然知道《说文解字》的文字学特色，但这并非他的特长，故"念非所能，因画而止"，他只是不再用汉学方法探究文字，并不意味着他停止了对文字的思考，因此熙宁五年（1072）神宗问他还有什么著述的时候，王安石回答说："臣所著述多未成就，止有训诂文字，容臣缀缉进御。"①而当宋神宗允许他以自己的方法来解释文字时，才"缮写投进"，体现出当时文字学上的汉宋之别。

果然，王安石《字说》一出，就得到传统文字学家的批评。这却从另一个维度揭示出王安石《字说》的第一层语言哲学思想，即摆脱《说文》学的桎梏，从语言学研究转入语言哲学角度来思考，因此有学者认识到"《字说》在王安石的著述和学术中占有非常重要的地位，对理解王安石之'道德性命之理'与'天人一体之道'的学术体系，极有帮助"②。王安石对许慎《说文解字》的解构，主要体现在以下三个方面：

第一，在《说文》"六书"理论的基础上，发现声符表义规律。钱大昕指出，徐铉已经有此倾向："今所存者，独徐铉等校定之本。铉等虽工篆书，至于形声相从之例，不能悉通，妄以意说……其它增入会意之训，大半穿凿附会。王荆公《字说》盖滥觞于此。"③徐时仪则较为肯定地指出："王安石对形声字的声符有所研究，独具只眼地著出，《说文》中许多形声字的声符实际上都是表义的，而许慎

---

① ［宋］李焘撰，上海师范大学古籍整理研究所、华东师范大学古籍整理研究所点校：《续资治通鉴长编》，北京：中华书局，2004年，第5574—5575页。

② 王水照主编：《王安石全集》，上海：复旦大学出版社，2016年，第189页。

③ ［清］钱大昕著，陈文和主编：《潜研堂文集·跋说文解字》，南京：凤凰出版社，2016年，第428—430页。

未能加以辨析。因而他释义往往兼从声符上着眼辨析，把《说文》中许多形声字改从会意字来解释。"①实际上，许慎也知道声符有表义的功能，所以标出"亦声字"②，但仍有大量遗漏，如"欲"字，《说文》只云："贪欲也，从欠，谷声。"③据段玉裁考订："欲者，衍字。"④则许慎对"欲"字之解释，除去"贪也"，几乎只是拆字而已，王安石则云："谷，能受也；欠者，不足也。能受而能当，患不足者，欲也。"⑤对许慎所忽略的"谷声""能受"之意，特为拈出，后来段玉裁亦云："从谷者，取虚受之意。"⑥可见王安石从声符的角度去探究字义得到后世的认可。声符表义规律的发现，使王安石在字形之外，找到释义的新途径，能更好地将其哲学思想纳入其中；由此"初步意识到汉字中的同源字现象"⑦，使王安石"同道德之归，名法之守"的初衷有了更坚实的文字学基础。但也正是因为王安石过度使用这一方法，达到了相反的效果，楼钥指出："王荆公《字

---

① 徐时仪：《王安石〈字说〉考论（上）》，《辞书研究》1992 年第 4 期，第112—113 页。

② 参见孙华、杜忠潮：《说文解字同声符字义通释例》，西安：三秦出版社，2016 年。

③ ［汉］许慎撰，［清］段玉裁注，许惟贤整理：《说文解字注》，南京：凤凰出版社，2007 年，第 720 页。

④ ［汉］许慎撰，［清］段玉裁注，许惟贤整理：《说文解字注》，南京：凤凰出版社，2007 年，第 720 页。

⑤ 王水照主编：《王安石全集》第一册，上海：复旦大学出版社，2016 年，第 236 页。

⑥ ［汉］许慎撰，［清］段玉裁注，许惟贤整理：《说文解字注》，南京：凤凰出版社，2007 年，第 720 页。

⑦ 徐时仪：《王安石〈字说〉考论（上）》，《辞书研究》1992 年第 4 期，第113 页。

说》所以不能传者，往往以形声诸体皆入会意，故有牵合强通之病。"①所言甚是，但由此也能进一步印证王安石《字说》的重心不在"形声"，而在"会意"，即通过字之"形声"探究字之意义，以阐发其哲学思想。

声符表义后来发展为"右文说"，沈括《梦溪笔谈》云：

> 王圣美治字学，演其义以为右文。古之字书皆从左文，凡字，其类在左，其义在右，如木类其左皆从木。所谓"右文"者，如戋，小也，水之小者曰浅，金之小者曰钱，歹而小者曰残，贝之小者曰贱，如此之类皆以戋为义也。②

王圣美的"右文说"，与王安石解释"农"字甚似："农者，本也，故又训厚。浓，水厚。酦，酒厚。襛，衣厚。"③据《宋史》本传记载："王子韶字圣美，太原人……王安石引入条例司，擢监察御史里行，出按明州苗振狱……由司农丞提举两浙常平。入对，神宗与论字学，留为资善堂修定《说文》官。"④由此可见，王子韶乃王安石所引，其

————————

①　曾枣庄、刘琳主编：《全宋文》第 263 册，上海：上海辞书出版社、合肥：安徽教育出版社，2006 年，第 353 页。

②　[宋]沈括撰，金良年点校：《梦溪笔谈》，北京：中华书局，2015 年，第 143 页。

③　[宋]王安石撰，吴人整理，朱维铮审阅：《周官新义》，上海：上海书店出版社，2012 年，第 421 页。

④　[元]脱脱等撰，中华书局编辑部点校：《宋史·王子韶》，北京：中华书局，1985 年，第 10612 页。

"右文说"亦是在王安石以声符表义的基础上提出来的，①神宗还特意任命他为"修定《说文》官"，可见王安石对许慎《说文》之解构，最终成为官方做法。

第二，在《说文》的释义基础上，进一步补充和引申，使字义反映自己的哲学思想。王安石对一些字的解释，是在《说文》的基础上的补充。如《说文》释"革"为"兽皮治去其毛曰革，革，更也"②，王安石《字说》云："三十年为一世，则其所因必有革。革之要，不失中而已。治兽皮，去其毛，谓之革者，以能革其形。革有革其心，有革其形。若兽则不可以革其心者。不从世而从廿从十者，世必有革，革不必世也。"③很显然，王安石对"革"字之解释，在《说文》的基础上补充"革心"（整顿心性之学）与"革形"（变法整治措施）的区别，并加入"世必有革，革不必世"的变法思想，正是其自身对变革之理解。

第三，彻底否定《说文》的某些解字观念，给出己意。王力指出，"《说文》云：'左，手相左助也。'又：'右，手口相助也。'段注：'以手助手，是曰左；以口助手，是曰右。'这样讲'左、右'的本义，是错误的。……'左、右'，都是手，用作动词时，写成'佐、佑'，本义都是

---

① 王安石的贡献常被学者忽略，如有的学者云："形声字之声符含义，魏晋时就有人发觉，如《艺文类聚》引晋杨泉《物理论》：'（瑕）在金石曰坚，在草木曰紧，在人曰贤。'唐五代时徐锴作《说文系传》40 卷，也多有阐述；到北宋王圣美，首度冠以'右文'之名。"（卞仁海：《汉字汉语与汉文化论稿》，广州：暨南大学出版社，2016 年，第 53 页）完全不提王安石。

② ［汉］许慎撰，［清］段玉裁注，许惟贤整理：《说文解字注》，南京：凤凰出版社，2007 年，第 192 页。

③ ［宋］王安石撰，吴人整理，朱维铮审阅：《周官新义》，上海：上海书店出版社，2012 年，第 427 页。

以手助人（左手右手是一样的）"①。王力否定《说文》对"左右"的
解释，这是对的，王安石也是如此："以左助之为佐，以右助之为佑。
地道尊右，而左手足不如右强，则佐之为助，不如右之力也。冢宰
于六卿莫尊焉，而曰佐王，则为其非论道以助王也，作而行之而
已。"②相较而言，王安石更在"佐佑"本义的基础上引申出后世的
差别，由此鲜明地亮出"论道助王"的政治哲学思想。

　　熙宁年间，苏辙写《和子瞻监试举人》，其中说："朝廷发新令，
长短弃前蒦。缘饰小学家，睥睨前王作。声形一分解，道义因附
托。"③曾枣庄解释此诗云："苏辙的《和子瞻监试举人》（《栾城集》
卷四）讽刺王安石对科举考试制度的改革，讥其以《字说》中的观点
强解经书，并作为考试标准。"④虽然此时《字说》乃初成，⑤但王安
石由小学讲经义的思想已经形成，苏辙概括为"声形一分解，道义
因附托"，较为准确地概括出王安石的语言哲学思想，即通过分解
文字的声形，来附会自己所要阐发的道义。尽管王安石在文字学
方面也有贡献，但其出发点则在阐发经义，因为如果一味按照许慎
《说文》来解释，则很难超越汉唐经疏旧义，故虽遭猛烈批评，王安
石也没有停止解构《说文》，这为其更好地将语言学与其哲学结合

---

①　王力：《同源字典》，北京：商务印书馆，1982年，第43页。
②　[宋]王安石撰，吴人整理，朱维铮审阅：《周官新义》，上海：上海书店
出版社，2012年，第299页。
③　[宋]苏辙著，陈宏天、高秀芳点校：《苏辙集》，北京：中华书局，1990
年，第78页。
④　曾枣庄：《苏轼评传》，成都：巴蜀书社，2018年，第88页。
⑤　张钰翰云："王安石于熙宁中初成二十卷本，后经修订，复于元丰五年
上进二十四卷本。"（王水照主编《王安石全集》第一册，上海：复旦大学出版
社，2016年，第190页）其说可从。

起来找到较好的途径。

二、义理归乎文字

王安石对《说文》学的继承与发展，实际上是"不破不立"，用德里达的观点来看，就是一种解构："按德里达的解释，解构一方面意味着突破原有的系统，打开其封闭的结构，排除其本源和中心，消除其二元对立；另一方面意味着将瓦解后的系统的各种因素暴露于外，看看它隐含了什么，排除了什么，然后使原有因素与外在因素自由结合，使它们相互交叉，相互重叠，从而产生一种无限可能性的意义网络。德里达把这种解构活动称为'旧语移植逻辑'，即在保留旧概念的同时将新意义移植进去。"①从王安石剥落《说文》相关文字学内容并重新阐发字义来看，其实是一种带有解构性质的学术活动。那么，王安石在《字说》中到底移植了哪些新意义，又具有怎么样的哲学价值呢？

从根本上来说，王安石将道德性命之理融入文字学中，使《字说》带有强烈的思辨色彩，诚如杨时所云："某观王氏之学，其精微要妙之义多在《字说》。"②因为立场不同，杨时对王安石的批评很剧烈，此处却道出《字说》的本质，甚至认为只要禁止《字说》传播，就能起到禁止王安石学说传播的目的，可谓抓住了关键。杨时所

---

① ［法］雅克·德里达著，汪家堂译：《论文字学》，上海：上海译文出版社，1999年，第3页。

② 曾枣庄、刘琳主编：《全宋文》第124册，上海：上海辞书出版社、合肥：安徽教育出版社，2006年，第154页。

说的"精微要妙之义"就是指道德性命之说,蔡卞《王安石传》云:

> 自先王泽竭,国异家殊,由汉迄唐,源流浸深。宋兴,文物盛矣,然不知道德性命之理。安石奋乎百世之下,追尧、舜、三代,通乎昼夜阴阳所不能测,而入于神。初著《杂说》数万言,世谓其言与孟轲相上下。于是天下之士始原道德之意,窥性命之端云。[①]

王安石对道德性命之理的探究,在当时已开风气,但学界多从其《洪范传》等著作展开探究[②],而忽略了王安石想要"同道德之归"[③]的《字说》。如果从语言哲学的角度展开讨论,《字说》的要义会更加贴近王安石的初衷。

第一,通过文字书写回归语言本色,从而获其真意。王安石在

---

① 曾枣庄、刘琳主编:《全宋文》第 109 册,上海:上海辞书出版社、合肥:安徽教育出版社,2006 年,第 180 页。

② 重要的论著如邓广铭《王安石在北宋儒家学派中的地位——附说理学家的开山祖问题》(《北京大学学报(哲学社会科学版)》1991 年第 2 期),漆侠《荆公学派与辩证法哲学》(《河北学刊》1999 年第 6 期),李之鉴《王安石哲学思想初论》(北京:中国文联出版社,1999 年),李俊祥《王安石学术思想研究》(北京:北京师范大学出版社,2000 年),刘成国《荆公新学研究》(上海:上海古籍出版社,2006 年),杨柱才《王安石的性命学说》(《抚州师专学报》2001 年第 2 期),祝尚书《王安石"道德性命"之学及其对科举的影响》(《江西师范大学学报(哲学社会科学版)》2008 年第 1 期),关素华《王安石人性论新探》(《南昌大学学报(人文社会科学版)》2018 年第 1 期),朱汉民《临川学的性命之理及后期衍化》(《中国哲学史》2021 年第 3 期)等。

③ 曾枣庄、刘琳主编:《全宋文》第 63 册,上海:上海辞书出版社、合肥:安徽教育出版社,2006 年,第 239 页。

《熙宁字说序》和《进字说表》都使用了"书"字,前者如"余读许慎《说文》,而于书之意,时有所悟"①,后者如"窃以书用于世久矣,先王立学以教之,设官以达之,置使以喻之,禁诛乱名,岂苟然哉"②。不同时期都使用"书"字,可见王安石意识到文字的书写性,甚至以此为标准来衡量人才,如《王深父墓志铭》云:"吾友深父,书足以致其言,言足以遂其志,志欲以圣人之道为己任,盖非至于命弗止也。"③既然书写才成文字,那么不得不追问所书写的文字又从何而来?这就不得不涉及语言的问题,孔颖达《尚书序》对书写所成之文字与语言的关系,做了较为深入的回答:

> 道本冲寂,非有名言。既形以道生,物由名举,则凡诸经、
> 史,因物立名。物有本形,形从事著。圣贤阐教,事显于言。
> 言惬群心,书而示法;既书有法,因号曰"书"……且言者意之
> 声,书者言之记,是故存言以声意,立书以记言。故《易》曰:
> "书不尽言,言不尽意。"是言者意之筌蹄,书、言相生者也。书
> 者,舒也。《书纬·璇玑钤》云:"书者,如也。"则书者,写其言,
> 如其意,情得展舒也。又刘熙《释名》云:"书者,庶也,以记庶
> 物。又为著,言事得彰著。"……但诸部之书,随事立名,名以

---

① 曾枣庄主编:《宋代序跋全编》,济南:齐鲁书社,2015 年,第 287 页。

② 曾枣庄、刘琳主编:《全宋文》第 63 册,上海:上海辞书出版社、合肥:安徽教育出版社,2006 年,第 239 页。

③ 曾枣庄、刘琳主编:《全宋文》第 65 册,上海:上海辞书出版社、合肥:安徽教育出版社,2006 年,第 151 页。

事举。要名立之后,亦是笔书,故百氏六经,总曰书也。[1]

孔颖达认为,冲寂之道生形而物、事得以呈现,圣贤对其名、事进行阐发而为语言,把这些"群心"认可的语言写出来以"示法"就是动词意义上的"书",写成的就是名词意义上的"书"。因此,书是声意发出的语言的记录,钟如雄指出,"孔颖达认为:言语是人类心意的表现形式,文字是言语的书写形式,并提出了'书、言相生'的语言学理论来"[2]。所谓"书、言相生",指从记录语言而成书的角度来看,是语言产生了书,而从记录所成的书中去解读圣贤的语言乃至心意,则是书反过来生成了圣贤的语意。王安石显然受孔颖达语言学理论的影响,他在《进字说表》中云:"盖闻物生而有情,情发而为声,声以类合,皆足相知。人声为言,述以为字。"[3]书写成为言与字转化的媒介,因此又把"书"与字形等同起来,王安石意识到其中的变化之妙,因此两次加以使用。当"书"作为动词时,它是很自然地将声意容纳进文字之中的;然而当"书"作为名词时,则声意凝固于文字之中,想要探知就不是那么容易了。孔颖达给出的办法是"言者意之筌蹄,书、言相生者也",即通过书写的字形去探究语言、通过语言去探究心意。遗憾的是,熙宁年间忙于变法的王安石并没有时间去细细推敲,只好通过《说文》"而于书之意,时有所悟,

---

① [汉]孔安国传,[唐]孔颖达正义,黄怀信整理:《尚书正义》,上海:上海古籍出版社,2007年,第1页。

② 钟如雄:《转注系统研究》,北京:商务印书馆,2014年,第63页。

③ 曾枣庄、刘琳主编:《全宋文》第63册,上海:上海辞书出版社、合肥:安徽教育出版社,2006年,第239页。

因序录其说为二十卷，以及门人所推经义附之"①，靠"悟"的方式
来探究语言真意，说明王安石已经意识到语言文字跟实在之间存
在不协调，用语言哲学的话来说就是"理解这个指称与认知被指称
的事物不是一回事"②，而王安石只能通过悟来弥合，是随意性较
大的，缺乏较为客观的精准性和可操作性，这也是王安石晚年不断
修改《字说》的重要原因。

通过"悟"得其真意与王安石主张效法先王之意而非先王之迹
一致，王安石说：

> 夫以今之世，去先王之世远，所遭之变、所遇之势不一，而
> 欲一二修先王之政，虽甚愚者，犹知其难也。然臣以谓今之
> 失，患在不法先王之政者，以谓当法其意而已。夫二帝、三王，
> 相去盖千有余载，一治一乱，其盛衰之时具矣。其所遭之变，
> 所遇之势，亦各不同，其施设之方亦皆殊，而其为天下国家之
> 意，本末先后未尝不同也。臣故曰：当法其意而已。③

如果将"施设之方"看作文字外在之形声，将"为天下国家之意"看
作文字之字义，二者极易类比，问题在于，如果不通过考察先王"施
设之方"，如何获得并效法先王之意呢？王安石的办法是学习《周
礼》，把《周礼》视作先王"施设之方"的典范：

---

① 曾枣庄主编：《宋代序跋全编》，济南：齐鲁书社，2015 年，第 287 页。

② 车铭洲编，李连江译：《西方现代语言哲学》，天津：南开大学出版社，
1989 年，第 7 页。

③ 曾枣庄、刘琳主编：《全宋文》第 63 册，上海：上海辞书出版社、合肥：
安徽教育出版社，2006 年，第 329 页。

惟道之在政事，其贵贱有位，其后先有序，其多寡有数，其迟数有时。制而用之存乎法，推而行之存乎人。其人足以任官，其官足以行法，莫盛乎成周之时；其法可施于后世，其文有见于载籍，莫具乎《周官》之书……以训而发之之为难，则又以知夫立政造事追而复之之为难……以所观乎今，考所学乎古，所谓见而知之者，臣诚不自揆，妄以为庶几焉，故遂昧冒自竭，而忘其材之弗及也。①

如果王安石要从《周礼》中得出"先王之意"乃至先王之政，如何训释其经义就成为关键，《字说》的重要性由此得以体现。我们先不讨论《周礼》是否是先王"施设之方"的典范，②真正的问题——如何确保所训释的字义就是《周礼》的本义——仍旧没有解决。王安石在《周礼义序》中唯一能给出的答案就是自己"见而知之"的满腔热血和一厢情愿的理想主义。"见而知之"典出孟子之言，他说："由尧舜至于汤，五百有余岁，若禹、皋陶，则见而知之；若汤，则闻而知之。"③大禹、皋陶辅佐尧舜，因此对尧舜之道"见而知之"，王安石之意，是想让宋神宗成为尧舜，而自己对尧舜之道自然就"见而知之"了，这就相当于利用宋神宗的皇权遮蔽了这个核心问题，

①　曾枣庄、刘琳主编：《全宋文》第 64 册，上海：上海辞书出版社、合肥：安徽教育出版社，2006 年，第 269—270 页。

②　洪迈云："《周礼》一书，世谓周公所作，而非也……二王托周官之名以为政，其归于祸民一也。"（［宋］洪迈撰，孔凡礼点校：《容斋随笔》，北京：中华书局，2005 年，第 420—421 页）将王安石变法与王莽篡汉相提并论。

③　［宋］朱熹撰：《四书章句集注·孟子集注》，北京：中华书局，1983 年，第 376 页。

而不是解答了这个问题。① 要真正解答这个难题,还是要回到王安石的语言哲学思想深处。

第二,用字学来沟通"天人之道",从探索"字"的自然之义到促进道德的同归于一。在沟通"天人之道"的途径上,王安石走过弯路(详见第一章,这里以《字说》为主,来看王安石的弥合之举)。熙宁年间,他是把关注点放在"文"上的,通过把"天地之文"与《周易》中的卦象结合的办法来探究天道,却对人道有偏废,因此最终没法达到气韵生动的"天人合一"境界。这一方面说明他深受《说文》影响,另一方面可以看出他的学说尚未完全成熟,他在《熙宁字说序》中说:

---

① 也是出于同样的思维,王安石把反对变法者视作孔孟所批评的"乡愿",孟子解释孔子为何讨厌乡愿时说:"非之无举也,刺之无刺也;同乎流俗,合乎污世;居之似忠信,行之似廉洁;众皆悦之,自以为是,而不可与入尧舜之道,故曰德之贼也。"([宋]朱熹撰:《四书章句集注·孟子集注》,北京:中华书局,1983 年,第 375—376 页)而孟子给出的办法就是:"君子反经而已矣。经正,则庶民兴;庶民兴,斯无邪慝矣。"([宋]朱熹撰:《四书章句集注·孟子集注》,北京:中华书局,1983 年,第 376 页)所谓"反经",孔颖达解释云:"孟子所云'反经',即公羊传所云'反经',反经为权,权即通变神化。何为经? 经者,常也。常者,不变之谓也。狂者常于高明,君子则反之以柔克;狷者常于沈潜,君子则反之以刚克:如是则其常而不能变者皆以反而归于正,此庶民所以皆兴起于善而无邪慝也。惟乡原非之无举,刺之无刺,其阉然媚世,本无一定之常,为刚克柔克所不能化;又自以为是,非劳来匡直所能移,故不可与入尧舜之道,实为圣世奸民而古今大慝也。"([清]焦循撰,沈文倬点校:《孟子正义》,北京:中华书局,1987 年,第 1035 页)朱熹解释则不同:"世衰道微,大经不正,故人人得为异说以济其私,而邪慝并起,不可胜正,君子于此,亦复其常道而已。常道既复,则民兴于善,而是非明白,无所回互,虽有邪慝,不足以惑之矣。"([宋]朱熹撰:《四书章句集注·孟子集注》,北京:中华书局,1983 年,第 376 页)朱熹之解释,盖受王安石之影响,孟子深刻地影响王安石,也由此可见。

　　文者，奇偶刚柔，杂比以相承，如天地之文，故谓之文。字
　者，始于一二，而生生至于无穷，如母之字子，故谓之字。其声
　之抑扬开塞、合散出入，其形之衡从曲直、邪正上下、内外左
　右，皆有义，皆本于自然，非人私智所能为也。与夫伏羲八卦，
　文王六十四，异用而同制，相待而成《易》。先王以为不可忽，
　而患天下后世失其法，故三岁一同。同之者，一道德也。①

王安石先用《周易》奇偶阴阳之说来看待"文"之诞生，然后受许慎
《说文》开篇认为"惟初大极，道立于一。造分天地，化成万物"②的
影响，认为"字"是"本于自然，非人私智所能为"的生生无穷之用，
它的声音、形状都有自然赋予它的意义，跟《周易》中的卦爻类似。
如此一来，"文"就是易学中的阴爻阳爻，"字"就是易学中的各类卦
爻，所以王安石是以易学来组建他的文字观的，故云"异用而同制，
相待而成《易》"，这在其《字说》中还有很多残留，如王安石喜欢以
"对"的概念来看待万事万物，并以阴阳标识，如他解释"蟋蟀"说：
"蟋蟀阴阳，帅万物以出入，至于蟋蟀，其率之为悉。蟋蟀，能帅阴
阳之悉者也，故《诗》每况焉。"③认为阴阳是万物出入变化的规律，

<hr>

　　①　曾枣庄主编：《宋代序跋全编》，济南：齐鲁书社，2015 年，第 287 页。
　　②　［汉］许慎撰，［清］段玉裁注，许惟贤整理：《说文解字注》，南京：凤凰
出版社，2007 年，第 1 页。
　　③　此处《全宋文》标点有误，当为："蟋蟀，阴阳帅万物以出入，至于蟋蟀，
其率之为悉。蟋蟀，能帅阴阳之悉者也，故《诗》每况焉。"（参见王水照主编：
《王安石全集》第一册，上海：复旦大学出版社，2016 年，第 237 页）究其因，在于
杨时误解了王安石之意，他驳斥说："阴阳之运，万物由之而生成焉，非帅万物
以出入也，阴阳亦非蟋蟀所能帅也。"（曾枣庄、刘琳主编：《全宋文·王氏字说
辨》，上海：上海辞书出版社、合肥：安徽教育出版社，2006 年，第 334 页）王安石
本云蟋蟀能帅"阴阳之悉"，而非帅阴阳。

从而将万物都以阴阳之法加以区分，如解释"崇高"："高言事，崇指物，阴阳之义。"①这就使王安石常有"好辨"之气，体现在其政事上，就是跟司马光、苏轼等人辩论分派，体现在学说上，就是将各种概念，尤其是成对概念进行辨析区分。这固然使文字中的天道得以彰显，却无法直接跟人道结合，甚至违背人道，如王安石解释"我"字说：

> 戈戟者，刺之兵。至于用戈，为取小矣。其取为小，故当节饮食；其用在刺，故必戒有害。虽然，戈所以敌物而胜之，故我之字从戈者，敌物之我也。非有胜物之智，则不能敌物；非有立我之智，则至于失我。古人托意，兹亦深矣。②

指出"敌物之我"的概念，并进一步讨论如何在"胜物"的同时不被异化而失去自我，似有深意。王安石在《老子注》中给出他所认为的深意，他追求的是"敌物"与"成物"，他说：

> 而《老子》所谓"天地不仁，以万物为刍狗；圣人不仁，以百姓为刍狗"，其言岂离乎此哉！后学者专子子之仁，而忘古人之大体。故为人则失于兼爱，为己则失于无我，又岂知圣人不失己亦不失人欤？与时推移，与物运转，而天地之间其犹橐籥乎！故动而愈出，则正己而无我者，所以应物，而非以敌物。

---

① 曾枣庄、刘琳主编：《全宋文》第 124 册，上海：上海辞书出版社、合肥：安徽教育出版社，2006 年，第 334 页。

② 王水照主编：《王安石全集》第一册，上海：复旦大学出版社，2016 年，第 232 页。

虚而不屈，则无己而丧我者，所以绝物，而非所以成物。噫！天地、圣人之道，其仁以百姓、万物为刍狗者，可以一言而尽矣。①

指出圣人不失己亦不失人，这已经有朴素的对立统一思想了，从思辨的角度来看没什么问题，但实际上，王安石在"正己而物正"②的孟子学说理想的基础上，还是强调敌物之我的重要性，无论是"正己无我"，还是"无己丧我"，都被王安石批评为"应物""绝物"，而非"敌物""成物"，这就在一定程度上暗示出"敌物""成物"中"我"的价值，即只有存在"敌物之我"，才能有"成物之我"，如果"我"一定要"敌物"才能"成物"，通过斗争的方式去完成改革，那么，这个对立统一的度其实很难把握，王安石解释"置罢"时说：

> 置罢：上取数备，有以门下，则直者可置，使无贰适，惟我所措而已；能者可罢，使无妄作，惟我所为而已。（杨时驳斥云——笔者注，后同）孔子曰："举直错诸枉，能使枉者直。"未闻直者可置，使无贰适，惟我所措而已。孟子曰："尊贤使能，俊杰在位，则天下之士愿立于其朝矣。"未闻能者可罢，使无妄作，惟我所为而已。熙宁之初，贤能不容于朝，纷更祖宗之法，惟我所为而已，用此说也，其为害岂浅哉！使其说行，则其祸

---

① ［宋］王安石撰，罗家湘点校：《王安石老子注辑佚会钞》，上海：华东师范大学出版社，2013 年，第 26—27 页。

② ［清］阮元校刻：《十三经注疏·孟子注疏·尽心章句上》，北京：中华书局，2009 年，第 6019 页。

天下后世，商君之法，不如是烈矣。①

杨时的话是有道理的，二程亦云："苟为造道而心不动焉，则所以敌物者，不赖勇而裕如矣。"②何况有些对立的矛盾在现实中是难以统一的，比如："蒢荃蓔：蒢，一草而五味具焉。即一即五，非一非五，故谓之荃。众而出乎一，亦反乎一，故谓之蓔。（杨时驳斥云：未有一物而具五味者。'即一即五，非一非五'，皆谬悠之辞也。）"③甚至，王安石还天真地想通过"门一口"来达到同是非的效果，"同：彼亦一是非也，此亦一是非也，物之所以不同，门一口则是非同矣（杨时批驳云：此亦一是非，彼亦一是非，非门其一口所能同也。防民之口甚于防川，川壅必溃矣，何同之有？唯君子为能迪天下之志，乃能同也。同异之名不为是非而有也，如乐统同、礼辨异，同姓异姓之类，何是非之有？）"④。王安石将人简单化，太过天真。由此可见，此时王安石在人道上的偏废，不仅使其哲学思想无法圆融一体，更在其政治改革中付出惨痛代价。

对天人之道的缝隙，王安石早先采取以人配天的做法来弥合，见其《推命对》，后来想要以天配人，见其《郊宗议》，如第一章所述，都没成功，后来王安石只好搬出先王来，说是"先王以为不可忽，而

① 曾枣庄、刘琳主编：《全宋文》第124册，上海：上海辞书出版社、合肥：安徽教育出版社，2006年，第332页。

② ［宋］程颢、程颐撰，李吁、吕大临等辑录，朱熹编定，朱杰人、严佐之、刘永翔主编：《程氏遗书》，上海：华东师范大学出版社，2010年，第344页。

③ 曾枣庄、刘琳主编：《全宋文》第124册，上海：上海辞书出版社、合肥：安徽教育出版社，2006年，第333页。

④ 曾枣庄、刘琳主编：《全宋文》第124册，上海：上海辞书出版社、合肥：安徽教育出版社，2006年，第329页。

患天下后世失其法,故三岁一同。同之者,一道德也",在天人之道的结合中预留了作为人的"先王"媒介,却使天人之道的缝隙更明显。这在《字说》中比比皆是,比如王安石解释"戏"字云:"自人言之,交则用豆,辨则用戈,虑而后动,不可戏也,戏实生患。自道言之,无人焉用豆,无我焉用戈。无我无人,何虑之有? 用戈用豆,以一致为百虑,特戏事耳。戏非正事,故又为于戏、倾戏之字。"①王安石用人、道之不同来解释"戏"字,并通过字形指出"以一致为百虑"实则是戏事,通过文学来呈现此一思想,自无问题,但如果是通过政事来呈现,则问题较大,其云"无我无人,何虑之有",言外之意是,人将虑变得复杂,从而导致人事纠纷,使变革难以为继。又解释"冬"字说:"春徂夏,为天出而之人;秋徂冬,为人反而之天。"②把四时亦区分有人天之异,解释"除"字说:"有阴有阳,新故相除者,天也。有处有辨,新故相除者,人也。"③连天人之同在于新旧变化,也是通过天人之分来论述的。这些区分所显示出来的不够彻底的天人之道,根源在于王安石语言哲学思想亟待完善。

与"非人私智所能为"不同,晚年王安石则提出"字虽人之所制,本实出于自然"的观点,再也没有《熙宁字说序》中"庸讵非天之将兴斯文也,而以余赞其始"的豪气,而是试图从"字"本身的天人合一中挖掘蕴含在字中的天人之道,他在《进字说表》中说:

①　曾枣庄、刘琳主编:《全宋文》第 124 册,上海:上海辞书出版社、合肥:安徽教育出版社,2006 年,第 332 页。

②　曾枣庄、刘琳主编:《全宋文》第 124 册,上海:上海辞书出版社、合肥:安徽教育出版社,2006 年,第 331 页。

③　曾枣庄、刘琳主编:《全宋文》第 124 册,上海:上海辞书出版社、合肥:安徽教育出版社,2006 年,第 333 页。

窃以书用于世久矣,先王立学以教之,设官以达之,置使以喻之,禁诛乱名,岂苟然哉!凡以同道德之归,一名法之守而已……盖闻物生而有情,情发而为声,声以类合,皆足相知。人声为言,述以为字。字虽人之所制,本实出于自然。凤鸟有文,《河图》有画,非人为也,人则效此。故上下内外,初终前后,中偏左右,自然之位也;衡邪曲直,耦重交析,反缺倒仄,自然之形也;发敛呼吸,抑扬合散,虚实清浊,自然之声也;可视而知,可听而思,自然之义也。以义自然,故先圣所宅,虽殊方域,言音乖离,点画不同,译而通之,其义一也。道有升降,文物随之,时变事异,书名或改,原出要归,亦无二焉。①

很显然,王安石把先王"同道德之归,一名法之守"放在开头,与《熙宁字说序》放在末尾,恰好形成"接着说"的效果。事实上也确实如此,王安石的语言哲学思想到此才算真的发展成熟。他认为,字虽是人所制作,然而是在效法自然的基础上得出来的,这就使字除了带有"自然之形""自然之声"外,还具有"自然之位""自然之义"。"自然之位"指由人效法自然所制造的字形结构本身所蕴藏的天道,"自然之义"是指人通过"可视而知"的"自然之形"和"可听而思"的"自然之声"所揭示出来的字义。王安石将"字"与"字义"内在的天人之道掘发出来,因此,当先王随着历史湮没之后,后人可以不需要通过先王的权威与神道,只通过"字"与"字义"的"译而通之"和"原出要归",就能将不同地方、不同时代的大道合一无二,从

---

① 曾枣庄、刘琳主编:《全宋文》第63册,上海:上海辞书出版社、合肥:安徽教育出版社,2006年,第239页。

而达到"同道德"的目的。但正如学者所指出，这对后人提出极高的标准，要达到"圣人"的境界才行："从圣人兼天道人事之极致而言，圣人无言、无为之时体现了道之本；而在形器层面，圣人必须有为，即以人力成就万物。"①圣人不世出，这就为王安石的天人之道的最终确证留下缝隙。

第三，无法完全落地的"天人之道"，只能无限趋向内圣外王，使王安石的语言哲学思想带有极大的开放性和危险性。按照王安石的字学思想，声音形成语言，语言形成文字，皆本于自然，故可一之，而达到同道德的目的。但这种同道德只具有哲学意义上的同一性，在现实社会根本无法实现。这不仅在王安石变法所受的挫折中有所体现，在王安石的字学中也仍然存在，他在《进字说表》中说："乃若知之所不能与，思之所不能至，则虽非即此而可证，亦非舍此而能学。盖唯天下之至神为能究此。"②舍此之外，又别无他途，但即使是此途，如其所言，也只是"故其教学必自此始，能知此者，则于道德之意已十九矣"③，也无法达到百分之百的效果。

这一方面使王安石语言哲学思想有极大的开放性，如他撰写《字说》就集思广益，"咨诹讨论"，门人弟子都参与进来；另一方面则带有极大的危险性。比如，王安石想"以会意一体贯通六书"，结果产生很多错误。又如，想要通过宋神宗来实现外王，王安石说："道衰以隐，官失学废，循而发之，实在圣时，岂臣愚憧，敢逮斯

---

① 吴宁：《自然与人力：王安石的儒道会通——以王安石〈老子注〉为中心》，《孔子研究》2021 年第 6 期，第 67 页。

② 曾枣庄、刘琳主编：《全宋文》第 63 册，上海：上海辞书出版社，合肥：安徽教育出版社，2006 年，第 239 页。

③ 曾枣庄主编：《宋代序跋全编》，济南：齐鲁书社，2015 年，第 287 页。

事……伏惟皇帝陛下体元用妙，该极象数，稽古创法，绍天觉民。乃惟兹学，陨缺弗嗣，因任众智，微明显隐。盖将以祈合乎神旨者，布之海内。"①但宋神宗实在难以达到王安石的期许，不是神宗不够努力，而是王安石思想本身操作性较差，难以执行，如王安石解释"中"字说："中：中通上下，得中则制命焉。（杨时驳斥云：中者，天下之大本，非特通上下而已，是未知中之为中也。）"②王安石解释"之"字说："之：有所之者，皆出乎一，或反隐以之显，或戾静以之动。中而卜者，所之正也。"③问题在于，上下动静没有确立，如何确定"中"呢？这种因朴素辩证思维而难以捉摸、难以实行的标准，对皇帝产生极大的精神压力，造成宋神宗自身的身心煎熬和治理天下的错误频出，这种压力，终北宋一代都没有消失，最后只能陈义太高而流于形式。④ 与对帝王的高要求相反，王安石对普通人性的要求却不高，他指出"人为谓之伪"⑤，又指出人之自私："厶不能不自营也，然自营而不害于利物，则无怨于私矣。"⑥已清楚认识到人性之自私，但只要"利物"，则允许自私。我们套用他批评《老

---

① 曾枣庄、刘琳主编：《全宋文》第 63 册，上海：上海辞书出版社、合肥：安徽教育出版社，2006 年，第 239 页。

② 曾枣庄、刘琳主编：《全宋文》第 124 册，上海：上海辞书出版社、合肥：安徽教育出版社，2006 年，第 330 页。

③ 曾枣庄、刘琳主编：《全宋文》第 124 册，上海：上海辞书出版社、合肥：安徽教育出版社，2006 年，第 333 页。

④ 详见方诚峰：《北宋晚期的政治体制与政治文化》，北京：北京大学出版社，2015 年，第四章、第五章。

⑤ 王水照主编：《王安石全集》第一册，上海：复旦大学出版社，2016 年，第 203 页。

⑥ 王水照主编：《王安石全集》第一册，上海：复旦大学出版社，2016 年，第 204 页。

子》的"是不察于理而务高之过矣"来说,是"不察于人而务高之过矣"。

　　王安石"外王"过程中出现的问题,或许与他对孟子的继承有关,孟子人格伦理学内部就存在矛盾,他借助功利性思维来劝说君主们推行无关乎"利"的"义"和"仁政",其结果只会导致混乱而不是秩序,[①]王安石虽强调道德性命之理,但在具体实施过程中,还是认为一部《周礼》,理财居其半,其《答曾公立书》云:"孟子所言利者,为利吾国(如曲防遏籴)利吾身耳。至狗彘食人食则检之,野有饿莩则发之,是所谓政事。政事所以理财,理财乃所谓义也。一部《周礼》,理财居其半,周公岂为利哉?"[②]即便是为王安石多有辩护的陆九渊,也不能不承认其对"利"之认识有问题,他评价说:"或言介甫不当言利,夫《周官》一书,理财者居半。古人何尝不理会利,但恐三司等事,非古人所谓利耳。不论此而以言利过之,所以卒至于无奈他何处。介甫慕尧舜三代之名,不曾踏得实处本原,皆因不能格物,模索形似,便以为尧舜三代如此而已。"[③]

　　总体而言,王安石通过语言区分心我、物我、天人,对主客关系进行重新审视,带来颠覆性的结果,如认为"忠"是忠于心,而不是

---

　　①　Chad Hansen: *A Daoist Theory of Chinese Thought: A Philosophical Interpretation*, New York: Oxford University Press, 2000, p. 159. 此书中文版为周景松、谢尔逊等译,张丰乾校译《中国思想的道家之论:一种哲学解释》,南京:江苏人民出版社,2020 年。

　　②　曾枣庄、刘琳主编:《全宋文》第 64 册,上海:上海辞书出版社、合肥:安徽教育出版社,2006 年,第 113 页。

　　③　[明]周汝登著,张梦新、张卫中点校:《圣学宗传》,杭州:浙江古籍出版社,2015 年,第 725 页。

忠于君王："有中心，有外心。所谓忠者，中心也。"①甚至认为君王亦在可笼之列："虽若龙者，亦可笼焉。"②如何保持"中心"呢？王安石说："出思不思，则思出于不思。若是者，其心未尝动出也，故心在内。"③心不思则不动，不思之心，故是内心，就从更深的性理层面印证天道，形成一个论证的圆环④。表面上看，王安石的"无"，跟老庄相似，王安石的"空"，跟佛禅相似，实则大有不同，我们用杨时的话来说，就是"其义于儒佛两失之矣"⑤，何止儒佛，儒老、儒法等皆然，因此，王安石实际上是通过语言创造了他自己的道德性命之论。以释老为例，释老的空无，是作为本体来对待的，王安石则仅仅把它作为方法论来看，他解释"无"字说："有极则复此于无者矣。"⑥又说："天屈西北为无。盖东南为春夏，阳之伸也，故万物敷荣；西北为秋冬，阳之屈也，故万物老死，老死则无矣。"⑦

---

① 曾枣庄、刘琳主编：《全宋文》第124册，上海：上海辞书出版社、合肥：安徽教育出版社，2006年，第330页。

② 曾枣庄、刘琳主编：《全宋文》第124册，上海：上海辞书出版社、合肥：安徽教育出版社，2006年，第331页。

③ 曾枣庄、刘琳主编：《全宋文》第124册，上海：上海辞书出版社、合肥：安徽教育出版社，2006年，第333页。

④ 李之鉴引用列宁"哲学上的'圆圈'"来讨论北宋哲学发展的小圆圈（参见李之鉴：《王安石哲学思想初论》，北京：中国文联出版社，1999年，第429—463页），如果从这个角度来看，王安石个人哲学上的循环，则是小小圆圈了。

⑤ 曾枣庄、刘琳主编：《全宋文》第124册，上海：上海辞书出版社、合肥：安徽教育出版社，2006年，第331页。

⑥ 王水照主编：《王安石全集》第一册，上海：复旦大学出版社，2016年，第206页。

⑦ 王水照主编：《王安石全集》第一册，上海：复旦大学出版社，2016年，第206页。

又进一步说:"盖乾位西北,万物于是乎资始。方其有始也,则无而已;引而伸之,然后为有。"①将有无看作一种变化之道,而非完全奉为信仰。因此,他又认为,"终:无时也,无物也,则无终始"②。王安石所谓的"终始"循环,离不开"时""物",他的语言哲学最终所要面对的,仍旧是"内圣"如何转化为"外王",而不是仅仅求得自身学说的满足而已。为此,他把众多概念都通过朴素的辩证法给区分开来,以求最后的贯通,不幸的是,因为政治形势的裹挟和学术发展的现实,他最终没有办法完全贯通起来,③从而陷入不可知论的深渊,如王安石解释"悾侗"说:"真空者,离人焉,悾异于是,特中无所有耳。大同者,离人焉,侗异于是,特不能为异耳。"④又解释"童"字说:"始生而蒙,信本立矣;方起而稚,仁端见矣。"⑤将仁信建立在童蒙无知的状态,已有流入释老的危险。但是这在客观上为后来的宋学发展预留了空间。

①　王水照主编:《王安石全集》第一册,上海:复旦大学出版社,2016年,第206页。
②　曾枣庄、刘琳主编:《全宋文》第124册,上海:上海辞书出版社、合肥:安徽教育出版社,2006年,第332页。
③　这跟《字说》的失传和理学家的驳斥有一定关联,但归根究底还是王安石学说本身的问题。
④　曾枣庄、刘琳主编:《全宋文》第124册,上海:上海辞书出版社、合肥:安徽教育出版社,2006年,第329页。
⑤　曾枣庄、刘琳主编:《全宋文》第124册,上海:上海辞书出版社、合肥:安徽教育出版社,2006年,第330页。

三、王门弟子的演进

　　王安石《字说》的语言哲学思想并不到王安石为止。《字说》曾风行一时，注解者众多，如雷抗《字说注》，唐耜《字说集解》，韩兼《字说解》，刘全美《字说偏旁音释》《字说备检》《字会》、元刊本《说文补义》①等，使之发扬光大，这就是解构的最大作用："每一次解构都出新意，并且这种新意并非固定不变，而是在可能的文本的相互交织中组成'意指链'。"②甚至王安石《字说》撰写的方式也具有较强的开放性："王荆公《字说》非尽出己手。时有曲江谭某、丹阳蔡某，同事撰辑。集中有诗题云《成〈字说〉后与谭君蔡君同游齐安》，诗云'据梧枝策事如毛，久苦诸君共此劳'云云。"③王安石在撰写时即已展开充分讨论。后来王安石的追随者则继承、发扬了王氏之说。在王门弟子中，陆佃有着很大的代表性，他与王子韶一起研究《说文》，《宋史》本传云："同王子韶修定《说文》。"④撰有《尔

----

① ［清］陆心源《元槧说文补义跋》云："《说文补义》十二卷，元刊本。每页篆文十二行，约十，注文小字双行，每行二十四字。《四库》未收，阮文达始进呈。包希鲁仕履已详《挈经室外集》。其《补义》颇似王荆公《字说》。"（陆心源著，冯惠民整理：《仪顾堂书目题跋汇编》，北京：中华书局，2009 年，第 308 页）

② ［法］雅克·德里达著，汪家堂译：《论文字学》，上海：上海译文出版社，1999 年，第 4 页。

③ ［清］查慎行撰，张玉亮、辜艳红点校：《查慎行集·得树楼杂钞》，杭州：浙江古籍出版社，2018 年，第 88 页。

④ ［元］脱脱等撰，中华书局编辑部点校：《宋史》，北京：中华书局，1985 年，第 10918 页。

雅新义》《埤雅》等字书。《四库全书》提要云：

> 宰序称佃于神宗时召对，言及物性，因进《说鱼》《说木》二篇。后乃并加笔削。初名《物性门类》。后注《尔雅》毕，更修此书，易名《埤雅》，言为《尔雅》之辅也。其说诸物，大抵略于形状而详于名义。寻究偏旁，比附形声，务求其得名之所以然。又推而通贯诸经，曲证旁稽，假物理以明其义，中多引王安石《字说》。盖佃以不附安石行新法，故后入元祐党籍。其学问渊源则实出安石。晁公武《读书志》谓其说不专主王氏，亦似特立，殆未详检是编，误以论其人者论其书欤。观其开卷说龙一条，至于谓曾公亮得龙之脊，王安石得龙之睛，是岂不尊安石者耶。然其诠释诸经，颇据古义。其所援引，多今所未见之书。其推阐名理，亦往往精凿。谓之驳杂则可，要不能不谓之博奥也。[①]

下面来探究一下陆佃字书中的哲学思考，尤其关注他是如何发展王安石语言哲学思想的。陆佃虽然在政事上与王安石不合，但是在学术思想上诚如四库馆臣所云，乃一脉相承。陆佃在《尔雅新义序》中说："旧说此书始于周公以教成王，子夏因而广之。虽不可考，然非若周公、子夏不能为也，故予每尽心焉。虽其微言奥旨有不能尽，不得谓不知者也。岂天之将兴是书，以予赞其始。譬如绘画，我为发其精神。"[②]其口吻一如王安石《熙宁字说序》。其《埤

---

① ［清］永瑢等撰：《四库全书总目》，北京：中华书局，1965年，第342页。
② 曾枣庄主编：《宋代序跋全编》，济南：齐鲁书社，2015年，第390页。

雅》解释"龙"时说："俗云龙精于目，盖龙耸，故精于目也……是以君子因时施宜，事在于适而已，岂必一二以追先王之迹哉……今相家说龙，人臣得其一体，当至公相。曾公亮得龙之脊，王安石得龙之睛。"①对王安石之思想与人格无不夸赞。

陆佃亦想勘破王安石的"不可知"困境，其《尔雅新义》卷一解释"仇雠敌妃知仪，匹也"时说："仇雠敌，怨匹也；妃知仪，嘉匹也。知非其匹，虽知，有不能尽。王文公曰：'《易》不可胜，巴尚不为知雄者。'"②陆佃先解释整体字组，最后落到"知"字上，所引王安石之文，出自《王深父墓志铭》：

> 甚哉，圣人君子之难知也！以孟轲之圣，而弟子所愿，止于管仲、晏婴，况余人乎？至于扬雄，尤当世之所贱简，其为门人者，一侯芭而已。芭称雄书以为胜《周易》。《易》不可胜也，芭尚不为知雄者。③

王安石原文感叹圣人君子之难知，虽然是为悼惜英年早逝的王深父，但是在一定程度上可视作其不可知论的内涵之一，而陆佃对此的回答，看似解决了王安石留下的认知难题，即"知非其匹，虽知，有不能尽"，换句话说，只有圣人才能尽知圣人，如果不能尽知圣人，则离圣人还有差距。但如何检验是否尽知呢？这就不能不又

---

① ［宋］陆佃著，王敏红校点：《埤雅》，杭州：浙江大学出版社，2008 年，第 2 页。

② ［宋］陆佃撰：《尔雅新义》一，上海：商务印书馆，1937 年，第 32 页。

③ 曾枣庄、刘琳主编：《全宋文》第 65 册，上海：上海辞书出版社、合肥：安徽教育出版社，2006 年，第 152 页。

回到王安石的困境之中。由此可见，以王安石之方法来研究学术，必然会落入王安石之困境，以前学者喜欢讽刺王安石好使人同己："晚岁又为《字说》二十四卷，多穿凿傅会，其流入于佛、老，天下争传习之，而先儒之传注悉废，士亦无复自得之学。故当时议者，谓王氏之患，在好使人同己。"①实则如果不摆脱王安石语言哲学思想，用他的方法论来研究经义，必然会得出相同、相似的结论，比如蔡卞所著《毛诗名物解》，常被怀疑抄袭陆佃《埤雅》中的内容，学者指出，这与他们共同讨论有很大关系，②主要原因还是在方法论上受到了王安石影响。

　　陆佃对王安石语言哲学思想的最大突破，就是发现"一名二读"和"言各有当"的现象，并由此发展出带有试验性质的语言哲学思想与名实考辨的方法论。跟王安石有强大的政治压力不同，③陆佃虽然也主张"大宰"之辅佐君王以侍奉上帝，是"主以道揆，无所事意"④，带有王安石色彩，但陆佃当时毕竟不是"大宰"，相对来说政治压力小很多，得以更加从容地走进名实之辨的研究，从而发展出更加符合社会现实、自然状况的语言哲学思想，在一定程度上

---

①　［清］毕沅撰，标点续资治通鉴小组点校：《续资治通鉴》，北京：中华书局，1957年，第1777页。

②　参见沈伟：《蔡卞〈毛诗名物解〉抄袭说考论》，《经学文献研究集刊》2020年第2期。

③　如王安石献《二经新义》，神宗对他说："今谈经者言人人殊，何以一道德？卿所撰经义，其以颁行，使学者归一。"（毕沅撰，标点续资治通鉴小组点校：《续资治通鉴》，北京：中华书局，1957年，第1776—1777页）带有强烈的政治色彩和皇权压力。

④　［宋］陆佃著，王敏红校点：《埤雅》，杭州：浙江大学出版社，2008年，第190页。

发展、修订了王安石的学说。

第一，所谓"一名二读"，是指一字多音现象的发现。如解释《尔雅》"爰、粤、於、那、都、繇，于也"时云："於，古乌字。鹊，告喜而已。乌告人之凶故，於又为於于之字。于，一名而两读。那、都、繇，于也；爰、粤、於，于也。"①李冬英指出："此释条中，释词于一音wū为叹词，表示赞美，与被释词'那''都''繇'对应；又音yú为介词，相当于'于'，与被释词'爰、粤、於'对应。陆氏实质上指出了释词'于'多音多义的现象，在释条中同时取两个读音分别与被释词对应，故名之曰'一名而两读'。"②所云甚是。王安石注重通过声符寻求字义，陆佃"一名二读"的发现，实际上是从语言哲学思想的角度，为王安石做了补充。

第二，所谓"言各有当"，是指"夫言岂一端而已，亦各有所当也"③，强调本性与特色的互相生发，从而正确处理一与多的辩证逻辑，使前文所引被杨时驳斥为"皆谬悠之辞"的王安石"一草而五味具焉""即一即五，非一非五"这些说法，有了更加坚实的逻辑基础，甚至带有"理一分殊"的哲思色彩。如陆佃解释《尔雅》春夏秋冬四天，"《尔雅》曰：'春为苍天，夏为昊天，秋为旻天，冬为上天。'于春言其色，于夏言其气，于秋言其情，于冬言其位，相备也"④。

---

① ［宋］陆佃撰：《尔雅新义》一，上海：商务印书馆，1937年，第32页。

② 李冬英：《陆佃〈尔雅新义〉管窥》，《信阳师范学院学报（哲学社会科学版）》2009年第4期，第106页。

③ ［宋］陆佃著，王敏红校点：《埤雅》，杭州：浙江大学出版社，2008年，第190页。

④ ［宋］陆佃著，王敏红校点：《埤雅》，杭州：浙江大学出版社，2008年，第190页。

然后一一加以分析。有了这样坚实而丰富的语境,不仅在一定程度上弥合了王安石天人之道的缝隙,还能得出人世可以影响天道的传统观念,发出"盖周之兴也,燕及皇天;及其乱也,非特万物失其性,虽天,犹失其所宜矣"①的感叹,这与王安石"天变不足畏"的思想有了很大不同。

第三,试验性质的语言哲学思想与名实考辨的方法论。王安石在解释字义时,就已经注重集思广益,无所不问,陆佃在此基础上更进一步,在物理上有了更深的发展,《埤雅》前名《物性门类》就是一个显例。陆宰《埤雅序》对此做了充分的描述,他说:

> 先公作此书,自初迄终,仅四十年。不独博极群书,而岩父牧夫、百工技艺,下至舆台皂隶,莫不谘询。苟有所闻,必加试验,然后记录,则其深微渊懿,宜穷天下之理矣。②

已经日渐走向实证。如解释"芍药",陆佃云:"玉板白者单叶,长如拍板之状,色如玉,深檀心。洛阳人家有,亦少,予尝从思公至福岩院见之,问寺僧而得其名。"③如解释"鸠","《禽经》曰:'拙者莫如鸠,巧者莫如鹊。'今鸠累巢,止于数枝,才能载身

---

① ［宋］陆佃著,工敏红校点:《埤雅》,杭州:浙江大学出版社,2008 年,第191 页。

② ［宋］陆佃著,王敏红校点:《埤雅》,杭州:浙江大学出版社,2008 年,第1 页。

③ ［宋］陆佃著,王敏红校点:《埤雅》,杭州:浙江大学出版社,2008 年,第187—188 页。

而已。"①陆佃通过亲自观察来验证《禽经》内容,带有较强的实证色彩。在充分实证的基础上,即使仍旧像王安石那样拆字释义,陆佃也更多了一些客观性,如解释"鹳",陆佃先说"鹳"之习性,然后解释"观"字,"《禽经》曰:'鹳俯鸣则阴,仰鸣则晴。'仰鸣则晴,是有见于上也;俯鸣则阴,是有见于下也。夫文,蓳见为观,盖取诸此"②。虽然带有王安石的拆字痕迹,但是已更加严谨。

正是因为在语言哲学思想上做出了新发展,陆佃才能找到更好的方法论,从而通过对王安石学说的补充、纠正,更好地推动其发展。虽然宋大樽在《尔雅新义·叙录》中说陆佃之解析"诸物大抵略于形状而详于名义,寻究偏旁,比附形声,务求其得名之所以然"③,看似仍旧笼罩在王安石的阐释窠臼之中,但通过考察陆佃"一名二读""言各有当"及试验记录的新收获,可以大体勾勒出王门弟子"意指链"的发展轮廓。这一方面说明王安石语言哲学思想本身具有生命力;另一方面也说明需要研究的问题还很多,它打开的将是一个更加丰富的宋代语言哲学世界,而不是一个封闭的学术空间。

四、以佛解脱的助力

有人认为王安石的《字说》融入较多佛老思想,则其学术方面

---

① [宋]陆佃著,王敏红校点:《埤雅》,杭州:浙江大学出版社,2008年,第67页。

② [宋]陆佃著,王敏红校点:《埤雅》,杭州:浙江大学出版社,2008年,第53页。

③ [宋]陆佃撰:《尔雅新义》一,上海:商务印书馆,1937年,第8—9页。

的自我纠偏与救赎就会涉及宗教问题。实际上,《字说》确实带有融合百家的痕迹,这也是王安石学术的一贯作风,学人也多有描绘,但王安石的佛教造诣并不深,很难从根本上对《字说》施加影响,苏轼《跋王氏华严经解》就说:

> 予过济南龙山镇,监税宋宝国出其所集王荆公《华严经解》相示,曰:"公之于道,可谓至矣。"予问宝国:"《华严》有八十卷,今独解其一,何也?"宝国曰:"公谓我此佛语深妙,其余皆菩萨语尔。"予曰:"予于藏经取佛语数句置菩萨语中,复取菩萨语置佛语中,子能识其是非乎?"曰:"不能也。""非独子不能,荆公亦不能。予昔在岐下,闻汧阳猪肉至美,遣人置之。使者醉,猪夜逸,置他猪以偿,吾不知也。而与客皆大诧,以为非他产所及。已而事败,客皆大惭。今荆公之猪未败尔。屠者买肉,娼者唱歌,或因以悟。若一念清净,墙壁瓦砾皆说无上法,而云佛语深妙,菩萨不及,岂非梦中语乎?"宝国曰:"唯唯。"①

王安石确实曾对《华严经》感兴趣,《京口耆旧传》卷四就记载王安石劝蔡肇读《华严经》之说:

> 肇,元丰二年进士第。父子皆名冠乙科。初受州户曹,迓者及门。父渊语之曰:"以汝之才,宜力于学,而早汩没于州

---

① [宋]苏轼撰,[明]茅维编,孔凡礼点校:《苏轼文集》,北京:中华书局,1986年,第2060页。

县,吾甚惜之。"肇即却迳吏,从王安石读书于钟山。安石见之,殊不悦,但云:"后生何不出仕,却来此寂寞之滨?"居数日,稍与之语,知其通敏过人,颇异之。因问曾阅内典否,曰:"未也。"安石曰:"内典惟《华严经》最有理,但部帙浩大,非经年不能究也。"肇即借经寺中,甫半月尽得其旨。一日,安石论及《华严》疑义数处,肇应答如响,安石骇叹。①

可能因为苏轼的批评,所以王安石解《华严经》文本最终没有流传下来。王安石又有《楞严经疏解》十卷,亦未传。

王安石学佛似未到化境,黄庭坚《跋王荆公禅简》亦云:"荆公学佛,所谓'吾以为龙又无角,吾以为蛇又有足'者也。然余尝熟观其风度,真视富贵如浮云,不溺于财利酒色,一世之伟人也。莫年小语,雅丽精绝,脱去流俗,不可以常理待之也。"②僧人似乎也不认可王安石的佛学思想,《栾城先生遗言》云:"公云:'王介甫解佛经三昧之语用《字说》,示关西僧法秀,秀曰:"相公文章,村和尚不会。"介甫悻然。又问如何,秀曰:"梵语三昧,此云正定,相公用华言解之,误也。"'公谓坐客曰:'《字说》穿凿儒书,亦如佛书矣。'"③苏辙先说法秀对王安石用《字说》解佛的评价不高,又表明自己的态度,即《字说》跟佛教思想距离甚远,也不过是"穿凿"佛书而已。

---

① [宋]刘宰撰,王勇、李金坤校证:《京口耆旧传校证》,镇江:江苏大学出版社,2016年,第119—120页。

② 曾枣庄、刘琳主编:《全宋文》第106册,上海:上海辞书出版社、合肥:安徽教育出版社,2006年,第219页。

③ [宋]苏籀撰,张剑光、里相正整理:《栾城先生遗言》,郑州:大象出版社,2019年,第161页。

苏辙透露出这么几个消息：第一，王安石对儒书和佛书的使用都是"穿凿"，也就是我们前面所讨论的被王安石借来阐发自身思想，并非意在解释儒书或佛书。第二，王安石想用"华言"即中华之言来解释佛经，而不懂梵语，虽然大错特错，但是可以看出，王安石是想用自身义理来规范佛书，而不是被佛教思想影响。第三，王安石学佛没到化境，恰说明其意不在此。王安石《答曾子固书》刘成国系于元丰三年（1080），当时因为读佛经引发曾巩的疑惑，王安石写此书信做了详细的解答，揭示出他佛经造诣不深之原因，他说：

> 连得书，疑某所谓经者佛经也，而教之以佛经之乱俗。某但言读经，则何以别于中国圣人之经？子固读吾书每如此，亦某所以疑子固于读经有所不暇也。然世之不见全经久矣，读经而已，则不足以知经。故某自百家诸子之书，至于《难经》《素问》《本草》、诸小说无所不读，农夫、女工无所不问，然后于经为能知其大体而无疑。盖后世学者，与先王之时异矣，不如是，不足以尽圣人故也。扬雄虽为不好非圣人之书，然于墨、晏、邹、庄、申、韩，亦何所不读？彼致其知而后读，以有所去取，故异学不能乱也。惟其不能乱，故能有所去取者，所以明吾道而已。子固视吾所知为尚可以异学乱之者乎？非知我也。方今乱俗不在于佛，乃在于学士大夫沉没利欲，以言相尚，不知自治而已。子固以为如何？①

---

① 曾枣庄、刘琳主编：《全宋文》第 64 册，上海：上海辞书出版社、合肥：安徽教育出版社，2006 年，第 120—121 页。

王安石学佛是为了"有所去取，所以明吾道"，而非为佛经作解而已。

至于佛教的救赎功能，确实也是王安石的重要精神动力，如"神茂真观复，心明众尘消"（《游章义寺》），李壁解释为"言心垢净则根尘不留矣"①，但在王安石早年已有此类思想，刘成国引《井研金石志》提及《井研金石志》：'汉子孙砖研。研底镌罗汉趺坐像一尊，右一行云："嘉祐丙申弟子王安石绘。"按，丙申为嘉祐元年（1056），安石时未举进士，其崇尚释典，盖自壮岁已然。晚年告居金陵，舍宅为庵，有序载《临川文集》。人或谓公老始逃禅，殆不然矣。'按，'时未举进士'，误。然此可见公于佛教之态度，故附"②。实际上比嘉祐更早的景祐年间，工安石所作《杭川修广师法喜堂》就已对佛教有较深理解，该诗严复评曰："此其晚年学佛之意。"③所云甚是，其中有表达通过学佛而自宽之句，如"一来已觉心胆豁，况乃宴坐穷朝晡。忆初救时勇自许，壮大看俗尤崎岖。丰车肥马载豪杰，少得志愿多忧虞。始知进退各一理，造次未可分贤愚。会将筑室反耕钓，相与此处吟山湖"等。但该诗刘成国系于皇祐二年（1050）王安石三十岁时所作，④据《法喜堂诗叙》有"辛丑仲冬八日潜子序题"句，知作于嘉祐六年十一月八日（1061 年 12 月 22

---

① ［宋］王安石撰，［宋］李壁笺注，［宋］刘辰翁评点，董岑仕点校：《王安石诗笺注》，北京：中华书局，2021 年，第 488 页。

② 刘成国：《王安石年谱长编》，北京：中华书局，2018 年，第 387—388 页。

③ 汪征鲁、方宝川、马勇主编：《严复全集》第 10 卷，福州：福建教育出版社，2014 年，第 124 页。

④ 参见刘成国：《王安石年谱长编》，北京：中华书局，2018 年，第 240 页。

日），①则王安石此诗必作于早年无疑，而佛学之救赎在当时已成时代风尚，除王安石外，还有曾巩《题宝月大师法喜堂》、蔡襄《宝月法喜堂》、苏舜钦《题广师法喜堂》、郑獬《为题小灵隐修广师法喜堂》、谢景初《法喜堂》等诗篇，可知佛教救赎并非王安石独特之点，只不过王安石更有名气，写得更好而已。

佛教思想对王安石晚年的自我救赎也发挥着作用，其《答蒋颖叔书》云：

> 如某所闻，非神不能变，而变以赴感，特神足耳。所谓性者，若四大是也；所谓无性者，若如来藏是也。虽无性而非断绝，故曰一性所谓无性。曰一性所谓无性，则其实非有非无，此可以意通，难以言了也。惟无性，故能变；若有性，则火不可以为水，水不可以为地，地不可以为风矣。长来短对，动来静对，此但令人勿著尔。若了其语意，则虽不著二边而著中边，此亦是著。故经曰："不此岸，不彼岸，不中流。"长爪梵志一切法不变，而佛告之以受与不受亦不受，皆争论也。若知应生无所住心，则但有所著，皆在所诃，虽不涉二边，亦未出三句。若无此过，即在所可，三十六对无所施也。《妙法莲华经》说实相法，然其所说，亦行而已。故导师曰"安立行净行，无边行上行"也。其所以名芬陀利华，取义甚多，非但如今法师所释也。佛说有性，无非第一义谛。若第一义谛，有即是无，无即是有，以无有像计度言语起而佛不二法。离一切计度言说，谓之不

---

① 参见［宋］释契嵩著，林仲湘、邱小毛校注：《镡津文集校注》，成都：巴蜀书社，2014年，第249页。

二法，亦是方便说耳。此可冥会，难以言了也。①

此论对其返老还童、以"童稚心"为归宿的思想有所影响，王安石《吾心》云：

> 吾心童稚时，不见一物好。
>
> 意言有妙理，独恨知不早。
>
> 初闻守善死，颇复各肝脑。
>
> 中稍历艰危，悟身非所保。
>
> 犹然谓俗学，有指当穷讨。
>
> 晚知童稚心，自足可忘老。

刘成国云："此诗追溯一生之学术历程，而归之于'童稚心'。《诗注》卷四十一《窥园》：'杖策窥园日数巡，攀花弄草兴常新。董生只被《公羊》惑，肯信捐书一语真。'意近。诗曰'犹然谓俗学，有指当穷讨'，或谓《字说》等，故附此。"②如此，则可知王安石晚年对过往多有否定，这不是简单的返璞归真，而是带有对自身学说、政事的反思。此诗中所运用的三折之法，即"奇哉闲道人，跳出三句里。独悟自根本，不从他处起"（《拟寒山拾得二十首》其七）之意，李壁注云："禅宗论云门有三种语，其一为'随波逐浪'句，谓随物应机，不主故常；其二为'截断众流'句，谓超出言外，非情识所到；其三为

---

① 曾枣庄、刘琳主编：《全宋文》第 64 册，上海：上海辞书出版社、合肥：安徽教育出版社，2006 年，第 194—195 页。

② 刘成国：《王安石年谱长编》，北京：中华书局，2018 年，第 2135 页。

'函盖乾坤'句,谓泯然皆契,无间可伺。其深浅,以是为序。"①可见禅宗思想对王安石影响较大,其中"言有妙理"盖即我们所探究的"字寓妙理"之论,后来王安石对《字说》或有新发展,可惜亦无可考察了,故附识于此。

王安石还以佛教功德为父母、王雱祈福。对于王安石父母去世、王雱早逝的痛苦,王安石自己描述为"荣禄虽多,不逮养亲之日;余年向尽,更为哭子之人"②,于是便上《乞将田割入蒋山常住札子》,其云:

> 臣父子遭值圣恩,所谓千载一时。臣荣禄既不及于养亲,雱又不幸嗣息未立,奄先朝露。臣相次用所得禄赐及蒙恩赐雱银置到江宁府上元县荒熟田,元契共纳苗三百四十二石七斗七升八合,篾一万七千七百七十二领,小麦三十三石五斗二升,柴三百二十束,钞二十四贯一百六十二交省,见托蒋山太平兴国寺收岁课,为臣父母及雱营办功德。欲望圣慈特许施充本寺常住,令永远追荐。③

还给《金刚经》《维摩诘经》做注解。又以佛法劝女不要思家,《冷斋夜话》卷四云:"舒王女,吴安持之妻蓬莱县君,工诗多佳句。

①　[宋]王安石撰,[宋]李壁笺注,[宋]刘辰翁评点,董岑仕点校:《王安石诗笺注》,北京:中华书局,2021年,第140页。

②　曾枣庄、刘琳主编:《全宋文》第63册,上海:上海辞书出版社、合肥:安徽教育出版社,2006年,第302页。

③　曾枣庄、刘琳主编:《全宋文》第64册,上海:上海辞书出版社、合肥:安徽教育出版社,2006年,第35—36页。

有诗寄舒王曰：'西风不入小窗纱，秋气应怜我忆家。极目江山千里恨，依然和泪看黄花。'舒王以《楞严经》新释付之，有和诗曰：'青灯一点映窗纱，好读《楞严》莫忆家。能了诸缘如幻梦，世间惟有妙莲花。'"①但实际上王安石还是想念女儿的，由其"顾我兮适我，有斑兮伏兽。感时物兮念汝，迟汝归兮携幼"（《寄蔡氏女子二首》其一）可知，已如前论，不再展开。

王安石最担心的还是神宗的身体，虽然神宗年轻力壮，但是王安石深知变法能否成功，与神宗关系密切，故欲借佛法之力，为神宗祈福，其《乞以所居园屋为僧寺并乞赐额札子》云：

> 臣幸遭兴运，超拔等夷。知奖眷怜，逮兼父子。戴天负地，感涕难胜。顾迫衰残，靡捐何补？不胜蝼蚁微愿，以臣今所居江宁府上元县园屋为僧寺一所，永远祝延圣寿。如蒙矜许，特赐名额，庶昭希旷，荣遇一时。②

刘成国云："则公舍宅为寺，盖为神宗祈寿明矣。然《邵氏见闻录》卷十一：'雱死，荆公罢相，哀悼不忘……荆公在钟山，尝恍惚见雱荷铁枷杻如重囚者，荆公遂施所居半山园宅为寺，以荐其福。'荒诞不经，可谓谬甚，然《长编》《宋史全文》《太平治迹统类》等均以之入史。"③所云甚是。

当时金陵一些禅寺比较破败，如草堂寺，是"垣屋荒葛藟，野殿

---

① ［宋］惠洪撰、陈新点校：《冷斋夜话》，北京：中华书局，1988年，第39页。

② 曾枣庄、刘琳主编：《全宋文》第64册，上海：上海辞书出版社、合肥：安徽教育出版社，2006年，第35页。

③ 刘成国：《王安石年谱长编》，北京：中华书局，2018年，第2147页。

冷檀沉""僧残尚食少,佛古但泥多""野寺真兰若,山僧老病多"
(《重游草堂寺次韵三首》),王安石干脆舍宅为半山报宁禅寺,既为
神宗祈福,也壮大金陵禅寺,《六朝事迹编类》介绍报宁禅寺时云:

> 王荆公故宅也。其地名白塘,旧以地卑积水为患,自荆公
> 卜居,乃凿渠决水以通城河。元丰七年,公以病闻,神庙遣国
> 医诊视,既愈,乃请以宅为寺,因赐额报宁禅寺。寺后有谢安
> 墩,其西有土山曰培楼,乃荆公决渠积土之地,由城东门至蒋
> 山此半道也,故今亦名半山寺。陈轩《金陵集》载荆公半山诗
> 凡十五首。①

王安石还为之题诗云:

> 寒时暖处坐,热时凉处行。
> 众生不异佛,佛即是众生。

(《题半山寺壁二首》其二)

王安石舍宅之后,乃"税城中屋以居",践行佛法教义,住处甚
为简陋,暑热不可挡,王安石在诗中说:

> 火腾为虐不可摧,屋窄无所逃吾骸。
> 织芦编竹继檐宇,架以松栎之条枚。

---

① ［宋］张敦颐撰,张忱石点校:《六朝事迹编类》,北京:中华书局,2012
年,第 152 页。

> 岂惟宾至得清坐,因有余地苏陪台。
> 您阳陵秋更暴横,烬我欲作昆明灰。
> 金流玉熠何足怪,鸟焚鱼烂为可哀。
> 忆我少时亦值此,脩然但以书自埋。
> 老衰奄奄气易夺,抚卷岂复能低徊。
> 西风忽送中夜湿,六合一气窈新开。
> 帘窗幕户便防冷,且恐霰雪相寻来。

(《秋热》)

李壁注云:"余在临川,得此诗石本,一僧跋云:'元丰末,公居金陵秦淮小宅,甚热中,折松枝架栏御暑,因有此作。'按,元丰末,公以前宰相奉祠,居处之陋乃至此,今之崇饰第宅者,视此得无愧乎?"[1]即使王安石也未能免除对半山故园的留恋,甚至形诸歌咏:

> 溯伐开新屋,扶舆绕故园。
> 事遗心独寄,路翳目空存。
> 野果寒林寂,蛮花午簟温。
> 难忘旧时处,欲宿愧桑门。

(《溯伐》)

虽然诗中展现出想在半山故园留宿之意,王安石却感到惭愧,因为这样一来就没有完全践行佛教断舍离之意。桑门,李壁注:

---

① [宋]王安石撰,[宋]李壁笺注,[宋]刘辰翁评点,董岑仕点校:《王安石诗笺注》,北京:中华书局,2021年,第167页。

"言不能无累于物,浮屠不三宿桑下。"①所云甚是。王安石偶尔还会梦回半山故园,如"黄鸟数声残午梦,尚疑身在半山园"(《书湖阴先生壁二首》其二)。但从最终结果来看,王安石还是践行了佛教教义,跟半山故园分离。

而由王安石半山故园所建而成的报宁禅寺,后来成为弘扬佛法的大热之地,释惠洪《云庵真净和尚行状》云:

> 元丰之末,思为东吴山水之游,舍其居,扁舟东下,至钟山谒丞相舒王。王素知其名,阅谒喜甚,留宿定林庵。时公方病起,乐闻空宗,恨识师之晚。谓师曰:"诸经皆首标时处,《圆觉经》独不然,何也?"师曰:"顿乘所谈,直示众生,日用现前,不属今古。只今老僧与相公同入大光明藏,游戏三昧,互为宾主,非关时处。"又曰:"经云'一切众生,皆证圆觉',而圭峰易'证'为'具',谓译者之讹,其义如何?"师曰:"《圆觉》如可改,则《维摩》亦可改也。《维摩》岂不曰'亦不灭受而取证'?夫不灭受蕴而取证,与皆证圆觉之义同,盖众生现行无明,即是如来根本大智。圭峰之言非是。"公大悦,因舍第为寺以延师,为开山第一祖。又以神宗皇帝问安汤药之赐崇成之,是谓报宁。岁度僧买庄土,以供学者,而自撰请疏,有"独受正传,力排戏论"之句者,叙师语也。又以其名请于朝,赐紫方袍,号真净大师。金陵江淮大会学者,至如稻麻粟苇,寺以新革,堂宇不能容。士大夫经游无虚日,师未及嗽盥,而户外之屦满矣,殆不

① [宋]王安石撰,[宋]李壁笺注,[宋]刘辰翁评点,董岑仕点校:《王安石诗笺注》,北京:中华书局,2021 年,第 777 页。

堪劳。于是浩然思还高安，即日渡江，丞相留之不可。遂卜老于九峰之下，作投老庵。①

跟僧人交游是王安石晚年尤其喜欢的事情，其诗中多有与僧人往还之句，或参禅，或游览，或作诗，不胜枚举，此处举与元禅师的交往为例：

王荆公与师游如昆弟，问祖师意旨，师不答，公益扣之。师曰："公般若有障三，有近道之质一，更一两生来，或得纯熟。"公曰："愿闻其说。"师曰："公受气刚大，世缘深。以刚大气，遭深世缘，必以身任天下之重。怀经济之志，用舍不能必，则心未平。以未平之心，持经世之志，何时能一念万年哉。又多怒，而学问尚理，于道为所知愚，此其三也。特视名利如脱发，甘淡泊如头陀，此为近道，且当以教乘滋茂之可也。"公再拜受教。及公贵震天下，无月无耗，师未尝发视。公罢政府，舟至石头，入寺已二鼓。师出迎一揖而退，公坐东偏从官宾客满座。公环视问师所在，侍者对曰："已寝久矣。"公结屋定林，往来山中。稍觉烦动，即造师相向默坐，终日而去。②

元禅师对王安石的优缺点都做了诚恳的表达，可见二人关系之密切。王安石还帮助处理了一些佛教内部的争斗，如《白鹤吟示觉海

---

① ［宋］释惠洪著，［日］释廓门贯彻注，张伯伟等点校：《注石门文字禅》，北京：中华书局，2012年，第1685—1686页。

② ［明］瞿汝稷编纂，德贤、侯剑整理：《指月录》，成都：巴蜀书社，2012年，第760页。

元公》李壁注云："余于临川得公此诗刻本，有跋在后，今附见篇末：
'《白鹤吟》，留钟山觉海之诗也。先是，讲僧行详与公交旧，公延居
山中，详有经论，每以善辩为名，毁訾禅宗，先师普觉奄化西庵，而
觉海孤立，详益骄傲，师弗之争，屡求退庵席，公固留不可，悟详谲
妄，遂逐详而留师，乃作是诗焉。白鹤，譬觉海也。红鹤，行详也。
长松，普觉也。览是诗者，即知公与二师方外之契，不为不厚矣。
景齐久藏其本，今命工刻石，兼书其所以云。'"①李壁所叙之事，可
信度较高。

王安石还通过钟山风物来体悟佛法：

> 云从钟山起，却入钟山去。
> 借问山中人，云今在何处。
>
> 云从无心来，还向无心去。
> 无心无处寻，莫觅无心处。
>
> （《即事二首》）

即从眼前云悟入禅中意。还作有《拟寒山拾得二十首》，向读者宣
扬佛法，亦有自我解脱之意。

通过以上的分析可以看出，佛教在王安石的精神世界和物质
生活中都扮演了较为重要的角色，也在王安石的思想中产生了一
些促进性的影响，同时王安石也进一步推动了金陵佛教事业的发

---

① ［宋］王安石撰，［宋］李壁笺注，［宋］刘辰翁评点，董岑仕点校：《王安
石诗笺注》，北京：中华书局，2021年，第108—109页。

展，但从总体上来说，佛教思想更多的是为王安石所用的。我们可以说，佛教思想在王安石的学术自赎和人生解脱上发挥了一定的助力作用，但并不是决定性的。

第三章 诗的和解

　　文学是心灵的归属地,是脱口而出的方言。诗人王安石在金陵山水中再度复活,钟山等着他骑驴攀缘,秦淮等着他乘舟纵览,无言的风景等着他挥笔代言。神奇的大自然净化着他衫帽上的尘土,也刷新着他心灵中的倒影。诗人王安石重新审视变法家王安石,得到的不是异己的镜像,而是光与影的永恒变幻。

　　王安石晚年退居金陵时创作的作品完成了心灵救赎和自我形象的重建,这在其诗作中得到较为完整的流露,所谓"诗言志"是也,可惜并没有得到人们的充分重视与研究。盖王安石谈道德性命之理甚多,而作诗则主要属于文学实践;谈性命之理容易跟变法结合,引发巨大争议,所以研究的人多,而作诗成就斐然,人所公认,故研究者主要关注其诗学成就,而甚少留心其中的反思况味。程颢曾评价王安石之道,说了一段很有意思的话:

　　　　公之谈道,正如说十三级塔上相轮,对望而谈曰,相轮者如此如此,极是分明。如某则戆直,不能如此,直入塔中,上寻相轮,辛勤登攀,逦迤而上,直至十三级时,虽犹未见相轮,能如公之言,然某却实在塔中,去相轮渐近,要之须可以至也。至相轮中坐时,依旧见公对塔谈说此相轮如此如此。介甫只是说道,云我知有个道,如此如此。只佗说道时,已与道离。佗不知道,只说道时,便不是道也。有道者亦自分明,只作寻常本分事说了。①

　　程颢的话存在一定问题,因为王安石不仅身体力行,还率领天下来践行其道,并非空谈其道,但程颢的话也有值得深思之处,那就是"说道"不一定是"知道",换句话说,"知道"不一定非要通过"说道"才能体现出来,那些看似没有"说道"的诗歌,可能恰恰承载着王安石真正所知之道。因此,姚永朴说:"此虽说道,而文事亦犹

────────────

　　①　[宋]程颢、程颐著,王孝鱼点校:《二程集》,北京:中华书局,2004年,第5—6页。

是矣。"①王安石的诗歌在其变法之时就写个不停,不能自休,展现出很多不便明言的真实态度,同样的道理,他退居金陵后所作诗歌,则反映出来的内容更多。王安石究竟是如何通过诗歌反思过往并自我救赎的呢?

一、钟山诗:风景的慰藉

钟山风景帮助王安石突破了其文学创作上的困境。王安石晚年有悔其少作之举,《高斋诗话》云:

> 荆公《题金陵此君亭》诗云:"谁怜直节生来瘦,自许高才老更刚。"宾客每对公称颂此句,公辄颦蹙不乐。晚年,与平甫坐亭上观诗牌曰:"少时作此题榜,一传不可追改。大抵少年题诗,可以为戒。"平甫曰:"此扬子云悔其少作也。"②

王安石晚年对"谁怜直节生来瘦,自许高才老更刚"之类诗句有所反思,然王安石年轻时常写此类诗句,如庆历五年(1045)二十五岁作《答曾子固南丰道中所寄》,为曾巩被诬打抱不平,就以"水竹密以劲,霜枫衰更殷"相期于远大。

王安石为什么会对这类诗句"不乐"呢?学者多有探究,一个

① [清]姚永朴撰,许振轩校点:《文学研究法》,合肥:黄山书社,2011年,第209页。
② [清]厉鹗撰,曹明升、孔祥军主编:《宋诗纪事》,杭州:浙江古籍出版社,2019年,第558—559页。

很重要的原因,恐怕就是太直白地把自己的想法融入诗句之中,刘
辰翁评价其《孤桐》诗说:"自状太切,故是一病。"①所云甚是,《石
林诗话》卷中亦云:

> 王荆公少以意气自许,故诗语惟其所向,不复更为涵蓄。
> 如"天下苍生待霖雨,不知龙向此中蟠",又"浓绿万枝红一点,
> 动人春色不须多""平治险秽非无力,润泽焦枯是有材"之类,
> 皆直道其胸中事。后为群牧判官,从宋次道尽假唐人诗集,博
> 观而约取,晚年始尽深婉不迫之趣。乃知文字虽工拙有定限,
> 然亦必视初壮,虽此公,方其未至时,亦不能力强而遽至也。②

叶梦得显然认为直道胸中事的写法不如深婉不迫来得从容,却也
认为二者之间是相辅相成的,这也是宋代诗人的普遍看法。实际
上,叶梦得没说出来的是,直道胸中事容易导致人们将其诗与其事
混为一谈,如朱弁《曲洧旧闻》卷三就说:"后二十年,闲居洧上,所
与吾游者皆洛、许故族大家子弟,颇皆好古文,因说黄鲁直论晁无
咎、秦少游、王介甫文章。座客曰:'鲁直不知前辈亦未深许介甫
也。予尝见欧公一帖,乃答人论介甫文者,言此人而能文,角而翼
者也。'"③"角而翼"出自《法言·渊骞》:"'酷吏。'曰:'虎哉! 虎

---

① ［宋］王安石撰,［宋］李壁笺注,［宋］刘辰翁评点,董岑仕点校:《王安
石诗笺注》,北京:中华书局,2021 年,第 891 页。
② ［清］何文焕辑:《历代诗话》,北京:中华书局,2004 年,第 419 页。
③ ［宋］朱弁撰,孔凡礼点校:《曲洧旧闻》,北京:中华书局,2002 年,第
123 页。

哉！角而翼者也。'"①疏云："虎而角翼，谓以猛兽而兼鸷鸟之利，其搏噬不可当也。"②用在王安石身上，意谓王安石如虎添翼，也就是说王安石的古文对其人之学、行都有巨大的帮助，言外之意是，如果没有这么好的古文水平，王安石的学、行水准可能会大打折扣，这表面上看是在夸王安石古文写得好，使之如虎添翼，实际上对其学、行是有所贬低的，而对更注重学、行的王安石来说，显然难以苟同。究其原因，就在于王安石的古文写了大量的政事、议论之作，因此会给人造成这个误解。同样的道理，如果诗歌也成为王安石政事、抱负等的描写载体，也会遇到古文这样的困境，这对于王安石，尤其对晚年想要在诗中找到宁静的王安石，无疑是一次较大的打扰，因此其晚年诗复归唐音，不是没有原因的。

王安石暮年诗也有表露自己想法的，如《陶缜菜示德逢》：

> 江南种菜漫阡陌，紫芥绿菘何所直？
> 陶生画此共言好，一幅往往黄金百。
> 北山老圃不外慕，但守荒畦剷荆棘。
> 陶生养目渠养腹，各以所长为物役。

此诗一波三折，最后定论归于结句，积习难尽，于此可见。但更多的暮年诗则不这样。王安石自己在诗中说：

---

① ［汉］扬雄撰，汪荣宝注疏，陈仲夫点校：《法言义疏》，北京：中华书局，1987年，第460页。
② ［汉］扬雄撰，汪荣宝注疏，陈仲夫点校：《法言义疏》，北京：中华书局，1987年，第467页。

老嫌智巧累形躯，欲就田翁学破除。

百岁用痴能几许，救吾黥劓可无余。

（《老嫌》）

　　将智巧视作"痴"，而渴求复归自然，其实就是在一定程度上想从知识中解放出来，因此王安石晚年诗中常有抛书不读之句，如：

杖策窥园日数巡，攀花弄草兴常新。

董生只被《公羊》惑，肯信捐书一语真？

（《窥园》）

捐书去寄老山林，无复追缘往事心。

忽值故人乘雪兴，玉堂前话得重寻。

（《和叔雪中见遇》）

一灯相伴十余年，旧事陈言知几编。

到了不如无累后，困来颠倒枕书眠。

（《适意》）

　　李壁注《适意》诗云："公此诗颇有捐书绝学之意。"[1]"颇"字下得其确，盖在读书困累时，王安石并不勉强，而更为亲近大自然，甚至入睡还会梦到大自然，如：

---

　　① ［宋］王安石撰，［宋］李壁笺注，［宋］刘辰翁评点，董岑仕点校：《王安石诗笺注》，北京：中华书局，2021年，第1732页。

朝阳映屋拥书眠，梦想钟山一慨然。

投老安能长忍垢，会当归此濯寒泉。

（《杂咏六首》其三）

因此王安石对好友的诗歌提出委婉的批评：

解我葱珩脱孟劳，暮年甘与子同袍。

新诗比旧增奇峭，若许追攀莫太高。

（《次俞秀老韵》）

表面是仕兮俞秀老新诗奇峭，但实际上暗示他，如果希望我能跟你唱和，就不能太奇峭，可见王安石暮年的诗学追求已经对奇峭诗风有所反思，转而力求自然了。

这种转变也体现在王安石的诗选编订上，前引叶梦得所说"后为群牧判官，从宋次道尽假唐人诗集，博观而约取，晚年始尽深婉不迫之趣"，是指王安石所编选的《唐百家诗选》。后来王安石又编《四家诗选》，华镇《题杜工部诗后》云：

元丰间，王文公在江宁，尝删工部、翰林、韩文公、欧阳文忠诗，以杜、李、欧、韩相次，通为一集，目曰《四选》。此中用丹晕其题首者，皆《四选》之所录。或一诗数章，止取一二，则晕其首句，以志王公之去取。大观戊子七月八日，会稽华镇题。①

---

① 曾枣庄、刘琳主编：《全宋文》第 123 册，上海：上海辞书出版社、合肥：安徽教育出版社，2006 年，第 26 页。

华镇对王安石元丰五年(1082)退居金陵编选《四家诗选》还没有太多的议论,但此事后来引发人们的热烈争论,主要是其中李白跟韩愈、欧阳修的排序问题,祝尚书云:"有关《四家诗选》之排列次序,后人猜测甚多,或谓有意,或谓无意,可参《苕溪渔隐丛话》前集卷六引《王直方诗话》及《遁斋闲览》,同书卷一八引《蔡宽夫诗话》,以及《环溪诗话》卷中、《老学庵笔记》卷六、《扪虱新话》上集卷二等。"①王琦《李太白全集》引用诸家之说甚详。②

　　人们对王安石《四家诗选》的争论,涉及诗歌史上的经典命题,如李杜之争、欧阳修学李白等,《四家诗选》不过是引爆点而已。我们如果进一步去探究王安石关于李白诗多妇人与酒的说法,会发现李白的诗中确实有很多讲妇人与酒,我们所熟知的如"千金骏马换小妾,醉坐雕鞍歌落梅"(《襄阳歌》)、"美酒樽中置千斛,载妓随波任去留"(《江上吟》)等皆是。据马自力统计,李白诗中妇人与酒同时出现的诗共 49 首。③ 值得注意的是,妇人与酒同时出现者,妇人皆指歌妓之类,如"把酒顾美人,请歌邯郸词"(《邯郸南亭观妓》)、"胡人叫玉笛,越女弹霜丝"(《九日登山》)等,亦有所写歌妓尺度较大者,如"吴姬十五细马驮……玳瑁筵中怀里醉,芙蓉帐底奈君何"(《对酒》)。王铚在《默记》卷下以"叔原妙在得于妇人"评

---

① 祝尚书:《宋人总集叙录》,北京:中华书局,2004 年,第 537 页。

② 详见[唐]李白著,[清]王琦注:《李太白全集》,北京:中华书局,1977年,第 1537—1540 页。

③ 参见马自力:《李白诗与妇人及酒——兼谈王安石评李白诗》,《南京社会科学》1990 年第 3 期。

价晏几道词，杨海明认为这"妇人""明眼人又一看即知是指歌妓"。① 而魏泰《东轩笔录》云："王安国性亮直，嫉恶太甚。王荆公初为参政，闲日阅晏元献小词而笑曰：'为宰相而作小词可乎？'平甫曰：'彼亦偶然自喜而为耳，顾其事业岂止如是耶？'时吕惠卿在侧曰：'为政必先放郑声，况自为之乎！'平甫正色曰：'放郑声，不若远佞人。'吕以为议己，自是与平甫相失。"② 而晏几道正是晏殊之子，父子二人因词风格接近而号"二晏"，可见王安石是从执政角度来说明歌妓的负面作用。此益可证王安石所用妇人之词，实指歌妓。王安石所谓李白"识见污下"之作，乃其歌妓佐酒（盖歌妓佐酒易流于不检点）之诗，并非全部。至于"十首九说"云云，不过形容此类歌妓佐酒诗过多，非实指。

显然，王安石编选《四家诗选》的本意不过如华镇所说，是挑选自己所喜欢的好诗而已，但后世的争论把王安石之前的政治纷争与诗歌史上的李杜之争等混为一谈，从而引发对《四家诗选》的不同评价。由此可见，我们要厘清王安石的晚年诗学，难度很大。

如前所述，王安石晚年是想把文学还给文学的，尽管后人不一定会理解，但他还是奉行到底。王安石对古文是否能够明道持否定态度，其《答吴孝宗书》云：

　　若子经欲以文辞高世，则世之名能文辞者，已无过矣；若欲以明道，则离圣人之经，皆不足以有明也。自秦、汉已来，儒

① 参见杨海明：《"妙在得于妇人"——论歌妓对唐宋词的作用》，《中国典籍与文化》1995 年第 2 期。
② 丁传靖辑：《宋人轶事汇编》，北京：中华书局，2003 年，第 508—509 页。

者唯扬雄为知言，然尚恨有所未尽。今学士大夫，往往不足以知雄，则其于圣人之经，宜其有所未尽。子经诚欲以文辞高世，则无为见问矣；诚欲以明道，则所欲为子经道者，非可以一言而尽也。①

刘成国云："此书明确否认唐宋古文运动之核心理念'文以明道'，以为除儒家经典外，其他文章之学皆不足以阐明圣人之道。"②甚是。既然诗文根本无助于明道，则把诗文还给诗文家是自然的逻辑，王安石晚年也是这么做的。孙觌《与曾端伯书》说得好："荆公《竹诗》：'人言直节生来瘦，自许高才老更刚。'《雪诗》：'平治险秽非无德，润泽焦枯实有才。'《送李璋下第》：'才如吾子何忧失，命属天公不可猜。'世人传诵，然非佳句。公诗至知制诰乃尽善，归蒋山乃造精绝，其后《再送李璋下第》《和吴冲卿雪诗》，比少作如天渊相绝矣。"③可谓的论。

这份努力没有白费，金陵也给了王安石江山之助，使其晚年诗"超然迈伦"，形成钟山诗现象，《彦周诗话》云：

东坡海南诗、荆公钟山诗，超然迈伦，能追逐李杜陶谢。④

① 曾枣庄、刘琳主编：《全宋文》第 64 册，上海：上海辞书出版社、合肥：安徽教育出版社，2006 年，第 131 页。
② 刘成国：《王安石年谱长编》，北京：中华书局，2018 年，第 571 页。
③ 曾枣庄、刘琳主编：《全宋文》第 159 册，上海：上海辞书出版社、合肥：安徽教育出版社，2006 年，第 55 页。
④ ［清］何文焕辑：《历代诗话》，北京：中华书局，2004 年，第 383 页。

"钟山诗"又称"金陵绝句"，《能改斋漫录》云：

> 前辈读诗与作诗既多，则遣辞措意，皆相缘以起，有不自知其然者。荆公晚年闲居诗云："细数落花因坐久，缓寻芳草得归迟。"盖本于王摩诘"兴阑啼鸟唤，坐久落花多"，而其辞意益工也。徐师川自谓："荆公暮年金陵绝句之妙传天下。其前两句，与渠所作云：'细落李花那可数，偶行芳草步因迟。'偶似之邪？窃取之邪？善作诗者，不可不辨。"予尝以为王因于唐人，而徐又因于荆公，无可疑者。但荆公之诗，熟味之，可以见其闲适优游之意。至于师川，则反是矣。①

可见王安石晚年金陵诗的成就。

刘成国考证，王安石晚年诗有多次结集，显示出时人对其作品的喜好之深："又公晚年诸作，北宋后期曾付刊印，后入《文集》。陆游《渭南文集》卷二十七《跋半山集》：'右《半山集》二卷，皆荆公晚归金陵后所作诗也。丹阳陈辅之尝编纂刻本于金陵学舍，今亡矣。淳熙戊申上巳日笠泽陆某书。'《直斋书录解题》卷二十：'《临川诗选》，一卷。汪藻彦章得《半山别集》，皆罢相后山居时老笔，过江失之，遂于《临川集》录出。又言有表、启十余篇，不存一字。'《宋史》卷二百九《艺文八》又著录公《建康酬唱诗》一卷，亦晚年所作。"② 王安石晚年诗结集为《半山集》《临川诗选》《半山别集》《建康酬唱

---

① ［宋］吴曾撰，刘宇整理：《能改斋漫录》，郑州：大象出版社，2019 年，第293 页。

② 刘成国：《王安石年谱长编》，北京：中华书局，2018 年，第 2193 页。

诗》等,足见其成就之高。

不少学者对王安石晚年金陵诗多有评价,对我们认识其内涵有所助益。《石林诗话》云:

> 王荆公晚年诗律尤精严,造语用字,间不容发。然意与言会,言随意遣,浑然天成,殆不见有牵率排比处。如"含风鸭绿鳞鳞起,弄日鹅黄袅袅垂",读之初不觉有对偶。至"细数落花因坐久,缓寻芳草得归迟",但见舒闲容与之态耳。而字字细考之,若经隐括权衡者,其用意亦深刻矣。尝与叶致远诸人和头字韵诗,往返数四,其末篇有云:"名誉子真矜谷口,事功新息困壶头。"以谷口对壶头,其精切如此。后数日,复取本追改云:"岂爱京师传谷口,但知乡里胜壶头。"至今集中两本并存。①

指出王安石晚年诗用意深刻却又舒闲容与,《后山诗话》则云:

> 鲁直谓荆公之诗,暮年方妙。然格高而体下,如云:"似闻青秧底,复作龟兆坼。"乃前人所未道。又云:"扶舆度阳焰,窈窕一川花。"谓包含数个意,虽前人亦未易道。然学三谢,失于巧耳。②

---

① ［清］何文焕辑:《历代诗话》,北京:中华书局,2004 年,第 406 页。
② ［宋］魏庆之著,王仲闻点校:《诗人玉屑》,北京:中华书局,2007 年,第 539 页。

认为王安石暮年之诗格高体下,意蕴丰富,但也有过巧之病,《后山诗话》中提到"荆公诗云:'力去陈言夸末俗,可怜无补费精神。'而公平生文体数变,暮年诗益工,用意益苦,故言不可不谨也"①。指出王安石晚年用心于诗之深,与他所讽刺过的韩愈"可怜无补费精神"略似,这虽是批评王安石出言不严谨,导致自相矛盾,但也指出王安石暮年诗取得成就的原因所在。《漫叟诗话》云:

> 荆公定林后诗精深华妙,非少作之比。尝作岁晚诗云:"月映林塘静,风涵笑语凉。俯窥怜净绿,小立伫幽香。携幼寻新的,扶衰上野航。延缘久未已,岁晚惜流光。"自以比谢灵运,议者亦以为然。②

《漫叟诗话》认为王安石学到了谢灵运的精髓。《石林诗话》则指出王安石对杜甫的学习:

> 蔡天启言:荆公每称老杜"钩帘宿鹭起,丸药流莺转"之句,以为用意高妙,五字之模楷。他日,公作诗得"青山扪虱坐,黄鸟挟书眠",自谓不减杜诗,以为得意,然不能举全篇。余顷尝以语薛肇明,肇明时被旨编公集,遍求之终莫之得。或

---

① [宋]魏庆之著,王仲闻点校:《诗人玉屑》,北京:中华书局,2007年,第540页。
② [宋]魏庆之著,王仲闻点校:《诗人玉屑》,北京:中华书局,2007年,第538页。

云:公但得此一联,未尝成章也。①

　　渐渐地,学者开始把王安石的晚年诗等同于其绝句创作,这实际上是对王安石晚年诗的狭窄化,如《墨庄漫录》云:"七言绝句,唐人之作,往往皆妙。顷时王荆公多喜为之,极为清婉,无以加焉。近人亦多佳句,其可喜者,不可概举。"②杨万里则做了较为全面的论述,他说:

　　　　五七字绝句最少,而最难工,虽作者亦难得四句全好者。晚唐人与介甫最工于此者……如介甫云:"更无一片桃花在,为问春归有底忙?""只是虫声已无梦,三更桐叶强知秋。""百啭黄鹂看不见,海棠无数出墙头。""暗香一阵连风起,知有蔷薇涧底花。"不减唐人,然鲜有四句全好者……介甫云:"水际柴扉一半开,小桥分路入青苔。背人照影无穷柳,隔屋吹香并是梅。"……四句皆好矣。③

　　杨万里指出王安石绝句四句都好的还是少,释普闻也说:

　　　　老杜之诗,备于众体,是为诗史。近世所论:东坡长于古

---

　　① [宋]魏庆之著,王仲闻点校:《诗人玉屑》,北京:中华书局,2007 年,第 539 页。
　　② [宋]张邦基撰,孔凡礼点校:《墨庄漫录》,北京:中华书局,2002 年,第 180 页。
　　③ [宋]杨万里撰,辛更儒笺校:《杨万里集笺校》,北京:中华书局,2007 年,第 4357—4358 页。

韵,豪逸大度;鲁直长于律诗,老健超迈;荆公长于绝句,闲暇清癯。其各一家也。然则荆公之诗覃深精思,是亦今时之所尚者。鲁直曰:荆公暮年小诗,雅丽清绝,脱去尘俗,不可以常理待之也。荆公《送和甫寄女子》诗云:"荒烟凉雨助人悲,染湿衣衿不自知。除却春风沙际绿,一如送女过江时。"拂云豪逸之气,屏荡老健之节,其意韵幽远,清癯雅丽为得也。①

认为王安石绝句学习杜甫之一体,但也取得"意韵幽远,清癯雅丽"的巨大成就。将王安石暮年诗几乎等同于其绝句创作,容易使人以为王安石晚年金陵绝句就是"荆公体",如严羽"王荆公体"下注云:"公绝句最高,其得意处高出苏黄陈之上,而与唐人尚隔一关。"②但也有不同意见,认为荆公体乃指王安石的集句诗,此处不详论,只是想强调,不仅绝句,王安石晚年为钟山写下太多优秀的诗篇,如《望钟山》《思北山》等。

在钟山诗中,王安石写了很多钟山松,如"开门望钟山,松石皓相映"(《己未耿天骘著作自乌江来予逆沈氏妹于白鹭洲遇雪作此诗寄天骘》)。王安石爱松之因,则是"汝观青青枝,岁寒好颜色。此松亦有心,岂问庭前柏"(《与僧道升二首》其一),此即孔子"岁寒然后知松柏之后凋也"、刘桢"岂不罹凝寒,松柏有本性"之意,而与禅宗庭前柏树子公案相互映发:"时有僧问:'如何是祖师西来意?'师云:'庭前柏树子。'学云:'和尚莫将境示人。'师云:'我不将境示

---

① 程毅中主编,王秀梅等编录:《宋人诗话外编》,北京:中华书局,2017年,第1864页。

② [清]何文焕辑:《历代诗话》,北京:中华书局,2004年,第690页。

人。'云:'如何是祖师西来意?'师云:'庭前柏树子。'"①徐琳注云:
"赵州和尚著名机语。启示僧徒不要寻言逐句,落入知识见解和情
理意识中,应当摆脱一切,当下悟入。《宗门拈古汇集》卷二十二扬
州光孝慧觉禅师:'祖师西来意,庭前柏树子。此话已遍天下了
也,因甚觉铁嘴却道先师无此语?众中往往商量道:赵州只是一
期方便,不可作实解,所以道无。与么乱统,谤他古佛不少。'《心
灯录》卷三:'僧参赵州问西来意,州云:"庭前柏树子。"与吃粥、
吃茶、洗钵盂,同是一平常心,平常语句。赵州于南泉言下悟得
这平常心,所以答问者都是平常话,乃直指斯道如此,并无奇
处。'"②王安石以松来替柏,显示出自身对松之喜爱,也是对儒家
精神的坚守。

有时松枝也可避暑,如:

> 火腾为虐不可摧,屋窄无所逃吾骸。
>
> 织芦编竹继檐宇,架以松栎之条枚。
>
> 岂惟宾至得清坐,因有余地苏陪台。
>
> (《秋热》)

甚至移松来栽,可惜没活:

> 李白今何在,桃红已索然。

---

① [唐]文远记录,徐琳校注:《赵州录校注》,北京:中华书局,2017 年,第
18 页。

② [唐]文远记录,徐琳校注:《赵州录校注》,北京:中华书局,2017 年,第
19 页。

君看赤松子，犹自不长年。

（《移松皆死》）

但对别人栽松仍旧兴致勃勃：

阳坡风暖雪初融，绕谷遥看积翠重。
磊砢拂天吾所爱，他生来此听楼钟。

（《北山道人栽松》）

看到自己栽松成长而高兴作诗：

青青石上岁寒枝，一寸岩前手自移。
闻道近来高数尺，此身蒲柳故应衰。

（《蒋山手种松》）

而看到栽成之松则不得不感慨自身衰老：

禅房借枕得重敧，陈迹翛然尚有诗。
嗟我与公皆老矣，拂天松柏见栽时。

（《示永庆院秀老》）

当时钟山路上应多青松：

海气冥冥涨楚氛，汀洲回薄水横分。
青松十里钟山路，只隔西南一片云。

（《赴召道中》）

而今南京山水之间少见松,殊为遗憾。

钟山风景陪伴了王安石的孤寂晚年,如独自乘车到光宅寺,一切都已改变,只有不殊的风景慰藉着王安石的心灵:

> 翛然光宅淮之阴,扶舆独来昨中林。
> 千秋钟梵已变响,十亩桑竹空成阴。
> 昔人倨堂有妙理,高座曆绕天花深。
> 红葵紫苋复满眼,往事无迹难追寻。
>
> (《光宅寺》)

春日出游,无人相伴,风景却能尽己兴:

> 门前杨柳二三月,枝条绿烟花白雪。
> 呼僮羁我果下骝,欲寻南冈一散愁。
> 缘冈初日沟港净,与我门前绿相映。
> 隔淮仍见袅袅垂,伫立怊怅去年时。
> 杏花园西光宅路,草暖沙晴正好渡。
> 兴尽无人檥迎我,却随倦鸦归薄暮。
>
> (《春日晚行》)

甚至有时感到山也寂寞,因此主动停车陪伴它:

> 朝寻东郭来,西路历洊亭。
> 众山若怨思,惨澹长眉青。
> 迸水泣幽咽,复如语丁宁。

岂予久忘之，而欲我小停？

歇鞍松柏间，坐起俯轩楹。

秋日幸未暮，奈何雨冥冥。

（《涨亭》）

又如"幽独若可厌，真实为可喜。见山不碍目，闻水不逆耳。翛然无所为，自得而已矣"（《书八功德水庵》），呈现出独游时的心境。有时独自归来，看到陂农辛苦劳作，相形之下，又何怨乎，作诗一首：

钟山独归雨微冥，稻畦夹闪半黄青。

陂农心知水未足，看云倚木车不停。

悲哉作劳亦已久，暮歌如哭难为听。

而我官闲幸无事，北窗枕簟风泠泠。

于时荷花拥翠盖，细浪㶑雪千娉婷。

谁能敧眠共此乐，秋港虽浅可扬舲。

（《独归》）

钟山风景也因王安石懂得"心赏"而活入其诗。王安石一再提倡"心赏"，如：

荷叶参差卷，榴花次第开。

但令心有赏，岁月任渠催。

（《题何氏宅园亭》）

池散田田碧,台敷灼灼红。

年华岂有尽,心赏亦无穷。

(《送吕望之》)

心赏并非对景物的藐视,而是不再以遗憾的眼神来看待景物,从而使景物在此刻的观照与赏鉴中变得更为充分和深入,故诗云:

南浦东冈二月时,物华撩我有新诗。

含风鸭绿粼粼起,弄日鹅黄袅袅吹。

(《南浦》)

光有"物华"撩拨还不行,还得有王安石的"心赏",才能写出如此佳句,刘辰翁评云:"看它流丽,如景外景。"[①]所谓"景外景",即已看出景物之外的东西,这跟王安石的心赏密不可分,从而把眼前景和心中意合而为一。

由此而来,王安石常能从生活琐碎中发现不同风景,如:

千蹊百隧散林丘,图画风烟一色秋。

但有兴来随处好,杨朱何苦涕横流。

(《千蹊》)

指出兴致对赏景的重要作用,而当兴致尽时,则又不必强求:

---

①　[宋]王安石撰,[宋]李壁笺注,[宋]刘辰翁评点,董岑仕点校:《王安石诗笺注》,北京:中华书局,2021年,第1513页。

北山朝气澹高秋，欲往愁霖独少留。

散策缘冈初见日，兴随云尽复中休。

（《欲往钟山以雨止》）

有了这样的心态，钟山风景则无处而不好了，春花冬雪自不必说，在王安石笔下诞生很多名篇，如《北陂杏花》《梅花》《红梅》《沟上梅花》《北山》等，就是夏季，王安石亦有"晴日暖风生麦气，绿阴幽草胜花时"（《初夏即事》）之叹，从而领悟自然生生不息之机，生老病死之律，发出"从衰得白自天机，未怪长青与愿违。看取春条随日长，会须秋叶向人稀"（《代白发答》）的达观之论，可见风景又反过来影响诗人的心态。

归根究底，是钟山本身给了王安石赏心之因，故其诗云：

终日看山不厌山，买山终待老山间。

山花落尽山长在，山水空流山自闲。

（《游钟山》）

可见钟山对于王安石的重要意义。

二、骑驴：个体形象重建

正是这种高尚道德和诗歌造诣，使隐退金陵的王安石声誉得到扭转，并在人们的文字记忆中成为正面形象。如张邦基《墨庄漫录》卷四云：

荆公退居钟山，尝独游山寺，有人拥数卒按膝据床而坐，骄气满容，谩骂，左右为之辟易。公问为谁，僧云押纲张殿侍也。公即索笔题一诗于扉云：口衔天宪手持钧，已是龙墀第一人。回首三千大千界，此身犹是一微尘。①

刘斧《青琐高议》后集卷二云：

王荆公介甫退处金陵。一日，幅巾杖屦，独游山寺。遇数客盛谈文史，词辩纷然。公坐其下，人莫之顾。有一客徐问公曰："亦知书否？"公唯唯而已。复问公何姓，公拱手答曰："安石姓王。"众人惶恐，惭俯而去。②

刘成国云："以上颇近传闻，然亦可见公之性情襟怀。"③甚是。
晚年退居金陵的王安石，在其形象重建过程中，骑驴有着独特的意义。《东轩笔录》卷十二言之甚详：

王荆公再罢政，以使相判金陵，到任，即纳节让同平章事，恳请赐允，改左仆射。未几，又求宫观，累表得会灵观使。筑第于南门外七里，去蒋山亦七里，平日乘一驴，从数僮游诸山

① ［宋］张邦基撰，金圆整理：《墨庄漫录》，郑州：大象出版社，2019年，第199页。
② ［宋］刘斧撰，李国强整理：《青琐高议》，郑州：大象出版社，2019年，第120页。
③ 刘成国：《王安石年谱长编》，北京：中华书局，2018年，第1997页。

寺。欲入城，则乘小舫，泛潮沟以行，盖未尝乘马与肩舆也。①

虽然半山距离蒋山和城南门一样远，都是七里，但王安石分别骑驴与乘舟来往其间，此说得到周必大《记金陵登览》的印证：

> 东门即白门也，五里至报宁寺，本王介甫旧宅。元丰中，舍为寺，赐今额。兵火后，败屋数间，土人但呼半山寺。言自城去蒋山十里②，此适半涂也。迴野之中，鸡犬不闻，介甫居时已如此。介甫入城必舟循沟而西，若东过蒋山则跨驴云。③

王安石入山骑驴、入城乘舟也有诗为证：

> 而我方渺然，长波一归艇。
> 款段庶可策，柴荆当未暝。
> （《己未耿天骘著作自乌江来予逆沈氏妹于白鹭洲遇雪作此诗寄天骘》）

刚好写出王安石在白鹭洲以船接妹，等归来后则骑乘而游，可谓水陆并用，反映出金陵当时的交通状况。"款段"指驽马，又如"霹雳沟西路，柴荆四五家。忆曾骑款段，随意入桃花"（《霹雳沟》）。王

---

① [宋]魏泰撰，李裕民点校：《东轩笔录》，北京：中华书局，1983年，第139页。
② "十里"当为"十四里"，盖夺去"四"字。
③ [宋]周必大撰，李昌宪整理：《二老堂杂志》，郑州：大象出版社，2019年，第283页。

安石骑驴之前颇多骑马，因神宗曾赐给他马，后来马死，特意写诗
纪念：

> 恩宽一老寄松筠，晏卧东窗度几春。
> 天厩赐驹龙化去，谩容小蹇载闲身。

（《马死》）

　　马死之后，王安石就以骑小蹇驴为主，所以说是"小蹇载闲身"。

　　我们现在经常说一起结伴出游的人是驴友，而当时的王安石
是真的把驴当朋友看待，关系十分密切。有时外出游玩还骑驴
蹭饭：

> 携僧出西路，日晏昧所投。
> 循河望积谷，一饱觉易谋。
> 稚子举梢出，咿嗟见盘羞。
> 饭新秔有香，煮菜旨且柔。
> 暮从秀岩归，秣蹇得少留。
> 捧腹笑相语，果然无所求。

（《过杨德逢庄》）

　　因为要喂驴，还增加了朋友相处的时间，使谈笑更为悠长。时
而"信驴由缰"：

> 暮坞屋荒凉，寒陂水清浅。
> 捐书息微倦，委辔随小蹇。

偶攀黄黄柳，却望青青巘。

幽寻复有兴，未觉西林缅。

（《上南岗》）

时而听驴叫：

出写潺湲景，归穿苍翠阴。

平头均楚制，长耳嗣吴吟。

暮岭已佳色，寒泉仍好音。

谁同此真意，倦鸟亦幽寻。

（《山行》）

李壁注云："'长耳'则驴也。"①甚是。时而骑驴拜访朋友：

蹇驴愁石路，余亦倦跻攀。

不见道人久，忽然芳岁残。

朝随云暂出，暮与鸟争还。

杳杳青松壑，知公在两间。

（《自白门归望定林有寄》）

驴有时被朋友偷偷骑走，王安石就罚朋友写诗：

---

① ［宋］王安石撰，［宋］李壁笺注，［宋］刘辰翁评点，董岑仕点校：《王安石诗笺注》，北京：中华书局，2021年，第766页。

　　　　王文公居钟山……又尝与俞秀老至报宁,公方假寐,秀老
　　私跨驴,入法云谒宝觉禅师,公知之。有顷,秀老至,公佯睡,
　　睡起,遣秀老下阶曰:"为僧子乃敢盗跨吾驴。"秀老叩头,愿有
　　以自赎其罪,寺僧亦为之解劝。公徐曰:"罚松声诗一首。"秀
　　老立就,其词极佳,山中人忘之,予为补曰:"万壑摇苍烟,百滩
　　渡流水。下有跨驴人,萧萧吹醉耳。"①

骑驴累了就归来独卧:

　　　　稻畦藏水绿秧齐,松鬣初乾尚有泥。
　　　　纵蹇寻冈归独卧,东庵残梦午时鸡。

　　　　　　　　　　　　　　　　　　　　　　　　　　　(《归庵》)

虽然乘舟但不一定就是入城,也有游览风景之用,如:

　　　　刳木为舟数丈余,卧看风月映芙蕖。
　　　　清香一阵浑无暑,时有惊槔跃出鱼。

　　　　　　　　　　　　　　　　　　　　　　　　　　　(《北山》)

就是通过乘舟避暑游览,但乘舟更多的是用来入城,因此王安石招
城中友人来游,常以船送之回城。但王安石骑驴入山比乘舟入城
明显更受后人夸赞,由此引发更多后人追忆,如解释荆公为什么不

──────────

　　① 〔宋〕惠洪撰,陈新点校:《冷斋夜话》,北京:中华书局,1988 年,第 40
页。

坐轿子,是因为尊重人:"王荆公辞相位,居钟山,惟乘驴。或劝其令人肩舆,公正色曰:'自古王公虽不道,未尝敢以人代畜也。'"①又有骑驴状态的详细描绘:

> 王荆公领观使归金陵,居钟山下,出即乘驴。予尝谒之,既退,见其乘之而出,一卒牵之而行。问其指使:"相公何之?"指使曰:"若牵卒在前,听牵卒;若牵卒在后,即听驴矣。或相公欲止即止,或坐松石之下,或田野耕凿之家,或入寺。随行未尝无书,或乘而诵之,或憩而诵之,仍以囊盛饼十数枚,相公食罢,即遗牵卒;牵卒之余,即饲驴矣。或田野间人持饭饮献者,亦为食之。盖初无定所,或数步复归,近于无心者也。"②

王安石骑驴近于无心,达到极高的精神境界。后来王安石迷恋上乘江州车,则比骑驴更随意了:

> 荆公,熙宁、元丰间既闲居,多骑驴游肆山水间,宾朋至者亦给一驴。苏子瞻诗所谓"骑驴渺渺入荒陂"是也。后好乘江州车,坐其一箱,其相对一箱不可虚,苟无宾朋,则使村仆坐焉,共载而行,其真率如此。③

---

① [宋]邵伯温撰,李剑雄、刘德权点校:《邵氏闻见录》,北京:中华书局,1983年,第115页。

② [宋]王巩撰,张其凡、张睿点校:《清虚杂著》,北京:中华书局,2017年,第255页。

③ [宋]吕希哲撰,夏广兴整理:《吕氏杂记》,郑州:大象出版社,2019年,第327页。

甚至有人夸张到说王安石每天都要骑驴：

> 王荆公不耐静坐，非卧即行。晚卜居钟山谢公墩，自山距州城适相半，谓之半山。畜一驴，每食罢必日一至钟山。纵步山间，倦则即定林而睡，往往至日昃乃归，率以为常。有不及终往，亦必跨驴中道而还，未尝已也。余见蔡天启、薛肇明，备能言之。子瞻在黄州及岭表，每旦起，不招客相与语，则必出而访客。所与游者亦不尽择，各随其人高下，谈谐放荡，不复为畛畦。有不能谈者，则强之说鬼。或辞无有，则曰"姑妄言之"。于是闻者无不绝倒，皆尽欢而后去。设一日无客，则歉然若有疾。其家子弟尝为余言之如此也。吾独异此，固无二公经营四海之志，但畏客欲杜门。每坐辄终日，至足痹乃起。两岩相去无三百步，阅数日才能一往。一榻所据，如荆公之睡则有之矣。陶渊明云"园日涉而成趣"，岂仁人志士所存各异，非余颓惰者所及乎？①

每天都骑驴，明显不符合事实，却跟苏轼、陶渊明的行为（也不可能完全达到）一起引发叶梦得的自我反思，可见王安石骑驴在当时已经成为金陵的靓丽风景线，跟陶渊明、苏轼一起列入伟大诗人行列之中，使后世诗人们不断加以想象，其中内容真假参半，未可尽究，但亦有可信者，如陆游说：

---

① ［宋］叶梦得撰，徐时仪整理：《避暑录话》，郑州：大象出版社，2019年，第8—9页。

　　太傅辟谷几二十年，然亦时饮，或食少山果。醉后，插花帽上。先君尝言此，游因请问："前辈燕居亦着帽乎？"先君曰："前辈平居往来，皆具袍带，惟出游聚饮，始茶罢换帽子、皂衫，已为便服矣。衫袍下，冬月多衣锦袄，夏则浅色衬衫，无今所谓背子者。致仕则衣道服，然着帽。大抵士大夫无露巾者，所以别庶人也。王荆公在金陵山中，骑驴往来，亦具衫、帽。吾记绍圣、元符间，士大夫犹如此。"①

　　此事或可信，可知王安石骑驴虽率真，但并没有忘记士大夫的基本要求，吴曾《能改斋漫录》卷十七云："王荆公筑草堂于半山，引入功德水，作小港其上，叠石作桥。为集句填《菩萨蛮》云：'数间茅屋闲临水，窄衫短帽垂杨里。花似去年红，吹开一夜风。　　梢梢新月偃，午醉醒来晚。何物最关情？黄鹂三两声。'其后豫章戏效其体云：'半烟半雨黔桥畔，渔翁醉着无人唤。疏懒意何长，春风花草香。　　江山如有待，此意陶潜解。问我去何之，君行即自知。'"②虽是集句词，但其中"窄衫短帽垂杨里"可与陆游记载印证。由此可见，王安石穿着衫帽来回山水之间，自有其闲居乐趣，也自有其不同于真正隐士之处，因此形成其独特的景观符号，成为后世不断追忆的对象，并最终跟诗人骑驴的形象融合为一。王安石此类轶事颇多，可参看《宋人轶事汇编·王安石》③部分。

------

　　① ［宋］陆游撰，孔凡礼点校：《家世旧闻》，北京：中华书局，1993 年，第 176 页。

　　② ［宋］吴曾撰，刘宇整理：《能改斋漫录》，郑州：大象出版社，2019 年，第 208—209 页。

　　③ 丁传靖辑：《宋人轶事汇编》，北京：中华书局，2003 年，第 475—509 页。

王安石自身也对驴感情颇深,他在诗中写道:

力侔龙象或难堪,唇比仙人亦未惭。
临路长鸣有真意,盘山弟子久同参。

虽得康庄亦好还,每逢沟堑便知难。
由来此物非他物,莫道何曾似仰山。

(《驴二首》)

诗中把驴跟"驴唇仙人"、作驴鸣的普化和尚联系起来,并指出驴的优良品质,如李壁所注,是"于得意处不恋,亦知敛退也""无乘险侥幸之心"①,并最终泯然人驴之别了。可见王安石对驴体味至深,难怪他的骑驴形象能够深入人心。

三、增进共识:苏王金陵之会

王安石本来就有"物以终为始,人从故得新"(《次韵中卿除日立春》)的辩证思维,对多方思想资源兼收并蓄,而在隐退金陵期间,王安石对苏轼有所改观,为苏轼与王安石这两位诗歌史上巨擘的金陵之会埋下伏笔。如果说唐代有李白跟杜甫的相会,那么宋

---

　　①　[宋]王安石撰,[宋]李壁笺注,[宋]刘辰翁评点,董岑仕点校:《王安石诗笺注》,北京:中华书局,2021年,第1903页。其中"于得意处不恋,亦知敛退也",原书句读作"于得意处,不恋亦知敛退也",误。

代苏轼与王安石的相会，也有同样的意义和价值，不仅深刻地影响了宋代诗学的发展，也为后来的政治发展提供了新的线索。

（一）苏王异同概述

熙宁末，苏轼《眉山集》问世，王安石特意写诗次韵其咏雪诗、《芙蓉城》等诗，可惜后者没有传下来，"此诗王荆公尝和之，首云：神仙出没藏杳冥，帝遣万鬼驱六丁。尝为俞紫芝诵之，紫芝请书于纸，荆公曰：'此戏耳，不可以为训。'故不传"①。"戏"与"训"之间，仍旧可以看出二人的分歧所在。时人亦有察觉，如《六砚斋笔记》卷二引周密《浩然斋视听抄》云：

> 王金陵学术颇僻，三经义大不满人心，而庸流朴学得借以窃糟媒进，亦有翕然颂之者。其魁杰如三衢何恭钦圣，至作长篇献东坡，欲其推尊王氏，语甚瑰伟，东坡心不然而貌礼之。其词曰："昔日欧阳心独苦，搜罗天下文章虎。未逢贾、马嗟谁与，昆体文章正旁午。一得眉山老翁语，始协平生好奇古。骞腾鸳鹭蝘虫俗，锦绣肾肠终日吐。眉山跨马挟双龙，迤逦欹斜剑阁东……丞相王公举趾尊，委蛇二老西来宾。咀嚼六经如八珍，补葺东鲁锄西秦。天子资之又日新，八风自转成天钧。顷从孟子驱杨墨，他日淫词又榛棘。丰镐荒凉天空碧，庸孟书中几充塞。金陵为此深求直，二十年来人稍识。求之左右逢星极，内圣外王真准的。古人效学岂文辞，堂陛之间意已

---

① ［宋］苏轼撰，［清］王文诰辑注，孔凡礼点校：《苏轼诗集》，北京：中华书局，1982年，第807页。

移……"此诗铺舒曲折,可谓费词,然大意不过谓欧、苏辈止作得词章一路,若孔孟著述,周公礼乐,必归金陵。自此种议论流行,后来绍述小人,极其缘饰,直令荆舒配食孔庙,真足发千古一笑耳。然从此遂开伪学一途,动以圣贤自主,兴言立词,笼驾天下,而清明宇宙,竟作魑魅场矣。不可谓非钦圣辈邪流附和之遗毒也。①

何恭之言,尤其是"求之左右逢星极,内圣外王真准的"实乃过誉,王安石并没实现,但也确实指出了欧苏与王安石的差异所在,尤其是苏轼"心不然而貌礼之",体现出苏轼跟王安石之间存在着难以调和的不同。他们的差异,前面略有论及,这里做一个较为全面的梳理。

第一,苏轼与王安石的根本分歧在于任法还是任人。苏轼早年应科举之文《论春秋变周之文》,对公羊学批评甚多,认为孔子"皆有取于三代,而周居多焉",并非何休所附会的"变周之文"②。这背后反映出来的是对今文经学变法思想的批评态度,可见苏轼对于轻易变法是比较反感的。而任人的重要性,则是苏轼一直提倡的,如熙宁二年(1069)《上神宗皇帝书》:"古之圣人,非不知深刻之法可以齐众,勇悍之夫可以集事,忠厚近于迂阔,老成初若迟钝,然终不肯以彼易此者,知其所得小而所丧大也。"③熙宁七年

---

① 孔凡礼撰:《苏轼年谱》,北京:中华书局,1998 年,第 420—423 页。

② 张志烈、马德富、周裕锴主编:《苏轼全集校注》第 10 册,石家庄:河北人民出版社,2010 年,第 272—273 页。

③ 张志烈、马德富、周裕锴主编:《苏轼全集校注》第 13 册,石家庄:河北人民出版社,2010 年,第 2882 页。

（1074）《贺韩丞相再入启》："任法而不任人，则责轻而忧浅，庸人之所安；任人而不任法，则责重而忧深，贤者之所乐。"①嘉祐六年（1061）《应制举上两制书》："轼闻治事不若治人，治人不若治法，治法不若治时。时者，国之所以存亡，天下之所最重也。"此"时"，实乃指社会之风俗，又落到治人上来了。实际上，任法与任人都有优势，也都有偏颇之处，苏轼《策略三》说：

> 夫天下有二患，有立法之弊，有任人之失。二者疑似而难明，此天下之所以乱也。当立法之弊也，其君必曰："吾用某也而天下不治，是某不可用也。"又从而易之。不知法之弊，而移咎于其人。及其用人之失也，又从而尤其法。法之变未有已也，如此，则虽至于覆败、死亡相继而不悟，岂足怪哉？……
>
> 臣窃以为当今之患，法令虽有所未安，而天下之所以不大治者，失在于任人，而非法制之罪也。国家法令凡几变矣，天下之不大治，其咎果安在哉？曩者大臣之议，患天下之士，其进不以道，而取之不精也，故为之法，曰中年而举，取旧数之半，而复明经之科。患天下之吏，无功而迁，取高位而不让也，故为之法，曰当迁者有司以闻，而自陈者为有罪。此二者，其名甚美，而其实非大有益也。而议者欲以此等致天下于大治，臣窃以为过矣。
>
> 夫法之于人，犹五声六律之于乐也。法之不能无奸，犹五声六律之不能无淫乐也。先王知其然，故存其大略，而付之于

---

① 张志烈、马德富、周裕锴主编：《苏轼全集校注》第16册，石家庄：河北人民出版社，2010年，第5038页。

人，苟不至于害民，而不可不去者，皆不变也。故曰：失在任人而已。夫有人而不用，与用而不行其言，行其言而不尽其心，其失一也。古之兴王，二人而已。汤以伊尹，武以太公，皆捐天下以与之，而后伊、吕得捐其一身以经营天下。①

后来宋神宗确实以王安石为"一身以经营天下"，无奈王安石是以变法经营天下。② 其后云："居今之势，而欲纳天下于至治，非大有所矫拂于世俗，不可以有成也。"③这与王安石"流俗之言不足信"的勇气类似。但是，尽管任法与任人都有问题，但苏轼还是做出了有倾向性的选择，即"天下之所以不大治者，失在于任人，而非法制之罪也"。因为归根到底，无论法制再好，没有找到合适的人，也没有用，其《策别课百官二》说：

夫法者，本以存其大纲，而其出入变化，固将付之于人。昔者唐有天下，举进士者，群至于有司之门。唐之制，惟有司之信也。是故有司得以搜罗天下之贤俊，而习知其为人，至于一日之试，则固已不取也。唐之得人，于斯为盛。今以名闻于吏部者，每岁不过数十百人，使一二大臣得以访问参考其才，

---

① 张志烈、马德富、周裕锴主编：《苏轼全集校注》第 11 册，石家庄：河北人民出版社，2010 年，第 786—787 页。
② 黄小珠认为："在历史进程中，晁错与王安石都可谓是激进的变法者。在苏轼看来，这类欲建立不朽之功'甚于人君'者，往往只能'速天下之乱'，故不应委以重任。"（黄小珠：《论〈东坡易传〉"君臣互信"观与苏轼的为政主张》，《新宋学》第五辑，上海：复旦大学出版社，2016 年，第 259 页）
③ 张志烈、马德富、周裕锴主编：《苏轼全集校注》第 11 册，石家庄：河北人民出版社，2010 年，第 788 页。

虽有失者，盖已寡矣。如必曰任法而不任人，天下之人，必不可信。则夫一定之制，臣未知其果不可以为奸也。

而在苏轼看来，任法太密不仅不会促进政事变好，反而会阻碍任人的效果，使有为之士不敢作为，因此急需从这个角度加以改变，苏轼说：

何谓用法太密而不求情？昔者天下未平而法不立，则人行其私意，仁者遂其仁，勇者致其勇，君子小人莫不以其意从事，而不困于绳墨之间，故易以有功，而亦易以乱。及其治也，大卜莫不趋于法，不敢用其私意，而惟法之知。故虽贤者所为，要以如法而止，不敢于法律之外，有所措意。夫人胜法，则法为虚器。法胜人，则人为备位。人与法并行而不相胜，则天下安。今自一命以上至于宰相，皆以奉法循令为称其职，拱手而任法，曰，吾岂得自由哉。法既大行，故人为备位。其成也，其败也，其治也，其乱也，天下皆曰非我也，法也。法之弊，岂不亦甚矣哉。①

虽然苏轼认为最理想的状态是"人与法并行而不相胜，则天下安"，但当任法的趋势过于明显时，他为了纠偏不得不以任人为论述核心。为了更好地甄别人才，苏轼提出改革人才的考核与培养机制，其《策别课百官六》说：

---

① 张志烈、马德富、周裕锴主编：《苏轼全集校注》第 16 册，石家庄：河北人民出版社，2010 年，第 5226 页。

圣人知其然,是故不逆定于其始进之时,而徐观其所试之效,使天下无必得之由,亦无必不可得之道⋯⋯后之为政者则不然。用人以必得,而绝之以必不可得。此其意以为进贤而退不肖。然天下之弊,莫甚于此。今夫制策之及等,进士之高第,皆以一日之间,而决取终身之富贵。此虽一时之文辞,而未知其临事之能否,则其用之不已太遽乎!①

因而苏轼主张以任人为主,而任人需要专一,不能苛求其全,这实际上就是在一定程度上对所用之人进行了权力制衡:

何谓好名太高而不适实? 昔者圣人之为天下,使人各致其能以相济也。不一则不专,不专则不能。自尧舜之时,而伯夷、后夔、稷、契之伦,皆不过名一艺,办一职以尽其能,至于子孙世守其业而不迁。夔不敢自与于知礼,而契不敢自任于播种。至于三代之际,亦各输其才而安其习,以不相犯躐。凡书传所载者,自非圣人,皆止于名一艺办一职,故其艺未尝不精,而其职未尝不举,后世之所希望而不可及者,由此故也。下而至于汉,其君子各务其所长,以相左右,故史之所记,武、宣之际,自公孙、魏、邴以下,皆不过以一能称于当世。夫人各有才,才各有小大。大者安其大,而无忽于小。小者乐其小,而无慕于大。是以各适其用,而不丧其所长。及至后世,上失其道,而天下之士,皆有侈心,耻以一艺自名,而欲尽天下之能

①　张志烈、马德富、周裕锴主编:《苏轼全集校注》第 11 册,石家庄:河北人民出版社,2010 年,第 830—831 页。

事。是故丧其所长，而至于无用。今之士大夫，其实病此也。仕者莫不谈王道，述礼乐，皆欲复三代，追尧舜，终于不可行，而世务因以不举。学者莫不论天人，推性命，终于不可究，而世教因以不明。自许太高，而措意太广。太高则无用，太广则无功。是故贤人君子布于天下，而事不立。听其言，则侈大而可乐。责其效，则汗漫而无当。此皆好名之过。①

苏轼认为，一旦要求每个人都成为圣人，不仅与实际不符，还会适得其反，这无疑是对王安石性命道德之论的批评。不从人性的角度去约束人，那怎么促进人的发展呢？苏轼的解决办法是，赏罚并用，而不仅仅依靠酷法，这样就可以长久地培养人心所向，其《策别课百官一》说：

昔者圣人制为刑赏，知天下之乐乎赏而畏乎刑也，是故施其所乐者，自下而上。民有一介之善，不终朝而赏随之，是以天下之为善者，足以知其无有不赏也。施其所畏者，自上而下。公卿大臣有毫发之罪，不终朝而罚随之，是以上之为不善者，亦足以知其无有不罚也。《诗》曰："刚亦不吐，柔亦不茹。"夫天下之所谓权豪贵显而难令者，此乃圣人之所借以徇天下也。舜诛四凶而天下服，何也？此四族者，天下之大族也。夫惟圣人为能击天下之大族，以服小民之心，故其刑罚至于措而不用。周之衰也，商鞅、韩非峻刑酷法，以督责天下，然其所以

---

① 张志烈、马德富、周裕锴主编：《苏轼全集校注》第16册，石家庄：河北人民出版社，2010年，第5226—5227页。

为得者,用法始于贵戚大臣,而后及于疏贱,故能以其国霸。由此观之,商鞅、韩非之刑法,非舜之刑,而所以用刑者,舜之术也。后之庸人,不深原其本末,而猥以舜之用刑之术,与商鞅、韩非同类而弃之。法禁之不行,奸宄之不止,由此其故也。①

总体来说,苏轼的政治倾向是保守的,他的"道"是以利民为主,苏轼在《刑政》篇批评聚财,提倡利民:"三代之君食租衣税而已,是以辞正而民服。自汉以来,盐铁酒茗之禁,称贷榷易之利,皆心知其非而冒行之,故辞曲而民为盗。今欲严刑妄赏以去盗,不若捐利以予民,衣食足而盗贼自止。夫兴利以聚财者,人臣之利也,非社稷之福。省费以养财者,社稷之福也,非人臣之利。"②而当大臣无法满足这一"利民"之事时,就应隐退,苏轼元祐年间所作《叔孙通不能致二生》云:"由此观之,大臣以道事君,不可则止,然后可以托六尺之孤,可以寄百里之命。若与时上下,随人俯仰,虽或适用于一时,何足谓之大臣,为社稷之卫哉?"③这样安民之臣,才是社稷之臣,而不是通过变法使民无所适从。

第二,虽然王安石与苏轼都是兴趣广泛的文化巨擘,但他们的学术侧重还是有所不同的。约元符三年(1100)苏轼《题所作书易传论语说》云:"孔壁、汲冢竹简科斗,皆漆书也。终于蠹坏。景钟、

---

①　张志烈、马德富、周裕锴主编:《苏轼全集校注》第 11 册,石家庄:河北人民出版社,2010 年,第 806—807 页。

②　张志烈、马德富、周裕锴主编:《苏轼全集校注》第 10 册,石家庄:河北人民出版社,2010 年,第 441 页。

③　张志烈、马德富、周裕锴主编:《苏轼全集校注》第 11 册,石家庄:河北人民出版社,2010 年,第 653 页。

石鼓益坚,古人为不朽之计亦至矣。然其妙意所以不坠者,特以人传人耳。大哉人乎!《易》曰:'神而明之,存乎其人。'吾作《易、书传》《论语说》,亦粗备矣。呜呼! 又何以多为。"①仍旧把学术传承归到"以人传人"之上。虽然苏轼也研究经学,王安石也有很深的史学造诣,但王安石更注重经学,苏轼更注重史学。苏轼尤其对以经术粉饰别有用心的歪道最为痛恨,元丰八年(1085)苏轼《上初即位论治道二首》虽是代吕公著所作,实亦是他本人的看法,在《道德》篇,他批评道:

> 去圣益远,邪说滋炽,厌常道而求异术,文奸言以济暴行。为申、商之学者,则曰"人主不可以不学术数"。人主,天下之父也,为人父而用术于其子,可乎? 为庄、老之学者,则曰"圣人不仁,以百姓为刍狗"。欲穷兵黩武,则曰"吾以威四夷而安中国"。欲烦刑多杀,则曰"吾以禁奸慝而全善人"。欲虐使厚敛,则曰"吾以强兵革而诛暴乱,虽若不仁而卒归于仁"。此皆亡国之言也,秦二世、王莽尝用之矣,皆以经术附会其说。②

经术成为粉饰自己学说的工具,无疑隐含了对王安石经学的批评。王安石认为苏轼之论素与自己不同,此言不差,如嘉祐元年(1056)苏轼《物不可以苟合论》说:

---

① 张志烈、马德富、周裕锴主编:《苏轼全集校注》第 19 册,石家庄:河北人民出版社,2010 年,第 7437 页。

② 张志烈、马德富、周裕锴主编:《苏轼全集校注》第 10 册,石家庄:河北人民出版社,2010 年,第 437 页。

夫圣人之所为详于其始者,非为其始之不足以成,而忧其终之易败也。非为其始之不足以得,而忧其终之易失也。非为其始之不足以合,而忧其终之易散也。天下之事,如是足以成矣,如是足以得矣,如是足以合矣,而必曰未也,又从而节文之,绸缪委曲而为之表饰,是以至于今不废。及其后世,求速成之功,而倦于迟久,故其成也止于其足以成,欲得也止于其足以得,欲合也止于其足以合。而其甚者,又不能待其足。其始不详,其终将不胜弊。①

这也反映出苏轼的思维方式是时间性的,有始有终,与写文章的时间性一致。那我们想要探究苏王的差异,也需要在时间上溯源。苏轼尽管也跟王安石一样,在为政上认为应当决断,如嘉祐六年(1061)《礼以养人为本论》有"未尝有一人果断而决行之。此皆论之太详而畏之太甚之过也"②,但所为之政不同,亦如前述,苏轼乃是安于人情之礼:"夫礼之初,缘诸人情,因其所安者,而为之节文,凡人情之所安而有节者,举皆礼也,则是礼未始有定论也。然而不可以出于人情之所不安,则亦未始无定论也。执其无定以为定论,则涂之人皆可以为礼。"③一方面,这与王安石变法主张有所不同;另一方面,也反映出苏轼看问题的方法是运动式的,善于寻

① 张志烈、马德富、周裕锴主编:《苏轼全集校注》第 10 册,石家庄:河北人民出版社,2010 年,第 180 页。
② 张志烈、马德富、周裕锴主编:《苏轼全集校注》第 10 册,石家庄:河北人民出版社,2010 年,第 201 页。
③ 张志烈、马德富、周裕锴主编:《苏轼全集校注》第 10 册,石家庄:河北人民出版社,2010 年,第 200 页。

找规律,并在规律的变化中灵活定义,而非死抠。这很富有历史主义的一面,明其本末始终而后下断,如《论好德锡之福》也是如此。

王安石批评苏轼附和欧阳修《正统论》,实际上体现出欧苏与王安石的这种学术分歧。苏轼侧重史学,这跟侧重经学的王安石有很大不同,故其《正统论》以历史眼光看待曹魏政权,认为"魏有统乎当时而已"[①]。当然,苏轼也有跟欧阳修不同之处:"虽然,欧阳子之论,犹有异乎吾说者。欧阳子之所与者,吾之所与也。欧阳子之所以与之者非吾所以与之也。"[②]苏轼不仅自己重视史学,还提倡大家一起来关注,元丰四年(1081)《与王定国四十一首》其十三云:"自到此,惟以书史为乐,比从仕废学,少免荒唐也。"[③]熙宁三年(1070)《与千之侄》其二亦云:"近来史学凋废,去岁作试官,问史传中事,无一两人详者。可读史书,为益不少也。"[④]元符二年(1099)《与侄孙元老》其二则说得最亲切翔实:

> 侄孙近来为学何如?恐不免趋时。然亦须多读史,务令文字华实相副,期于适用乃佳,勿令得一第后,所学便为弃物也。海外亦粗有书籍,六郎亦不废学,虽不解对义,然作文极俊壮,有家法。二郎、五郎见说亦长进,曾见他文字否?侄孙

① 张志烈、马德富、周裕锴主编:《苏轼全集校注》第 10 册,石家庄:河北人民出版社,2010 年,第 405 页。
② 张志烈、马德富、周裕锴主编:《苏轼全集校注》第 10 册,石家庄:河北人民出版社,2010 年,第 406 页。
③ 张志烈、马德富、周裕锴主编:《苏轼全集校注》第 17 册,石家庄:河北人民出版社,2010 年,第 5696 页。
④ 张志烈、马德富、周裕锴主编:《苏轼全集校注》第 18 册,石家庄:河北人民出版社,2010 年,第 6647 页。

宜熟看《前、后汉史》及韩、柳文。①

　　第三,苏轼跟王安石的性格也有很大不同。王安石《游褒禅山记》与苏轼《书游灵化洞》[约熙宁六年(1073)]就有较为充分的体现。苏轼在文中说:"予始与曾元恕入灵化洞,迫于日暮,而元恕又畏其险,故不果尽而还。及此,与吕穆仲游。穆仲勇发过我,遂相与至昔人之所未至,而惊世诡异之观,有不可胜谈者。余欲疏其一二,以告来者,又恐为造物者所愠,后有勇往如吾二人至吾之所至,当自知之。"②这与王安石穷究险怪并详加描述的文字迥异,背后反映出来的是二人性格的巨大差别。
　　当然,苏轼也有与王安石接近者在。《朱子语类》云:

　　　　蜚卿问荆公与坡公之学。曰:"二公之学皆不正。但东坡之德行那里得似荆公!东坡初年若得用,未必其患不甚于荆公。但东坡后来见得荆公狼狈,所以都自改了。初年论甚生财,后来见青苗之法行得狼狈,便不言生财。初年论甚用兵,如曰'用臣之言,虽北取契丹可也'。后来见荆公用兵用得狼狈,更不复言兵。他分明有两截底议论。"③

　　① 张志烈、马德富、周裕锴主编:《苏轼全集校注》第18册,石家庄:河北人民出版社,2010年,第6652页。
　　② 张志烈、马德富、周裕锴主编:《苏轼全集校注》第19册,石家庄:河北人民出版社,2010年,第8060页。
　　③ [宋]黎靖德编,王星贤点校:《朱子语类》,北京:中华书局,1986年,第3100页。

朱熹所引文句是指苏轼嘉祐八年（1063）所作《思治论》，该文除掉朱熹所举两类例子，还有用人之处，"其所施专一，则其势固有以使之也"，也认为任人要"其人专，其政一，然而不成者，未之有也"①。这与王安石主政情况亦类似。面对北宋现实，出现类似的解答并不奇怪；王安石的为政经验与教训成为苏轼吸收的对象，也很自然。但是如朱熹所说，苏轼是"两截"人，故而虽然与王安石设想接近，但在变法中与旧党为伴；及至旧党执政，却又维护某些新政。

但苏轼果真是"两截"人吗？这就不能不探究其学术内涵。而要确切体味苏学的特点，最好的办法就是与洛学、新学对比。苏轼认为，所谓的终极目的就在于具体事物之中，而非可以独立出来。之所以从万事万物中独立地创造终极名词，是一种抽象表达的需要，而非实体。前者为"事"，后者为"理"，任其两截，不必统一，其《书义·惟圣罔念作狂惟狂克念作圣》云：

> 此二言者，古今所不能一，而学者之所深疑也。请试论之。滥觞可以稽天，东海可以桑田，理有或然者。此狂圣念否之说也。江湖不可以徒涉，尺水不可以舟行，事有必然者。此愚智必然之辨也。夫言各有当也，达者不以失一害一，此之谓也。②

此类例子在苏轼《书义·王省惟岁》亦有展现。在苏轼看来，

---

① 张志烈、马德富、周裕锴主编：《苏轼全集校注》第 10 册，石家庄：河北人民出版社，2010 年，第 391—392 页。

② 张志烈、马德富、周裕锴主编：《苏轼全集校注》第 11 册，石家庄：河北人民出版社，2010 年，第 569 页。

水与道类似。其《书义·道有升降政由俗革》云：

> 夫道何常之有,应物而已矣。物隆则与之偕升,物污则与
> 之偕降。夫政何常之有,因俗而已矣。俗善则养之以宽,俗顽
> 则齐之以猛。①

所谓"物""俗",实际上就是前文的"事",而"道""政"与"理"
同。不仅如此,苏轼为文也是这样。元丰年间《易解》云:"且夫自
然而然者,天地且不能知,而圣人岂得与于其间而制其予夺哉!"②
又熙宁二年(1069)《孔子赞易有申爻辞而无损益者》云:"《易》之为
书,要以不可为必然可指之论也。其始有画而无文,后世圣人始为
之辞,盖亦微见其端,而其或为仁,或为义,或小或大,则付之后世
学者之分。然世益久远,则学者或入于邪说,故凡孔子之所为赞
《易》者,特以防闲其邪说,使之从横旁午要不失正,而非以为必然
可指之论也。"③《王弼引论语以解易其说当否》云:"圣人之言,各
有方也。苟为不达,执其一方,而辄以为常,则天下之惑者,不可以
胜原矣。"④都强调"自然而然",没有"必然可指之论",不必"执其
一方",这跟王安石、程朱之学都有很大的差别。

---

① 张志烈、马德富、周裕锴主编:《苏轼全集校注》第 11 册,石家庄:河北
人民出版社,2010 年,第 578 页。
② 张志烈、马德富、周裕锴主编:《苏轼全集校注》第 11 册,石家庄:河北
人民出版社,2010 年,第 642 页。
③ 张志烈、马德富、周裕锴主编:《苏轼全集校注》第 11 册,石家庄:河北
人民出版社,2010 年,第 683 页。
④ 张志烈、马德富、周裕锴主编:《苏轼全集校注》第 11 册,石家庄:河北
人民出版社,2010 年,第 687—688 页。

由此可以看出，作为一个实事求是的人，苏轼心中没有偏见横亘其中，这在朱熹看来，可能就算"投机分子"了，实则大不然，因为若是投机，苏轼为什么新党得势的时候站在旧党一边，旧党执政的时候又为新党说话？以苏轼的智慧，如果真的想投机，还会出现这样左右碰壁的结局吗？但不管怎么说，苏轼这种性格、思想，为他在金陵加深对王安石的认识，埋下了伏笔。

（二）苏王文学之会

熙宁八年（1075），苏轼还被王安石视作"群邪"之一，史书记载云：

> 上曰："如苏轼辈为朝廷所废，皆深知其欺，然奉使者回辄称荐。"安石曰："奉使者称荐此辈，即为群邪所悦，群邪所悦则少谤议，少谤议则陛下以为奉使胜其任。若正言谠论，即为群邪所恶，群邪所恶则多谮诉，谮诉多则陛下安能不疑？又奉使一路，安能无小过失？因其过失上闻，考核有实，即无所逃其罪，此所以不敢不为邪，以免群邪诬陷也。"①

既然如此，苏王金陵之会背后的逻辑何在呢？据苏轼自言，他在金陵跟王安石"诵诗说佛"最为相得，其《与滕达道六十八首》其三十八云："某到此，时见荆公，甚喜，时诵诗说佛也。"②而比苏轼

---

① ［宋］李焘撰，上海师范大学古籍整理研究所、华东师范大学古籍整理研究所点校：《续资治通鉴长编》，北京：中华书局，2004 年，第 6433 页。
② ［宋］苏轼撰，［明］茅维编，孔凡礼点校：《苏轼文集》，北京：中华书局，1986 年，第 1487 页。

略早时,腾达道前往湖州担任太守,就曾来金陵拜会王安石,王明清《挥麈后录》卷七云:"元丰中,先祖同滕章敏、王荆公于钟山,临别赠言云:'立德、广量、行惠,非特为两公别后之戒,安石亦终身所行之者也。'先祖云:'以某所见,前二语则相公诚允蹈之。但末后之言,相公在位时,行青苗、免役之法于天下,未审如何?'公默然不应。"①滕甫亦与王安石政见相左:"熙宁初本与公政见相左(详本谱熙宁二年),然熙宁八年深陷宗室世居案,颇赖公为之脱免(详本谱熙宁八年)。之后,滕甫黜知池州,改安州。本月,滕甫知湖州。"②苏轼与其关系甚好,并对滕甫有自悔之语,其《与滕达道六十八首》其八云:

> 某欲面见一言者,盖谓吾侪新法之初,辄守偏见,至有异同之论。虽此心耿耿,归于忧国,而所言差谬,少有中理者。今圣德日新,众化大成,回视向之所执,益觉疏矣。若变志易守以求进取,固所不敢,若谠谠不已,则忧患愈深。③

则苏轼与王安石会面,滕甫或有推动之力?

一开始王安石就认为苏轼所学为纵横之术,后来吕惠卿也是这样指责王安石的,吕惠卿说:"安石尽弃素学而隆尚纵横之末数,以为奇术,以至潜诉胁持,蔽贤党奸,移怒行狠,犯命矫令,罔上要

---

① [宋]王明清撰,燕永成整理:《挥麈后录》,郑州:大象出版社,2019年,第173页。

② 刘成国:《王安石年谱长编》,北京:中华书局,2018年,第2146页。

③ [宋]苏轼撰,[明]茅维编,孔凡礼点校:《苏轼文集》,北京:中华书局,1986年,第1478页。

君。凡此数恶，力行于年岁之间，莫不备具，虽古之失志倒行而逆施者，殆不如此。平日闻望，一旦扫地，不知安石何苦而为此也。"①王安石与苏轼的类似经历还不止此，又如写诗被断章取义拿去作为政治斗争的证据，王安石与吕嘉问唱和，就被拿来作为讽刺证据，此事似比苏轼乌台诗案还早发，在元丰元年（1078）十月，李焘引云："陈瓘尊尧余言载瓘上封事言……安石饯送嘉问，赋诗以赠之，瓘又尽录其诗而奏之曰'讽刺交作'，神考不以何瓘为过也。"②这些类似经历是否能加深二人的互相理解？

尤其是乌台诗案中王安石对苏轼的援救："旧传元丰间，朝廷以群言论公，独神庙惜其才不忍杀。丞相王文公曰：'岂有圣世而杀才士者乎？'当时谳议以公一言而决。呜呼！谁谓两公乃有是言哉？盖义理人心所同，初岂有异，特论事有不合焉。"③但此事为"旧传"，容或有之。王安石曾在诗中说：

> 人各有是非，犯时为患害。
>
> 唯诗以谲谏，言者得无悔。
>
> 厉王昔监谤，变雅今尚载。
>
> 末世忌讳繁，此理宁复在。
>
> 南山咏种豆，议法过四罪。

---

① ［宋］李焘撰，上海师范大学古籍整理研究所、华东师范大学古籍整理研究所点校：《续资治通鉴长编》，北京：中华书局，2004 年，第 6743 页。

② ［宋］李焘撰，上海师范大学古籍整理研究所、华东师范大学古籍整理研究所点校：《续资治通鉴长编》，北京：中华书局，2004 年，第 7145 页。

③ 曾枣庄、刘琳主编：《全宋文》第 162 册，上海：上海辞书出版社、合肥：安徽教育出版社，2006 年，第 257 页。

玄都戏桃花,母子受颠沛。

疑似已如此,况欲谆谆诲。

事变故不同,杨刘可为戒。

(《杨刘》)

虽然指出诗歌谲谏的优势,并引杨恽、刘禹锡因写诗被杀、被贬谪为戒,但对因诗得祸本身是很不赞同的,认为这是"末世忌讳繁"所致;同样的道理,如果苏轼因诗被杀,以王安石之逻辑,则其变法之世岂非"末世"? 因此,不杀苏轼才是"圣世"所为。可见王安石为苏轼求情之事,与其理念一致,可信度还是比较高的。

王安石晚年也更宽容,他跟吕惠卿的矛盾得到了缓解:"与公同心,以至异意,皆缘国事,岂有他哉? 同朝纷纷,公独助我,则我何憾于公? 人或言公,吾无预焉,则公亦何尤于我? 趋时便事,则吾不知其说焉;考实论情,公亦宜照于此。开谕重悉,览之怅然。昔之在我,诚无细故之疑;今之在躬,尚何旧恶足念? 然公以壮烈,方进为于圣世;而某茶然衰疾,将待尽于山林。趋舍异事,则相呴以湿,不若相忘之愈也。趋召想在朝夕,惟良食自爱。荆公巽言自解如此。"①连吕惠卿倾轧自己都能原谅,缓和跟苏轼的纯政争关系,似不在话下。

王安石当时对自己变法过激亦有所悔,曾敏行《独醒杂志》卷四云:"王荆公退居金陵,一日,与门人山行,少憩松下。公忽回顾周穜曰:'司马十二,君子人也。'穜默不对。公复前行,言之再四,

---

① ［宋］魏泰撰,李裕民点校:《东轩笔录》,北京:中华书局,1983 年,第154—155 页。

人莫知其意。公此时岂深悔为惠卿辈所误耶?"①对司马光如此,对苏轼有改观,也很正常。

总之,王安石晚年隐退江湖,不问恩怨,致力于文学创作,自然对当时文坛的代表人物苏轼颇感兴趣,如王安石曾当众夸苏轼"叙事典赡",《潘子真诗话》云:

> 东坡作《表忠观碑》,荆公置坐隅,叶致远、杨德逢二人在坐。有客问曰:"相公亦喜斯人之作也?"公曰:"斯作绝似西汉。"坐客叹誉不已。公笑曰:"西汉谁人可拟?"德逢对曰:"王褒。"盖易之也。公曰:"不可草草。"德逢复曰:"司马相如、扬雄之流乎?"公曰:"相如赋《子虚》、《大人》,洎《喻蜀文》、《封禅书》耳,雄所著《太元》②、《法言》以准《易》、《论语》,未见其叙事典赡若此也。直须与子长驰骋上下。"坐客又从而赞之。公曰:"毕竟似子长何语?"坐客悚然。公徐曰:"《楚汉以来诸侯王年表》也。"③

虽然王安石对史学有较多质疑,但是并不生疏,而把苏轼之文与司马迁相提并论,可看出苏轼的治学特点,这与后来王安石让苏轼修《三国志》有一定的渊源,王铚《默记》卷中说:

> 东坡自海外归,至南康军语刘羲仲壮舆曰:"轼元丰中过

---

① [宋]曾敏行撰,朱杰人整理:《独醒杂志》,郑州:大象出版社,2019年,第223页。

② 即《太玄》。

③ 郭绍虞辑:《宋诗话辑佚》,北京:中华书局,1980年,第307—308页。

金陵，见介甫论《三国志》曰：'裴松之之该洽，实出陈寿上，不能别成书而但注《三国志》，此所以居陈寿下也。盖好事多在注中。安石旧有意重修，今老矣，非子瞻，他人下手不得矣。'轼对以：'轼于讨论非所工。'盖介甫以此事付托轼，轼今以付壮舆也。"仆闻此于壮舆，尽直记其旧言。①

王安石知道苏轼重史学，有史学之才，因此希望苏轼重修《三国志》，苏轼后来把这个任务转给刘羲仲，周密《齐东野语》卷十九云："刘羲仲，道原之子也。道原以史学自名，羲仲世其家学，摘欧公《五代史》之讹说，为《纠谬》一书，以示坡公，公曰：'往岁，欧公著此书初成，荆公谓余曰："欧公修《五代史》而不修《三国志》，非也，子盍为之乎？"余因辞不敢当。夫为史者，网罗数千百载之事，以成一书，其间岂无小得失邪？余所以不敢当荆公之托者，正畏如公之徒，掇拾于先后耳。'"②文中进一步指出苏轼把这个任务转给刘羲仲的原因，是害怕像他这样的学者来加以指责，现在干脆让他来修书，实在高明。

王安石还跟苏轼讨论文字优劣。《冷斋夜话》卷五云："舒王在钟山，有客自黄州来。公曰：'东坡近日有何妙语？'客曰：'东坡宿于临皋亭，醉梦而起，作《成都圣像藏记》千有余言，点定才一两字。有写本，适留舟中。'公遣人取而至。时月出东南，林影在地，公展读于风檐，喜见眉须，曰：'子瞻，人中龙也，然有一字未稳。'客曰：

① ［宋］王铚撰，朱杰人点校：《默记》，北京：中华书局，1981 年，第 29 页。
② ［宋］周密撰，张茂鹏点校：《齐东野语》，北京：中华书局，1983 年，第352 页。

'愿闻之。'公曰:'"日胜日贫",不若曰"如人善博,日胜日负"耳。'东坡闻之,拊手大笑,亦以公为知言。"①然《清波杂志》有不同的说法:"苏东坡云:'如人善博,日胜日负。'王荆公改作'日胜日贫'。坡之孙符云,元本乃'日胜日贫'。吕正献尤不喜人博,有'胜则伤仁,败则伤俭'之语。"②刘成国引《经进东坡文集事略》苏符之说,认为"待考"③,刘永翔注云:"谓安石改'日胜日负'为'日胜日贫',殷礼在斯堂丛书本《冷斋夜话》(王国维以日本五山刊本校津逮秘书本而成者)及《苕溪渔隐丛话前集》卷三八、元王构《修辞鉴衡》卷二及明何良俊《语林》卷九文学下所引《冷斋夜话》均然;而津逮秘书、稗海及学津讨原本《冷斋夜话》则均谓乃改'日胜日贫'为'日胜日负'。考今日除《经进东坡事略》外,若《东坡七集》本前集卷四〇及眉州苏祠本《东坡全集》卷一三该文均作'日胜日负'。苏符既云元本为'贫'字,然则安知其所睹《冷斋夜话》非讹本耶?窃谓惠洪实谓改'贫'为'负'耳,津逮诸本不误。且'负'字实优于'贫'字:所谓'如人善博,日胜日负'云者,其意若曰:善博者于货则可谓赢,于义则实为亏耳。'胜''负'义反,索解不难。若为'贫'字,则其意反迂曲而晦矣。又《苕溪渔隐丛话》谓:'熙宁间,介甫当国,力行新法,子瞻讥诮其非,形于文章者多矣,介甫岂能不芥蒂于胸次,想亦未必深喜其文章。'因疑惠洪所笔非实。金王若虚《滹南遗老集》卷三六文辨三驳之曰:'予观坡在黄州《答李琮书》曰:"闻荆公见称经

---

① 〔宋〕惠洪撰,陈新点校:《冷斋夜话》,北京:中华书局,1988 年,第40—41 页。

② 〔宋〕周辉撰,刘永翔校注:《清波杂志校注》,北京:中华书局,1994 年,第 398 页。

③ 刘成国:《王安石年谱长编》,北京:中华书局,2018 年,第 2055 页。

藏文,是未离妄语也,便蒙印可,何哉?"然则此事或有之。二公之趣固不同,至于公论,岂能遂废,而苕溪辄以私意量之邪?'"①其说可从,可见苏轼从善如流,最后听从了王安石的建议,做了修改。

随着王安石与苏轼在文学上的交流渐多,他们会面的机会也悄然来到。詹大和云:

> 苏轼由黄州奉旨授汝州团练副使,本州安置。七月,过金陵,十二月,在泗州度岁。《西清诗话》曰:元丰中,王文公在金陵,东坡自黄北还,日与公游,后渡江至仪真,和游蒋山诗寄金陵守王胜之,公亟取读,至"峰多巧障日,江远欲浮天",乃拊几叹曰:"老夫平生作诗,无此二句。"②

苏王金陵之会,在蔡绦《西清诗话》卷上还有更多叙述:"元丰中,王文公在金陵,东坡自黄北迁,日与公游,尽论古昔文字……以近制示东坡,东坡云:'若积李兮缟夜,崇桃兮炫昼,自屈、宋没世旷千余年,无复《离骚》句法,乃今见之。'荆公曰:'非子瞻见谀,自负亦如此,然未尝与俗子道也。'"③所谓"日与公游,尽论古昔文字",可见苏王金陵之会的盛况。

苏王关系的改善,也使王安石对苏轼弟子如黄庭坚、秦观等加以青睐,而王安石在金陵所收弟子薛昂,亦曾与苏轼有过一番辩

---

① [宋]周辉撰,刘永翔校注:《清波杂志校注》,北京:中华书局,1994年,第399页。

② [宋]詹大和等撰,裴汝诚点校:《王安石年谱三种》,北京:中华书局,1994年,第568页。

③ 刘成国:《王安石年谱长编》,北京:中华书局,2018年,第2140页。

论,袁说友《跋默堂先生帖》云:"东坡先生道由广德,薛昂以郡文学见。昂自以年少气锐,与坡论议滋久,遂及新学,推尊其说,累数千言不停口。坡纵其喋喋,无语及之。昂语竟,坡徐曰:'教授后生,然成败政不在今日也。'"①虽是辩论,但从苏轼并没太费口舌来看,已经较为客气,这其中或许就有苏王交流的因素在。

王安石虽退隐江湖,苏轼尽管也有"从公已觉十年迟"的喟叹,但终究没有随之隐退,他跟王安石的交往背后,有着超出文学的东西在。苏轼曾评价王安石诗,方勺《泊宅编》卷一云:"元祐中,东坡帅杭,予自江西来应举。引试有日矣,忽同保进士讼予户贯不明,赖公照怜,得就试,因预荐送,遂获游公门。公尝云:'王介甫初行新法,昂论者谤谤不已。尝有诗云:山鸟不应知地禁,亦逢春暖即啾啾。又更古诗"鸟鸣山更幽"作"一鸟不鸣山更幽"。'"②则二人文学之交,实则不过是表面文章,因为他们都是解诗高手,必能阅读彼此文学作品中的心声,所以,他们在心声上达成的某种一致,才是和解的核心所在,而金陵则给他们提供了一个交流的舞台。

当然,像《邵氏闻见录》《宋史》所记载的"大兵大狱"之类明显的政治交谈,可能性不大,蔡上翔辨之甚确:"夫以两公名贤,相逢胜地,歌咏篇章,文采风流,照耀千古,即江山亦为之壮色。而不料邵氏闻见录'大兵大狱'之说,又出其语言状貌,如'介甫色动''介甫色定''介甫举手两指''介甫厉声',殆如村庸搬演杂剧,净丑登场,丑态毕出。呜呼!鄙矣,悖矣!且以一时之人,两公全书具在,

---

① 曾枣庄、刘琳主编:《全宋文》第 274 册,上海:上海辞书出版社、合肥:安徽教育出版社,2006 年,第 333 页。

② [宋]方勺撰,许沛藻、杨立扬点校:《泊宅编》,北京:中华书局,1983年,第 3 页。

而顾与杂说纪载天渊悬绝若此。则又有若史传,若名臣言行录,若王宗稷著东坡年谱,皆去彼取此,其可解乎?"①但这并不意味着他们完全不谈政事,是需要我们尤需注意的。

(三) 苏王之会的后世记忆

后世对苏王金陵之会的记载难免添油加醋,虽然"未可全信",但反映出后世对二人记忆之选择,可以看出他们的关注所在。

有借二人之会以为谈笑者,如吴垧《五总志》云:"王介甫一夕以动静二字问诸门生,诸生作答皆数百言,公不然之。时东坡维舟秦淮,公曰:'俟苏轼明日来问之。'既至,果诘前语,东坡应声曰:'精出为动,神守为静,动静即精神也。'公击节称叹。又尝问刘贡甫云:'不撤姜食,何也?'贡甫云:'《本草》:姜多食则损智。所以不撤姜食者,是亦道非明民、将以愚之之义也。'公初然之,久之方悟其戏己也。"②施德操《北窗炙輠录》卷上亦云:"荆公论扬雄投阁事:'此史臣之妄耳,岂有扬子云而投阁者。又《剧秦美新》亦后人诬子云耳,子云岂肯作此文!'他日见东坡,遂论及此,东坡云:'某亦疑一事。'介甫曰:'疑何事?'东坡曰:'西汉果有扬子云否?'闻者皆大笑。"③此类甚多,不再例举。

有继续延续二人政治斗争的想象,如朱弁《曲洧旧闻》卷五云:

---

① ［宋］詹大和等撰,裴汝诚点校:《王安石年谱三种》,北京:中华书局,1994 年,第 572 页。

② ［宋］吴垧撰,黄宝华整理:《五总志》,郑州:大象出版社,2019 年,第 302 页。

③ ［宋］施德操撰,虞云国、孙旭整理:《北窗炙輠录》,郑州:大象出版社,2019 年,第 10 页。

东坡自黄徙汝，过金陵，荆公野服乘驴谒于舟次。东坡不冠而迎揖曰："轼今日敢以野服见大丞相。"荆公笑曰："礼为我辈设哉！"东坡曰："轼亦自知相公门下用轼不着。"荆公无语，乃相招游蒋山。在方丈饮茶次，公指案上大砚，曰："可集古人诗联句赋此砚。"东坡应声曰："轼请先道一句。"因大唱曰："巧匠斫山骨。"荆公沈思良久，无以续之，乃曰："且趁此好天色，穷览蒋山之胜，此非所急也。"田昼承君是日与一二客从后观之。承君曰："荆公寻常好以此困人，而门下士往往多辞以不能，不料东坡不可以此慑伏也。"承君，建中靖国间为大宗正丞，曾布欲用为提举常平，以非其所素学，辞不受，士论美之。①

有为东坡鸣不平者，陈师道《后山谈丛》卷六云：

苏公自黄移汝，过金陵见王荆公，公曰："好个翰林学士，某久以此奉待。"公曰："抚州出杖鼓鞚，淮南豪子以厚价购之，而抚人有之保之已数世矣，不远千里，登门求售。豪子击之，曰：'无声！'遂不售。抚人恨怒，至河上，投之水中，吞吐有声，熟视而叹曰：'你早作声，我不至此！'"②

亦有慨叹二人交谊者，如吕希哲《吕氏杂记》卷下：

---

① ［宋］朱弁撰，孔凡礼点校：《曲洧旧闻》，北京：中华书局，2002 年，第 151—152 页。

② ［宋］陈师道撰，李伟国点校：《后山谈丛》，北京：中华书局，2007 年，第 78—79 页。

时陈和叔内翰绎知江宁府，就使衔作会召。荆公不喜，辞之以诗云："只喜往来相邂逅，却嫌招唤苦丁宁。"其后东坡自黄州归，路由金陵，荆公见之大喜，与之出游，因赠之诗。坡依韵和云："骑驴渺渺入荒陂，想见先生未病时。劝我试求三亩宅，从公已觉十年迟。"至元祐元年春，荆公疾笃，作诗云："老年无欣豫，况复病在床。汲水置新花，取慰此流芳。流芳在须臾，吾亦岂久长。新花与故吾，已矣可两忘。"数日遂薨。①

张邦基《墨庄漫录》卷五则记载了二人在养生方面的交流：

王文公安石为相，日奏事殿中，忽觉偏头痛不可忍，遽奏上，请归治疾。裕陵令且在中书偃卧，已而小黄门持一小金杯药少许赐之，云："左痛即灌右鼻，右即反之；左右俱痛，并灌之。"实时痛愈。明日，入谢，上曰："禁中自太祖时，有此数十方，不传人间，此其一也。"因并赐此方。苏轼自黄州归过金陵，安石传其方，用之如神。但目赤，少时头痛即愈。法用新萝卜取自然汁，入生龙脑少许，调匀，昂头使人滴入鼻窍。②

尤其需要我们注意的是，有一批学者力挺苏王之会，而批评王氏后学，其中有强调苏轼赞赏王安石而批评学王安石不致者，如赵令畤《侯鲭录》卷一云：

---

① ［宋］吕希哲撰，夏广兴整理：《吕氏杂记》，郑州：大象出版社，2019年，第327页。
② ［宋］张邦基撰，孔凡礼点校：《墨庄漫录》，北京：中华书局，2002年，第144页。

> 东坡在黄州日，作雪诗云："冻合玉楼寒起粟，光摇银海眩生花。"人不知其使事也。后移汝海，过金陵，见王荆公，论诗及此。云："道家以两肩为玉楼，以目为银海，是使此否？"坡笑之，退谓叶致远曰："学荆公者，岂有此博学哉！"①

也有批评王氏后学对苏轼展开残酷迫害者，如陆游《跋东坡谏疏草》云：

> 天下自有公论，非爱憎异同能夺也。如东坡之论时事，岂独天下服其忠、高其辩，使荆公见之，其有不抚几太息者乎？东坡自黄州归，见荆公于半山，剧谈累日不厌，至约卜邻以老焉。公论之不可掩如此，而绍圣诸人乃遂其忮心，投之岭海必死之地，何哉？②

考苏轼与王安石来往资料，赵令畤、陆游之论较为公允，苏轼《与王荆公二首》其二云：

> 某顿首再拜特进大观文相公执事。某近者经由，屡获请见，存抚教诲，恩意甚厚。别来切计台候万福。某始欲买田金陵，庶几得陪杖屦，老于钟山之下。既已不遂，今仪真一住，又已二十日，日以求田为事，然成否未可知也。若幸而成，扁舟

---

① [宋]赵令畤撰，孔凡礼点校：《侯鲭录》，北京：中华书局，2002年，第50页。

② [宋]陆游著，钱仲联、马亚中主编：《陆游全集校注》，杭州：浙江古籍出版社，2015年，第253页。

往来,见公不难矣。向屡言高邮进士秦观太虚,公亦粗知其
人,今得其诗文数十首,拜呈。词格高下,固无以逃于左右,独
其行义修饬,才敏过人,有志于忠义者,某请以身任之。此外,
博综史传,通晓佛书,讲习医药,明练法律,若此类,未易以一
二数也。才难之叹,古今共之,如观等辈,实不易得。愿公少
借齿牙,使增重于世,其他无所望也。①

苏轼在信中回忆二人的金陵之会,可惜最后没有在金陵买到田宅,
只好怏怏而去,并趁机向王安石推荐秦观,王安石则写了《回苏子
瞻简》:

　　某启:承海喻累幅,知尚盘桓江北,俯仰踰月,岂胜感怅!
得秦君诗,手不能舍,叶致远适见,亦以为清新妩丽,与鲍、谢
似之,不知公意如何?余卷正冒眩,尚妨细读,尝鼎一脔,旨可
知也。公奇秦君,数口之不置,吾又获诗,手之不舍。然闻秦
君尝学至言妙道,无乃笑我与公嗜好过乎?未相见,跋涉自
爱,书不宣悉。②

二人虽以提拔后学为话题,其间所展现出来的深厚友谊却不容置
疑,尤其是信中王安石还跟苏轼开起玩笑,完全没有之前因为政见
而剑拔弩张之态。

　　① [宋]苏轼撰,[明]茅维编,孔凡礼点校:《苏轼文集》,北京:中华书局,
1986年,第1444页。
　　② 曾枣庄、刘琳主编:《全宋文》第64册,上海:上海辞书出版社、合肥:
安徽教育出版社,2006年,第117—118页。

王安石去世后，李焘记司马光评价云：

> 癸巳，观文殿大学士、守司空、集禧观使、荆国公王安石卒。司马光手书与吕公著曰："介甫文章节义过人处甚多，但性不晓事而喜遂非，致忠直疏远，谗佞辐辏，败坏百度，以至于此。今方矫其失，革其弊，不幸介甫谢世，反覆之徒必诋毁百端。光意以谓朝廷特宜优加厚礼，以振起浮薄之风，苟有所得，转以上闻，不识晦叔以为如何？更不烦答以笔札，庶前力主张，则全仗晦叔也。"诏再辍视朝，赠太傅，推遗表恩七人，命所在应副葬事。①

司马光的真实用意，我们很难揣测，但他的话已经表明，就王安石个人的成就而言，已非人为可以抹杀。正是在这个大的舆论氛围下，苏轼撰写了《王安石赠太傅制》，原文如下：

> 敕。朕式观古初，灼见天意。将有非常之大事，必生希世之异人。使其名高一时，学贯千载。智足以达其道，辩足以行其言。瑰玮之文，足以藻饰万物；卓绝之行，足以风动四方。用能于期岁之间，靡然变天下之俗。具官王安石，少学孔、孟，晚师瞿、聃。囤罗六艺之遗文，断以己意；糠秕百家之陈迹，作新斯人。属熙宁之有为，冠群贤而首用。信任之笃，古今所无。方需功业之成，遽起山林之兴。浮云何有，脱屣如遗。屡

① ［宋］李焘撰，上海师范大学古籍整理研究所、华东师范大学古籍整理研究所点校：《续资治通鉴长编》，北京：中华书局，2004 年，第 9069—9070 页。

争席于渔樵,不乱群于麋鹿。进退之美,雍容可观。朕方临御之初,哀疚罔极。乃眷三朝之老,邈在大江之南。究观规模,想见风采。岂谓告终之问,在予谅暗之中。胡不百年,为之一涕。于戏。死生用舍之际,孰能违天;赠赙哀荣之文,岂不在我。宠以师臣之位,蔚为儒者之光。庶几有知,服我休命。可。①

　　此文究竟是褒是贬,后世颇有争议,刘成国云:"细按此制,于公道德、人品、文章,均赞誉备至,谓之宿憾,恐过甚其辞。然公辅相神宗九年,行'一变前无古'之新法,而此制仅以'方需功业之成,遽起山林之兴'略过,则苏氏于公相业之否定,亦可略窥一斑。此制之基调、措辞,亦恪守司马光与吕公著手书:'介甫文章节义过人处甚多,但性不晓事而喜遂非,致忠直疏远,谗佞辐辏,败坏百度,以至于此。'惟褒赠之体制,不宜明斥其'败坏百度,以至于此',故略过不言。"②李全德则认为苏轼明褒实贬,对王安石新法与新学均持否定态度,二人关系根本没有缓和。③

　　从陆游、赵令畤等人的记载来看,刘、李之论恐非事实,他们都在一定程度上混淆了评人与论事的差异。苏轼与王安石虽属不同学派、阵营,所为之事有所不同,但互相之间对彼此的人格、人品是极为赞许的,也是从这个角度来说二人是达成和解的。苏轼《西太一见王荆公旧诗偶次其韵二首》其一云:"秋早川原净丽,雨余风日

<hr/>

　　①　[宋]苏轼撰,[明]茅维编,孔凡礼点校:《苏轼文集》,北京:中华书局,1986年,第1077页。
　　②　刘成国:《王安石年谱长编》,北京:中华书局,2018年,第2205页。
　　③　参见李全德:《释苏轼〈王安石赠太傅制〉中的"微意"》,《北京大学学报(哲学社会科学版)》2021年第5期。

清酤。从此归耕剑外，何人送我池南。"①其二又云："但有樽中若下，何须墓上征西。闻道乌衣巷口，而今烟草萋迷。"②王安石次韵苏轼的则有《读眉山集次韵雪诗五首》《读眉山集爱其雪诗能用韵复次韵一首》等诗，可以看出二公后期私人交谊之深。

　　文学固然不代表政见，但文学与政治又真能完全分开吗？尤其对北宋集政治家、学者、文学家于一身的苏轼和王安石而言，就更不能分开了。他们在文学上的和解，预示着他们在更深层次上取得了某些一致的看法，体现在苏轼、秦观等人后来的政治举措上，就是努力融合新旧观点，超越党派偏见，实现北宋国家利益。而这一切，都是在苏王金陵之会的基础上不断发展起来的，这跟金陵这座城市"不南不北""不古不今"的包容特性密不可分。

　　① ［宋］苏轼撰，［清］王文诰辑注，孔凡礼点校：《苏轼诗集》，北京：中华书局，1982 年，第 1449 页。

　　② ［宋］苏轼撰，［清］王文诰辑注，孔凡礼点校：《苏轼诗集》，北京：中华书局，1982 年，第 1450 页。

第四章　帝王州里帝王师

　　金陵,曾经的帝王州;王安石,曾经的帝王师。时光褪去帝王的色泽,只留下曾经与曾经相逢,一切都不再是曾经模样。金陵晋升为客子的精神故乡,王安石激发着古都的新生力量;一个人与一座城相互选择,一座城与一个人彼此成全;人既是城中的肉体,也是墙外的精神,城市不仅成为身体的外延,更获得心灵的疆界……这一切,都要从帝王州里帝王师说起。

王安石与金陵特别有缘，黄濬《南京王荆公墓与宅》说：

> 荆公于治平三年乞分司于江宁居住，至熙宁七年，以观文殿大学士知江宁府，九年以使相再镇金陵，元丰元年，食观使禄居钟山，自是居金陵者十年，以元祐元年四月薨。其与此地缘法相悦，居处流连，既已如是。宋以来千余年，言咏金陵歌诗，无能出公右者。若使佳城无恙，铭碣可征，所欣获者，岂唯故迹。[①]

既指出王安石跟金陵亲切如此，又认为王安石所写歌咏金陵之作后无来者，可惜后来金陵变迁，铭碣无考，只留下一些古迹而已。实际上，黄濬所言并不准确，王安石留下的并非仅仅是古迹，还有丰富的"金陵记忆"，值得我们进一步探究。

记忆本身是带有救赎性质的，正如本雅明所说，"只有可救赎的人类，才让自己的过去变得在任何时刻都可以被征引"[②]，而可征引的全部过去就是指更为全面意义上的记忆，而不是被僵化或篡改的部分想被记得的记忆。我们所使用的"金陵记忆"，就是这种意义上较为全面的不带遮蔽性的记忆，由此引发的救赎也是双向的。跟退居金陵的王安石一样，南京也非六朝时期的都城，帝王州与帝王师的相逢很容易使人产生宿命论的猜测，而他们相互之间的救赎也就此展开。因此，书中使用"金陵记忆"一词来展现这

---

① 黄濬著，李吉奎整理：《花随人圣庵摭忆》，北京：中华书局，2008 年，第82 页。

② ［德］阿斯特莉特·埃尔、安斯加尔·纽宁主编，李恭忠、李霞译：《文化记忆研究指南》，南京：南京大学出版社，2021 年，第 162 页。

种双向性，因为"记忆是带有认同迹象的知识，是关于自我的知识"①。

一、情感认同历程

金陵在王安石的生命历程中，也有从印象不佳的异乡到渐入佳境的救赎之地的转变，并在金陵因求圣人之道而立下成为帝王师的志向。王安石对金陵的最初印象，并没有"金陵帝王州"那般美好，这跟金陵在宋代的地位和王安石早年在金陵的生活有关。

先看金陵在宋代的尴尬地位。王安石曾多次回忆六朝以来金陵的历史：

干戈六代战血埋，双阙尚指山崔嵬。

当时君臣但儿戏，把酒空劝长星杯。

临春美女闭黄壤，玉枝白蕊繁如堆。

《后庭》新声变樵牧，兴废倏忽何其哀。

咸阳龙移九州坼，遗种变化呼风雷。

萧条中原砀无水，崛强又此凭江淮。

广陵衣冠扫地去，穿凿陇亩为池台。

吴侬倾家助经始，尺土不借秦人筛。

珠犀磊落万艘入，金璧照曜千门开。

① ［德］阿斯特莉特·埃尔、安斯加尔·纽宁主编，李恭忠、李霞译：《文化记忆研究指南》，南京：南京大学出版社，2021年，第143页。

建隆天飞跨两海，南发交广东温台。
中间荦荦地无几，欲久割据诚难哉。
灵旗指麾尽貔虎，谈笑力可南山排。
楼船蔽川莫敢动，扶伏但有谋臣来。
百年沧洲自潮汐，事往不与波争回。
黄云荒城失苑路，白草废畤空坛垓。

（《和王微之登高斋二首》其二）

从六朝君臣往事写到宋灭南唐，可能觉得还没写尽写好，又在另一
首诗中再换个视角回忆一遍：

六朝人物随烟埃，金舆玉几安在哉。
钟山石城已寂寞，只见江水云端来。
百年故老有存者，尚忆世宗初伐淮。
魏王兵马接踵出，旗纛千里相搪挨。
当时谋臣非不众，上国拔取多陪台。
龙腾九天跨四海，一水欲阻为可咍。
降王北归楼殿坼，弃屋尚锁残金堆。
神灵变化自真主，将帅何力求公台。
山川清明草木静，天地不复屯云雷。
使君登高一访古，伤此陈迹聊持杯。

（《和微之登高斋》）

此诗强调周世宗与宋太祖的对比，认为宋太祖才是真龙，因此能够
剪灭南唐。不管怎么说，二诗都是在写金陵因曾为南唐都城而成

为大宋崛起的陪衬。王安石一再在诗中说"槛折檐倾野水傍,台城
佳气已消亡""霸气消磨不复存,旧朝台殿只空村"(《次韵舍弟赏心
亭即事二首》)、"数百年来王气消,难将往事问渔樵"(《自金陵至丹
阳道中有感》)、"休论王谢当时事,大抵乌衣只旧时"(《和陈辅秀才
金陵书事》),不停地书写金陵王气的衰歇,并对金陵帝王进行批
评,如:

> 结绮临春草一丘,尚残宫井戒千秋。
> 奢淫自是前王耻,不到龙沉亦可羞。

> （《辱井》）

但是一旦离开金陵,又转为对金陵佳气的赞美:

> 白石冈头草木深,春风相与散衣襟。
> 浮云映郭留佳气,飞鸟随人作好音。

> （《出金陵》）

李壁注云:"此谓金陵尝为帝王都。"[1]甚是,这种矛盾既反映出王
安石本人对金陵的复杂态度,也显示出人文历史与自然风景之间
奇妙的结合,即这些陈迹带给金陵的,是一种奇特的生命力:

> 金陵陈迹老莓苔,南北游人自往来。

---

[1] [宋]王安石撰,[宋]李壁笺注,[宋]刘辰翁评点,董岑仕点校:《王安
石诗笺注》,北京:中华书局,2021年,第1863页。

最忆春风石城坞,家家桃杏过墙开。

(《金陵》)

这样一种历史的陈迹与日常植物的生命力交织而成的独特的金陵印象,这种新旧参半的感觉,跟王安石晚年的自我感受很接近,他在诗中说:

我与丹青两幻身,世间流转会成尘。

但知此物非他物,莫问今人犹昔人。

(《真赞》)

这种今人与昔人合而成"我"的奇妙,与金陵的今古相杂神似。

再看王安石早年在金陵的生活。宝元二年(1039)二月二十三日,王安石父亲王益卒于江宁府通判任上,十九岁的王安石寄家金陵,故其诗句云:

旻天一朝畀以祸,先子泯没予谁依。

精神流离肝肺绝,眦血被面无时晞。

母兄呱呱泣相守,三载厌食钟山薇。

属闻降诏起群彦,遂自下国趋王畿。

刻章琢句献天子,钓取薄禄欢庭闱。

(《忆昨诗示诸外弟》)

诗中称金陵为"下国",虽是跟王畿相对而言,但也显示出王安石早期对金陵印象之不佳,所以其《谢及第启》又有"先子凤丧,乔家异土"之叹。

古人常以父母之丧为己之罪，王安石也不例外，其父母去世后葬于金陵，尤其是在嘉祐八年（1063）其母去世，王安石已四十三岁，任知制诰，在金陵丁母忧，常以罪身自视，如其《上富相公书》云："及以不孝得罪天地，扶丧南归。"①甚至认为自己是"罪逆余生"，其《与郭祥正太博书》其二云："罪逆余生，奄经时序，咫尺无由自诉。"②虽是惯用套语，但对王安石本身心情来说是真切的，更何况因为王安石父母皆葬于金陵，故金陵守丧期间，对于王安石来说，也是一种印象深刻的赎罪岁月，使其忧伤不已，他在给好友胡舜元所写的诗句中说：

> 忆昔与胡子，戏娱西城幽。
>
> 放斥仆与马，独身步田畴。
>
> 牛竖歌我旁，听之为久留。
>
> 一接田父语，叹之胜王侯。
>
> 追逐恨不恣，暮归辄怀愁。
>
> 顾常轻千乘，只愿足一丘。
>
> 子时怪我少，好此寂寞游。
>
> 笙箫不入耳，又不甘醪羞。
>
> 那知抱孤伤，罢顿不能道。
>
> 世味已鲜少，但余野心稠。

---

① 曾枣庄、刘琳主编：《全宋文》第 64 册，上海：上海辞书出版社、合肥：安徽教育出版社，2006 年，第 160 页。

② 曾枣庄、刘琳主编：《全宋文》第 64 册，上海：上海辞书出版社、合肥：安徽教育出版社，2006 年，第 134 页。

　　　　乖离今十年，班发满我头。

　　　　昔兴亦略尽，食眠常百忧。

　　　　每逢佳山水，欲往辄复休。

　　　　方壮遂如此，况乃高春秋。

（《有感》）

王安石通判舒州时，与胡舜元一起读书，当时父亲已去世，母亲尚在，却已经有"顾常轻千乘，只愿足一丘"的寂寞之游，连胡舜元都深感奇怪，王安石解释原因，是因"那知抱孤伤，罢顿不能遒"，失去父亲，使王安石心中常有"抱孤伤"，挥之不去，母亲去世后更使王安石"昔兴亦略尽"，连寂寞之游的兴致也没有了，只剩下心中"百忧"，由此可见，父母去世对王安石心灵世界影响之深。而金陵默默地以它特有的山水、文化，抚慰着王安石"抱病日久"（《辞赴阙状》其一）的哀毁身体和"苍黄忧患中"（《送董伯懿归吉州》）的破碎之心。当然，父母去世，既使王安石心有愧疚，也使他牵挂变少，这种"罪逆苟活"（《与徐贤良书》）的心态也促使他能够放手大干一场。

　　而当王安石将父兄葬于金陵之后，金陵在其心中的地位已经成为新的故乡般的存在，起了本质的变化，他在《清明辇下怀金陵》中说：

　　　　春阴天气草如烟，时有飞花舞道边。

　　　　院落日长人寂寂，池塘风慢鸟翩翩。

　　　　故园回首三千里，新火伤心六七年。

　　　　青盖皂衫无复禁，可能乘兴酒家眠。

刘成国云:"诗曰:'故园回首三千里,新火伤心六七年。'自皇祐三年荆公葬父、皇祐四年葬兄,至此已六七年。"①所云甚是。此处"故园"即指王安石在金陵的旧居,虽与"乡国去身犹万里,驿亭分首已三年"(《再至京口寄漕使曹郎中》)中指代故乡的"乡国"不同,但已占据极为重要的位置,故有"昨日君恩误赐环,归肠一夜绕钟山"(《江东召归》)、"新蕊谩知红簇簇,旧山常梦直丛丛"(《季春上旬苑中即事》,李德身认为旧山句指"思钟山事"②,可从)、"东城景阳陌,南望长干紫。欲斸三亩蔬,于焉寄残齿"(《送董伯懿归吉州》)等诗,甚至执政时也思念金陵,魏泰《东轩笔录》卷十二云:

> 熙宁庚戌冬,荆公自参知政事拜同中书门下平章事、史馆大学士。是日,百官造门奔贺者无虑数百人,荆公以未谢恩,皆不见之,独与余坐西庑之小阁。荆公语次,忽颦蹙久之,取笔书窗曰:"霜筠雪竹钟山寺,投老归与寄此生。"放笔揖余而入。后三年,公罢相知金陵。明年,复拜昭文馆大学士。又明年,再出判金陵,遂纳节辞平章事,又乞宫观,久之,得会灵观使,遂筑第于南门外。元丰癸丑春,余谒公于第,公遽邀余同游钟山,憩法云寺,偶坐于僧房,余因为公道平昔之事及诵书窗之诗,公怃然曰:"有是乎!"微笑而已。③

魏泰所言不假,虽然王安石自己已经遗忘,但王安石在熙宁八年

---

① 刘成国:《王安石年谱长编》,北京:中华书局,2018年,第392页。
② 李德身:《王安石诗文系年》,西安:陕西人民出版社,1987年,第153页。
③ [宋]魏泰撰,李裕民点校:《东轩笔录》,北京:中华书局,1983年,第140页。

(1075)所写《道人北山来》可为佐证,诗说:

> 道人北山来,问松我东冈。
>
> 举手指屋脊,云今如此长。
>
> 开田故岁收,种果今年尝。
>
> 告叟去复来,耘锄尚康强。
>
> 死狐正首丘,游子思故乡。
>
> 嗟我行老矣,坟墓安可忘。

诗中已进一步将金陵视作故乡矣,完成了对金陵的情感认同。虽然王安石晚年偶有思念临川之诗,如"长为异乡客,每忆故时人"(《送邓监簿南归》),但王安石把记忆中故乡的东西移植到金陵所居之地,如:

> 此山无踯躅,故国有杨梅。
>
> 怅望心常折,殷勤手自栽。
>
> 暮年逢火改,晴日对花开。
>
> 万里乌塘路,春风自往来。

(《题齐安寺山亭》)

李壁注:"此诗建康作,怀旧乡之意深矣。公故国为临川,皆有踯躅、杨梅,而此地无之,故手自栽培,以寄土思耳。"① 所云甚是,我

---

① [宋]王安石撰,[宋]李壁笺注,[宋]刘辰翁评点,董岑仕点校:《王安石诗笺注》,北京:中华书局,2021年,第788页。

们与其说金陵与临川争夺王安石心中的故乡之位,不如说金陵已成王安石的第二故乡,他在诗中说:

> 故畦抛汝水,新垄寄钟山。
> 为问扬州月,何时照我还。

(《杂咏四首》其一)

李壁注:"楚公葬于江宁之牛首山,今言'扬州月',则公意止在江宁,不复回首故畦矣。"① 虽不免有些绝对,如"香火因缘寄北山,主恩投老更人间。伤心踯躅冈头路,明日春风自往还"(《北山有怀》),王安石仍旧不能忘怀临川老家,但最终王安石归老金陵,完成夙愿,则是无可置疑的。

　　甚至金陵成为王安石的代称,如《韩忠献公遗事》云:"熙宁中,公自长安入觐,朝廷欲留之。公阴知时事,遂坚请相。陛辞日,上谓:'卿去,谁可属国者?'公引元老一二人。上默然。问:'金陵何如?'公曰:'为翰林学士则有余,处此地则不可。'上又不答,公便退。后有问公何以识之? 公曰:'尝读一金陵《答杨忱书》,窥其心术,只为一身,不为天下,以此知非宰相器也。'"② 韩琦对王安石《答杨忱书》重心的解读是有失偏颇的,我们先看王安石《答杨忱书》:

---

　　① [宋]王安石撰,[宋]李壁笺注,[宋]刘辰翁评点,董岑仕点校:《王安石诗笺注》,北京:中华书局,2021 年,第 1468 页。
　　② [宋]强至撰,钱志坤点校:《韩忠献公遗事》,杭州:浙江古籍出版社,2019 年,第 5 页。

　　闻君子者，仁义塞其中，泽于面，浃于背，谋于四体而出于言，唯志仁义者察而识之耳。然尚有其貌济其言匮、其言济其实匮者，非天下之至察何与焉。某尝穷观古之君子所以自为者，顾而自忖其中则歉然。又思昔者得见于足下，俯数刻尔，就使其中有绝于众人者，亦未尝得与足下言也。足下何爱而欲交之邪？或者焯然察其有似邪？夫顾而自忖其中则歉然，其为貌言也，乃有以召君子之爱，宜乎不知其为惧与愧也。然而足下自许不妄交，则其交之也，固宜相切以义，以就其人之材而后已尔，则某也甚有赖，其为言也可以已邪？[①]

全文都是王安石交友渴盼进步之论，完全没说到天下，因此引起韩琦的误会，实则王安石为己，只不过是儒家"修身齐家治国平天下"的第一步，所谓"先自治而后治人"[②]"正己而物正"[③]，这正是王安石所推崇的，故其给杨忱（字叔明）《进说》中说：

　　古之道，其卒不可以见乎？士也有得已之势，其得不已乎？得已而不已，未见其为有道也。杨叔明之兄弟，以父任皆京官，其势非吾所谓无以处、无以裕父母妻子，而有不得已焉者也。自枉而为进士，而又枉于有司，而又若不释然。二君固

　　①　曾枣庄、刘琳主编：《全宋文》第 64 册，上海：上海辞书出版社、合肥：安徽教育出版社，2006 年，第 178 页。
　　②　扬雄语，王安石《答王深甫书》加以引用并引申。
　　③　语出《孟子·尽心》，王安石《答韩求仁书》引用。

常自任以道,而且朋友我矣,惧其犹未寤也,为《进说》与之。①

王安石一方面对杨忱进行规劝,另一方面更是对他以道相期,希望他能开悟,怎么能说"窥其心术,只为一身"呢?当然,如果从最终效果来说,王安石虽有此天人理想,但其学说内部之缺陷使其难以成功推广到礼乐政教,最终只不过使其博得自身毁誉而难以真的利于天下,则韩琦之言亦有一定道理。盖王安石重视道德性命之理,想以此治理天下,并在二者之间偏向道德性命之理,这可从其《答李资深书》对待物我关系的观点看出,他说:

> 天下之变故多矣,而古之君子,辞受取舍之方不□,彼皆内得于己,有以待物,而非有待乎物者也。非有待乎物,故其迹时若有疑;有以待物,故其心未尝有悔也。若是者,岂以夫世之毁誉者概其心哉?若某者,不足以望此,然私有志焉,顾非与足下久相从而熟讲之,不足以尽也。②

很明确地在物我之间,选择以我为主,这对构建学说、养成品性的个体自然有效,更推而广之,理想状态下,对由这些个体所构成的社会也能起到一定的作用。问题在于,社会并不仅仅由这类个体组成,还有很多不赞同王安石观点的个体;而整个世界除了人类社会,还有更为广袤的自然世界——如果我们把世界简单区分为社

---

① 曾枣庄、刘琳主编:《全宋文》第 65 册,上海:上海辞书出版社、合肥:安徽教育出版社,2006 年,第 6 页。

② 曾枣庄、刘琳主编:《全宋文》第 64 册,上海:上海辞书出版社、合肥:安徽教育出版社,2006 年,第 109 页。

会与自然，社会又由赞同王安石群体和反对王安石群体组成，那么，王安石的改革则是试图用四分之一的力量撬动整个世界，这显然是不能成功的。韩琦如果是从这个角度切入，来谈王安石的学说，最终有可能获益的只是信其学说之个体，倒也有一定的远见。

不过，《答杨忱书》乃王安石所作则无疑，故文中"金陵"乃代指王安石。马永卿《元城先生语录》亦云："先生呼温公则曰'老先生'，呼荆公则曰'金陵'。"①元城先生指刘安世，刘安世就一直以"金陵"尊称王安石。王安石的文集虽然被称作《临川文集》，但其与金陵的渊源亦深，除金陵代号外，还有半山老人、王江宁等，如吴曾《能改斋漫录》卷十六云："王江宁元丰间尝得乐章两阕于梦中，云：'雨打江南树，一夜花开无数。绿叶渐成阴，下有游人归路。与君相逢处，不道春将暮。把酒祝东风，且莫恁匆匆去。'其二云：'春又老，南陌酒香梅小。遍地落花浑不扫，梦回情意悄。红笺寄与添烦恼，细写相思多少。醉后几行书带草，泪痕都揾了。'右调《生查子》《谒金门》。"②就直接以王江宁称呼王安石。这些都可以看出王安石跟金陵关系之深。

二、金陵之学与帝师之志

金陵学人很快改变王安石的观感，他在父亲去世后"从二兄入

---

① ［宋］马永卿辑，［明］王崇庆解，［明］崔铣编行录，［清］钱培名补脱文：《元城语录解　附行录解脱文》，上海：商务印书馆，1939年，第2页。

② ［宋］吴曾撰，刘宇整理：《能改斋漫录》，郑州：大象出版社，2019年，第194页。

学为诸生"时遇到李通叔,"然后知圣人户庭可策而入也"(《李通叔哀辞并序》)。王安石不仅自己在金陵学习,也在金陵传授心得,二十岁时就用"礼法"开导置家金陵的马仲舒,取得较好的效果(《马汉臣墓志铭》)。后来他又随马仲舒入京应礼部试,并一举高中。刚中进士时,王安石已展露出帝王师气概。王铚《默记》卷下云:

> 庆历二年,御试进士,时晏元献为枢密使。杨察,晏婿也,时自知制诰,避亲,勾当三班院。察之弟寘时就试毕,负魁天下望。未放榜间,将先宣示两府,上十人卷子。寘因以赋求察问晏公已之高下焉。晏公明日入对,见寘之赋已考定第四人,出以语察。察密以报寘。而寘试罢与酒徒饮酒肆,闻之,以手击案叹曰:"不知那个卫子夺吾状元矣!"不久唱名,再三考定第一人卷子进御。赋中有"孺子其朋"之言,不怿曰:"此语忌,不可魁天下。"即王荆公卷子。第二人卷子即王珪,以故事,有官人不为状元;令取第三人,即殿中丞韩绛;遂取第四人卷子进呈,上欣然曰:"若杨寘可矣。"复以第一人为第四人。寘方以鄙语骂时,不知自为第一人也。然荆公平生未尝略语曾考中状元,其气量高大,视科第为何等事而增重耶![①]

由于王安石的赋作并没有保存下来,所以具体情况难以知晓,但王铚的记载并非毫无根据,"孺子其朋"之语即出自《尚书·洛诰》,为周公告诫周成王之语,吕祖谦解释其意云:

---

① [宋]王铚撰,朱杰人点校:《默记》,北京:中华书局,1981年,第38—39页。

孺子论功行赏,其可少有朋比乎? 孺子其少有朋比,则其自此以往,临政出治,将无不朋比,如火始然,焰焰之微耳,其所焚灼,以叙而进,自少而多,自近而远,遂不可绝矣。其可不深戒其初乎? 论功者,成王之初政,周公惧其私心之或萌,故严厉其辞,所以闲之于始而禁之于未发也。①

王安石赋中出现此语,带有自比周公而矮化宋仁宗的嫌疑,自然使宋仁宗不悦,却也展现出王安石欲为帝王之师的气度与品格。

而这帝王师之气概,无疑与他在帝王州金陵的读书生活密不可分,王安石说自己十八岁时树立远大之志:"明年亲作建昌吏,四月挽船江上矶。端居感慨忽自寤,青天闪烁无停晖。男儿少壮不树立,挟此穷老将安归? 吟哦图书谢庆吊,坐室寂寞生伊威。材疏命贱不自揣,欲与稷契邈相希。"(《忆昨诗示诸外弟》)刘成国云:"居江宁,感慨自寤,闭户苦学,欲与稷、契相希。"②所云甚是,由此可见,王安石确实是在南京开悟,并以稷、契这类贤臣自命,而这一切的发生,与王安石在金陵有一批志同道合的朋友分不开,他在诗中追忆王介时说:"同学金陵最少年。"(《王中甫学士挽词》)可见当时有一批志同道合之友,其中李通叔尤为重要,王安石树立帝王师志向,就与李通叔讲论圣人之道密不可分,王安石在《送孙正之序》中说得更清楚:

① ［宋］吕祖谦著,黄灵庚、吴战垒主编:《增修东莱书说》,杭州:浙江古籍出版社,2017年,第302页。
② 刘成国:《王安石年谱长编》,北京:中华书局,2018年,第82页。

> 时然而然,众人也;已然而然,君子也。已然而然,非私己
> 也,圣人之道在焉尔。夫君子有穷苦颠跌,不肯一失诎己以从
> 时者,不以时胜道也。故其得志于君,则变时而之道,若反手
> 然,彼其术素修而志素定也。[①]

能不以时胜道,则自然也不会以时君胜道,而必将"从道不从君",
王安石认为"君不得师,则不知所以为君"(《请杜淳先生入县学
书》),直接指出君师之重要性,其《虔州学记》云:"若夫道隆而德骏
者,又不止此,虽天子,北面而问焉,而与之迭为宾主。"[②]但这容易
引发后世忠君者的批评,如陈师锡《与陈莹中书》云:

> 夫天尊地卑,不可易也,明此南面尧之为君,明此北面舜
> 之为臣。自古未有君而北面者。安石以性命道德为说,乃谓
> 君可北面与臣迭宾主耶?吾友谓安石神考师也,此何言之失
> 也。神考于熙宁间两相安石,首尾不过九年。逮元丰之亲政、
> 安石屏弃金陵凡十载,终身不复召用,而亦何尝师之有?[③]

已颇有罔顾事实之嫌,而陈瓘《四明尊尧集序》则由此质疑王安石
道德性命之学,更有强辩之色:"臣闻天尊地卑,乾坤定矣,定则不

---

① 曾枣庄、刘琳主编:《全宋文》第 64 册,上海:上海辞书出版社、合肥:
安徽教育出版社,2006 年,第 265 页。
② 曾枣庄、刘琳主编:《全宋文》第 65 册,上海:上海辞书出版社、合肥:
安徽教育出版社,2006 年,第 37 页。
③ 曾枣庄、刘琳主编:《全宋文》第 93 册,上海:上海辞书出版社、合肥:
安徽教育出版社,2006 年,第 258—259 页。

可改也。天子南面，公侯北面，其可改乎？今安石性命之理，乃有天子北面之礼焉。夫天子北面以事其臣，则人臣何面以当其礼？臣于性命之理安得而不疑也？"①

甚至推而广之，以为王安石有异志，质疑王安石人品道德，如《鹤林玉露》云：

> 其咏昭君曰："汉恩自浅胡自深，人生乐在相知心。"推此言也，苟心不相知，臣可以叛其君，妻可以弃其夫乎？其视白乐天"黄金何日赎娥眉"之句，真天渊悬绝也。其论冯道曰："屈己利人，有诸佛菩萨之行。"唐质肃折之曰："道事十主，更四姓，安得谓之纯臣？"荆公乃曰："伊尹五就汤，五就桀，亦可谓之非纯臣乎？"其强辨如此。又曰："有伊尹之志，则放其君可也。有周公之志，则诛其兄可也。有周后妃之志，则求贤审官可也。"似此议论，岂特执拗而已，真悖理伤道也。荀卿立"性恶"之论、"法后王"之论，李斯得其说，遂以亡秦。今荆公议论过于荀卿，身试其说，天下既受其毒矣。章、蔡祖其说，而推演之，加以凶险，安得不产靖康之祸乎！②

实际上王安石在伴送契丹使途中写有"把酒谢高翰，我知思故乡"（《余寒》）、"烟水吾乡似，家书驿使稀"（《乘日》）、"尚有燕人数行泪，回身却望塞南流"（《入塞》）之类表达思乡、思国之诗，但还是不

---

① 曾枣庄、刘琳主编：《全宋文》第 129 册，上海：上海辞书出版社、合肥：安徽教育出版社，2006 年，第 116 页。

② ［宋］罗大经撰，王瑞来点校：《鹤林玉露》，北京：中华书局，1983 年，第 186—187 页。

能幸免，被后人这样批评，虽然刘辰翁为其辩护云："正言似反，与
《小弁》之怨同情。更千古孤臣出妇，有口不能自道者，乃纵举声一
恸出之，谓为背君父，是不知怨也。"①实则完全没有必要，因为这
恰恰反映出王安石超越自身、超越时代局限之所在。

正是这样的帝王师气概，使王安石能以圣人之道规范时君，才
有了宋神宗与王安石的千载一遇，而这"素修""素定"之术志，正源
于跟李通叔在金陵讲学所得。

在第二章中我们探究了王安石的语言哲学，实际上王安石的
字学也与金陵风俗密不可分，徐铉、徐锴就是在金陵治字学的，王
安石有《徐秀才园亭》《中茅峰石上徐锴篆字题名》等诗，可见王安
石对他们并不陌生，有所借鉴很正常。陈师道《后山丛谈》云：

> 金陵人喜解字，习以为俗，曰"同田为富""分贝为贫""大
> 坐为奎"。黄巢攻金陵，人说之曰："王毋以攻也，王名巢，入金
> 陵则镂②矣！"遂解去。③

金陵人不仅以拆字法解释字义，还将拆字组字法运用到战争预言
之中，因此吓退黄巢，可见金陵字学风气之浓烈。王安石在金陵求
学，受此影响，在韩琦幕下担任淮南签判时已被韩琦称为"颇识难
字"，后来又在金陵修成《字说》，以字学通经学，取得极大的成就。

---

① ［宋］王安石撰，［宋］李壁笺注，［宋］刘辰翁评点，董岑仕点校：《王安
石诗笺注》，北京：中华书局，2021年，第216页。
② 简化作"镂"，同"锁"。
③ ［宋］陈师道撰，李伟国点校：《后山谈丛》，北京：中华书局，2007年，第
41页。

　　王安石是在金陵山水美景的陶冶下写成《字说》的,陆佃《书公游钟山图后》云:

　　　　荆公退居金陵,多骑驴游钟山。每令一人提经,一仆抱《字说》前导,一人负木虎子随之。元祐四年六月六日,伯时见访,坐小室,乘兴为予图之。其立松下者,进士杨骥、僧法秀也。后此一夕,梦侍荆公如平生。予书"法云在天,宝月便水"二句。"便",初作"流"字,荆公笑曰:"不若'便'字之为愈也。"既觉,怅然自失。念昔横经座隅,语至言极,迨今阅二纪,无以异于昨夕之梦。人之生世何如也。伯时能为我图之乎?吴郡陆某农师题。①

而郑侠、杨骥、陆佃、龚原、沈凭、王据、蔡渊、徐君平等新学弟子,亦是在金陵学于王安石门下,陆佃《沈君墓表云》:"桐川之俗,初不趋学,读书者辄笑之。居士独使凭学。凭有文行,吾游之贤者也。治平三年,今大丞相王公守金陵以绪余成学者,而某也实并群英之游。"②可见当时王安石在金陵讲学的盛况,其中不乏徐君平这样的金陵子弟,则金陵亦在一定程度上促进了王安石学术的传播,而学术名声的传播更使王安石有了人望,《宋史·鲜于侁》云:"初,王

　　①　曾枣庄、刘琳主编:《全宋文》第 101 册,上海:上海辞书出版社、合肥:安徽教育出版社,2006 年,第 210 页。
　　②　曾枣庄、刘琳主编:《全宋文》第 101 册,上海:上海辞书出版社、合肥:安徽教育出版社,2006 年,第 267 页。

安石居金陵,有重名,士大夫期以为相。"①所言甚是。

从常识的角度来说,宋代考中进士的比例虽然比唐代高很多,但仍是少数,而王安石除了能够帮助考生,其认为隐居更有利于伸道的观念,无疑会给广大落榜书生以心灵的安慰和号召,如王安石写给落榜生的诗歌就较多,这就使王安石比一般的士人有了更加广大的群体支持,对于王安石声名鹊起甚为有利。另外,由于这些落榜书生虽在乡间有一定势力,但没有考中进士阻碍了他们的发展,所以王安石变法后声名之被毁,他们则很少能够与仕进的士大夫抗衡,导致诋毁王安石的声势更为浩大,而王安石推行新风俗最终要落实到乡间,他们在这过程中似乎发挥了积极作用,如王安石《送丘秀才序》云:

夫人万一有喜事者,追古之昏礼而行之,世必指目以怪迂之名被之矣,若之何其肯拂所习而从之也? 于戏,古既往,后世不可期,安得法度士,与之奋不顾世,独行古之所行也! 南丘子学于金陵,以亲之命归逆妇,吾望其能然,以是谂之。②

丘秀才虽不知后来读书是否有成,但在王安石的鼓励下蹈行古礼风俗,无疑是对王安石学说的一种落实。此类无功名或功名不显

---

① ［元］脱脱等撰,中华书局编辑部点校:《宋史》,北京:中华书局,1985年,第10936页。

② 曾枣庄、刘琳主编:《全宋文》第64册,上海:上海辞书出版社、合肥:安徽教育出版社,2006年,第267页。

之士甚多,如方惟深、马仲舒、张文刚等,①其中较有代表性的是方惟深:

> 方惟深字子通,本莆田人。其父屯田公葬长洲县,因家焉。最长于诗,尝过黯淡滩,题一绝云:"溪流怪石碍通津,一一操舟若有神。自是世闲无妙手,古来何事不由人。"王荆公见之大喜,欲收致门下。盖荆公欲行新法,沮之者多,子通之诗,适有契于心,故为其所喜也。后子通以诗集呈荆公,俼以诗云:"年来身计欲何为,跌宕无成一轴诗。懒把行藏问詹尹,愿将生死遇秦医。丹青效虎留心拙,斤匠良工入手迟。此日知音埋属意,枯桐正在半焦时。"凡有所作,荆公读之必称善,谓深得唐人句法。尝遗以书,曰:"君诗精淳警绝,虽元、白、皮、陆,有不可及。"子通游王氏之门,极蒙爱重,初无一毫迎合意,后以特奏名授兴化军助教。隐城东故庐,与乐圃先生皆为一时所高。每部使者及守帅不车,必即其庐而见之。前后上章论荐者甚众,子通竟无禄仕意,其于死生祸福之理,莫不超达。尝造一园亭,不遇主人,自盘礴终日,因题于壁间云:"何年突兀庭前石,昔日何人种松柏。乘兴闲来就榻眠,一枕春风君莫惜。城西今古阳山色,城中谁有千年宅?往来何必见主人,主人自是亭中客。"其洒落类如此。仲殊一日访子通,有绝句云:"多年不见玉川翁,今日相逢小榭东。依旧清凉无长物,只余松桧养秋风。"可见其清高矣。年八十三而卒,有诗集行

---

① 详见[清]王梓材、冯云濠编撰,沈芝盈、梁运华点校:《宋元学案补遗》,北京:中华书局,2012 年。

于世。无子,一女适乐圃先生之子发。①

由此可知,此类人纯以道德境界为高,不与人争,故其埋没之数当复不少。

而王安石隐退后所居的金陵,尤其是第一次罢相时,成为王安石研讨、撰写新经义的寂寞之滨。王安石的诗中一再出现"寂寞滨"的用语,如《寄张谔招张安国金陵法曹》云:

> 我老愿为臧丈人,君今年少未长贫。
>
> 好须自致青冥上,可且相从寂寞滨。
>
> 浑谷黄鹂娇引子,曲碕翠筱巧藏身。
>
> 寻幽触静还成兴,何必区区九陌尘。

寂寞滨即寂寞之滨,语出韩愈《答崔立之书》:"方今天下风俗尚有未及于古者,边境尚有被甲执兵者,主上不得怡,而宰相以为忧。仆虽不贤,亦且潜究其得失。致之乎吾相,荐之乎吾君,上希卿大夫之位,下犹取一障而乘之。若都不可得,犹将耕于宽闲之野,钓于寂寞之滨,求国家之遗事,考贤人哲士之终始,作唐之一经,垂之于无穷,诛奸谀于既死,发潜德之幽光,二者将必有一可。"②因此寂寞之滨含有无法仕进、退而著作、惩恶扬善、助于国家之治的内涵。王安石在金陵,起初还知江宁府,后来干脆连这个也辞了,安

---

① [宋]龚明之撰,张剑光整理:《中吴纪闻》,郑州:大象出版社,2019年,第81—82页。

② [唐]韩愈著,刘真伦、岳珍校注:《韩愈文集汇校笺注》,北京:中华书局,2010年,第687—688页。

心隐退著述,金陵成为他隐退治学、书生报国之地。

三、政治避风港

步入仕途之后,金陵则成为王安石的避风港湾。司马光《涑水记闻》卷十六说:

> 初,韩魏公知扬州,介甫以新进士签书判官事,韩公虽重其文学,而不以吏事许之。介甫数引古义争公事,其言迂阔,韩公多不从。介甫秩满去。会有上韩公书者,多用古字,韩公笑而谓僚属曰:"惜乎王廷评不在此,其人颇识难字。"介甫闻之,以韩公为轻己,由是怨之。及介甫知制诰,言事复多为韩公所沮。会遭母丧,服除,时韩公犹当国,介甫遂留金陵,不朝参。曾鲁公知介甫怨忌韩公,乃力荐介甫于上,强起之,其意欲以排韩公耳。苏衮云。①

王安石与韩琦在扬州共事时的关系,学者已有详细研究,②刘辰翁也指出"谓有憾,非也"③,甚是,但不可否认的是,王安石与韩琦

---

① [宋]司马光撰,邓广铭、张希清点校:《涑水记闻》,北京:中华书局,1989年,第311页。

② 参见王晋光:《王安石论稿·王安石淮南签判时期与上司关系考辨》,台北:大安出版社,1993年,第8—14页。

③ [宋]王安石撰,[宋]李壁笺注,[宋]刘辰翁评点,董岑仕点校:《王安石诗笺注》,北京:中华书局,2021年,第1940页。

虽私交不错，但在公事上确实有较多争议，魏泰《东轩笔录》卷六云：

> 韩魏公，庆历中以资政殿学士知扬州，时王荆公初及第，为校书郎、签书判官厅事，议论多与魏公不合。洎嘉祐末，魏公为相，荆公知制诰，因论萧注降官词头，遂上疏争舍人院职分，其言颇侵执政，又为纠察刑狱，驳开封府断争鹌鹑公事，而魏公以开封为直，自是往还文字甚多。及荆公秉政，又与常平议不合，然而荆公每评近代宰相，即曰："韩公德量才智，心期高远，诸公皆莫及也。"及魏公薨，荆公为挽词曰："心期自与众人殊，骨相知非浅丈夫。"又曰："幕府少年今白发，伤心无路送灵輀。"①

据《续资治通鉴长编》所载，嘉祐六年"尝有诏，令今后舍人院不得申请除改文字。安石与同列言"②，即"其言颇侵执政"之事，王安石进言中云：

> 臣等窃观陛下自近岁以来，举天下之事属之七八大臣，天下初以翕然幸其有为，能救一切之弊。然而方今大臣之弱者，则不敢为陛下守法以忤谏官、御史，而专为持禄保位之谋；大臣之强者，则挟圣旨造法令，恣行所欲，不择义之是非，而谏官、御史亦无敢忤其意者。陛下方且深拱渊默，两听其所为而

---

① ［宋］魏泰撰，李裕民点校：《东轩笔录》，北京：中华书局，1983年，第64—65页。

② ［宋］李焘撰，上海师范大学古籍整理研究所、华东师范大学古籍整理研究所点校：《续资治通鉴长编》，北京：中华书局，2004年，第4677页。

无所问。安有朝廷如此而能旷日持久而无乱者乎？①

虽说王安石是为天下公义批评执政大臣，但把"大臣之弱者"与"大臣之强者"都加以批评，等于整个否定当时的执政团队，火力确实猛，而宰相韩琦则首当其冲，成为王安石抨击的重要对象。因此，《涑水记闻》所说"及介甫知制诰，言事复多为韩公所沮。会遭母丧，服除，时韩公犹当国，介甫遂留金陵，不朝参"当为事实，则王安石见时事不可为，又不愿成为"排韩公"的棋子时，金陵成为其躲避政治风波的温暖港湾。

王安石在中央任职不得意时仍想归钟山：

> 嗟人皆行乐，而我方坐愁。
>
> 肠胃绕钟山，形骸空此留。
>
> 念始读诗书，岂非亦有求？
>
> 一来裹青衫，触事自悔尤。
>
> 误为世所容，荣禄今白头。
>
> 塞责以区区，一毛施万牛。
>
> 不足助时治，但为故人羞。
>
> 宽恩许自劾，终欲东南流。
>
> 子今涉冬江，船必泊蔡洲。
>
> 寄声冶城人，为我问一丘。

（《送张拱微出都》）

---

① ［宋］李焘撰，上海师范大学古籍整理研究所、华东师范大学古籍整理研究所点校：《续资治通鉴长编》，北京：中华书局，2004 年，第 4678 页。

刘辰翁评云："悠然不自得之意，非强点缀林下风景者。"①所云甚
是。最有名的当属《忆金陵三首》：

> 覆舟山下龙光寺，玄武湖畔五龙堂。
> 想见旧时游历处，烟云渺渺水茫茫。
>
> 烟云渺渺水茫茫，缭绕芜城一带长。
> 蒿目黄尘忧世事，追思陈迹故难忘。
>
> 追思陈迹故难忘，翠木苍藤水一方。
> 闻说精庐今更好，好随残汴理归艎。

三诗一气而下，从追忆金陵旧游足迹，到心忧世事更觉陈迹难忘，
并最终打定主意离开京师退归金陵。甚至王安石担任宰相后，也
多次惦记金陵之归，如《与沈道原舍人书》云：

> 又复冬至，投老触绪多感，但日有东归之思尔！上聪明日
> 隮，然流俗险肤，未有已时，亦安能久自困苦于此？北山松柏，
> 闻修雅说，已极茂长，一两日令俞逊往北山，因欲渐治垣屋矣。②

又在《世故》中说：

---

① ［宋］王安石撰，［宋］李壁笺注，［宋］刘辰翁评点，董岑仕点校：《王安
石诗笺注》，北京：中华书局，2021年，第258页。
② 曾枣庄、刘琳主编：《全宋文》第64册，上海：上海辞书出版社、合肥：
安徽教育出版社，2006年，第142页。

世故纷纷谩白头，欲寻归路更迟留。

中山北绕无穷水，散发何时一钓舟？

王安石也是这样劝别人的，比如劝王微之就说：

江南佳丽非一日，况乃故国名池台。

能招过客饮文字，山水又足供欢咍。

（《和王微之登高斋二首》其一）

让王微之借助金陵的江南佳丽地和山水风景消愁取乐。

当然，作为王安石退隐之地，金陵最大的意义还在于，给王安石提供一方自由达道的净土，也是从这个意义上，后人直接以"金陵"代指王安石，因为金陵里的王安石不像官场上的王安石，没有那么多束缚，因而更为真实。关于"仕进"与"伸道"之间的关系，王安石自己有过清醒的认识，他认为仕进是有碍于达道的，他在《答张几书》中说：

某常以今之仕进为皆诎道而信身者，顾有不得已焉者。舍为仕进，则无以自生，舍为仕进而求其所以自生，其诎道有甚焉，此固某之亦不得已焉者。独尝为《进说》以劝得已之士焉，得已而已焉者，未见其人也，不图今此而得足下焉。[1]

① 曾枣庄、刘琳主编：《全宋文》第 64 册，上海：上海辞书出版社、合肥：安徽教育出版社，2006 年，第 177 页。

既然"仕进"带来的是"诎道"，那落第乃至隐退自然就是达道之举，如王安石送章宏落第诗就说："身退岂嫌吾道进，学成方悟众人求。"(《送章宏》)就认为落第退居有助于"吾道"之进，因此不必嫌弃；但也不可一概而论，王安石后来出任宰相，也是为了以道自任，他在《上欧阳永叔书》中说："虽未得远引，以从雅怀之所尚，惟摅所蕴含，以救时敝，则出处之间，无适不宜。"①虽是劝慰欧阳修，他自己也是这么做的。不管怎么说，也许仕进难以保持达道状态，隐退却能最大程度保持，则是没有疑问的。

正是在这种氛围下，王安石不仅隐退自由，入仕也不避嫌，将《北山移文》所营造的钟山隐居压力一扫而空。叶梦得《石林诗话》卷下云：

> 王介字中甫，衢州人，博学善讥谑。尝举制科不中，与王荆公游，甚款曲，然未尝降意少相下。熙宁初，荆公以翰林学士被召，前此屡召不起，至是始受命。介以诗寄云："草庐三顾动幽蛰，蕙帐一空生晓寒。"用蕙帐事，盖有所讽。荆公得之大笑。他日作诗，有"丈夫出处非无意，猿鹤从来自不知"之句，盖为介发也。②

其所引语出王安石《松间》诗，"猿鹤不知"出自孔稚圭《北山移文》"蕙帐空兮夜鹤怨，山人去兮晓猿惊"，是讽刺假隐士周颙离开钟山

---

① 曾枣庄、刘琳主编：《全宋文》第 64 册，上海：上海辞书出版社、合肥：安徽教育出版社，2006 年，第 129 页。

② ［清］何文焕辑：《历代诗话》，北京：中华书局，2004 年，第 435 页。

外出做官,引来猿鹤诧异,后来成为讽刺假隐居的典故,《玉照新志》卷一亦云:

> 章圣朝,种明逸抗疏辞归终南旧隐。上命设燕禁中,令廷臣赋诗,以宠其行。独翰林学士杜镐辞以素不习诗,诵《北山移文》一遍。明逸不怿,云:"野人焉知大丈夫之出处哉?"熙宁中,王荆公进用时,有王介中父者,以诗诋之云:"草庐三顾动幽蛰,蕙帐一空生晓寒。"荆公不以为忤,但赋绝句云:"莫向空山觅旧题,野人休诵《北山移》。丈夫出处非无意,猿鹤从来不自知。"盖取于此。①

王安石的厉害之处在于,用"丈夫出处非无意"化解了尴尬,也为金陵洗刷了这次文化史上的假隐污名,但由此也可以看出,王安石过分强调丈夫之意,而忽略了传统的积极面向,或者不如说,他创造了新的传统,即以道为尊,而对家国兴亡有所忽略,故其赞颂四皓的诗里说:"出处但有礼,废兴岂所存?"(《四皓二首》其二)表现出了事道不事君的超时代甚至超越家国之价值。

当然,隐退并未真的完全忘掉往事,《渔家傲》其二云:

> 平岸小桥千嶂抱,揉蓝一水萦花草。茅屋数间窗窈窕,尘不到,时时自有春风扫。　午枕觉来闻语鸟,欹眠似听朝鸡早。忽忆故人今总老。贪梦好,茫然忘了邯郸道。

---

① ［宋］王明清撰,戴建国、赵龙整理:《玉照新志》,郑州:大象出版社,2019年,第55页。

梦中才能茫然忘却功名，那么醒时则将如何，自然可知，甚至梦中都忘不掉，因而有诗句云："尧桀是非时入梦，固知余习未全忘。"（《杖藜》）《蔡宽夫诗话》云："荆公居钟山，一日昼寝，梦有古衣冠相过，貌伟甚，曰：'我桀也。与公论治道。'反复百余语不相下。公既觉，犹汗流被体，因语客曰：'吾习气尚若是乎?'乃作小诗识之，有'尧桀是非常入梦，因知余习未能忘'之句。"①"未全忘"，可见还是想忘。不过，王安石所未能忘怀的，不全是朝廷之大事，亦包括周边之小事，王安石自己在《重建许旌阳祠记》中说：

> 自古名德之士，不得行其道以济斯世，则将效其智以泽当时，非所以内交要誉也，亦曰士而独善其身，不得以谓之士也。后世之士，失其所业，糜烂于章句训传之末而号为颖拔者，不过利其艺以干时射利而已。故道日丧而智日卑，于是有不昧其灵者每厌薄焉。非士之所谓道者，名不副其实也，亦以所尚者非道也。呜呼，其来久矣!②

因此，王安石也在力所能及的范围内为金陵谋利，做些营建之类的事，详后。

这也跟论敌对王安石的地域身份有歧视存在一定的关系。王安石虽然也说过对江南的依恋，如"初来淮北心常折，却望江南眼更穿"（《送纯甫如江南》）之类的诗句，但主要表现为故土般的不

① 丁传靖辑：《宋人轶事汇编》，北京：中华书局，2003年，第496页。
② 曾枣庄、刘琳主编：《全宋文》第65册，上海：上海辞书出版社、合肥：安徽教育出版社，2006年，第63页。

舍，如"相看发秃无归计，一梦东南即自羞"（《怀舒州山水呈昌叔》），在这种留恋之中还带有深深的自责，因为留恋故土意味着没能完全报效朝廷，根本不带有南北地域的歧视。在王安石的整体规划中，天地是一个整体，他在《与马运判书》中说："富其家者资之国，富其国者资之天下，欲富天下则资之天地。"①也根本没有南北地域的偏见。

可是在王安石部分政敌心中有着根深蒂固的"重北轻南"意识，他们对南方士大夫有着莫名的优越感，并不自觉流露出来，如《宋史》本传就说："安石本楚士，未知名于中朝，以韩、吕二族为巨室，欲借以取重。乃深与韩绛、绛弟维及吕公著交，三人更称扬之，名始盛。"②这话说得好像作为南方楚人，王安石如果没有北方巨室的称扬就没办法获得盛名一样，这真是本末倒置。且不说韩、吕称扬王安石是因为其道德性命之学造诣精深，就是从历史事实上来看，这个假设也不成立。宋太祖朝确实北人主政，宋太宗、真宗朝南方士人已经崛起于朝廷之中，在王安石之前，就有晏殊、范仲淹、欧阳修等南方执政大臣，刘成国认为"《宋史》'借以取重'之说，洵为诬枉"③，可从。

虽然开地图炮不符合事实，但是此事告诉我们当时确实存在这种地域歧视的潜流，有时还在朝堂之上显露出来，如司马光回答神宗："闽人狡险，楚人轻易。今二相皆闽人，二参政皆楚人，必将

---

① 曾枣庄、刘琳主编：《全宋文》第 64 册，上海：上海辞书出版社、合肥：安徽教育出版社，2006 年，第 146 页。

② ［元］脱脱等撰，中华书局编辑部点校：《宋史》，北京：中华书局，1985 年，第 10543 页。

③ 刘成国：《王安石年谱长编》，北京：中华书局，2018 年，第 387 页。

援引乡党之士充塞朝廷,天下风俗何以更得淳厚？"①在这种潜流下,江南在王安石心中并没有产生天然的地域优越感,但无疑能让王安石更舒服,更有归属感,甚至青苗法之推行,在南方都更加有效：

> 定初至,谒李常,常问南方之民以青苗为如何,定言皆便之,无不善者。常谓曰："今朝廷方争此,君见人切勿为此言也。"定即日诣安石白其事,曰："定惟知据实而言,不知京师不得言青苗之便也。"安石喜甚,遂奏以定编三司岁计及南郊式,且密荐于上。②

此事可能为李定所编,不一定真实,也有南人批评青苗法者,如《(道光)金溪县志》卷五十八周袞《执政王安石书》所云,但从李定进言后王安石之喜悦来看,是其所欲听者。而金陵作为江南中心之一,也自然承袭这种地域优势,从而使王安石居于其中更显自由。

四、提升城市品位

退居金陵的王安石,也为金陵带来了更多的朝廷关注,甚至因

---

① 顾宏义、李文整理标校：《宋代日记丛编·温公日录》,上海：上海书店出版社,2013 年,第 86 页。

② [宋]李焘撰,上海师范大学古籍整理研究所、华东师范大学古籍整理研究所点校：《续资治通鉴长编》,北京：中华书局,2004 年,第 5103 页。

此使金陵提升了其城市地位。跟大多数诗人喜欢山林不同，王安石似乎对城市也不排斥。他在《蒙亭》诗中说：

> 隐者安所逢，在物无不足。
> 山林与城市，语道归一毂。
> 诗人论巨细，此指尚局束。
> 颇知区区者，自屏忍所欲。
> 孰识古之人，超然遗耳目。
> 岂于喧与静，趣舍有偏独。

将山林与城市归为一途，因此王安石隐居金陵，在城门与钟山中间，营建半山，就有此意。王安石亦尝为城作文，如《桂州新城记》等，亦写有商业活动的诗，如"亭皋闭晚市，陇首归新获"（《示张秘校》）。当然，王安石也并不留恋城市，他说："更觉城中芳意少，不如山野早知春。"（《和净因有作》）有时还对留恋城市之人有所戏讽，他在《和郭功甫》中说："且欲相邀卧看山，扁舟自可送君还。留连城郭今如此，知复何时伴我闲。"李壁注云："此诗讥功甫久留城市，不从看山之约。"①盖作为朋友的王安石戏讽郭功甫。此类还有："城郭山林路半分，君家尘土我家云。莫吹尘土来污我，我自有云持寄君。"（《戏城中故人》）戏谑之意，溢出言表，然王安石对于城市之洒脱，则已由此可知。王安石偶尔也流露出对久居城市之人的同情，如"城市少美蔬，想今困恢焚。且凭东南风，持寄岭头云"

---

① ［宋］王安石撰，［宋］李壁笺注，［宋］刘辰翁评点，董岑仕点校：《王安石诗笺注》，北京：中华书局，2021年，第1526页。

（《定林寺》），表现出对城中人的哀怜。

对于金陵这座城，王安石带来的影响应该是利大于弊的。王安石虽被封为荆国公，但据李壁所言，"本朝郡国之封，止为名耳，未尝实君其土也"①，因此王安石实则是把金陵视作终老之地，故其诗云：

> 寄公无国寄钟山，垣屋青松掩霭间。
> 长以声音为佛事，野风萧飒水潺湲。

（《次韵朱昌叔》）

流露出对钟山的特别之情。这种心理定位，对金陵的发展甚有助益。《东轩笔录》卷五云：

> 一日，豫国夫人之弟吴生者，来省荆公，寓止于佛寺行香厅。会同天节建道场，府僚当会于行香厅，太守叶均使人白遣吴生，吴生不肯迁。洎行香毕，大会于其厅，而吴生于屏后嫚骂不止。叶均俯首不听，而转运毛抗、判官李琮大不平之，牒州令取问。州遣二皂持牒追吴生，吴生奔荆公家以自匿，荆公初不知其事也。顷之，二皂至门下，云："捕人"，而谊怨于庭，荆公偶出见之，犹纷纭不已，公叱二皂去。叶均闻之，遂杖二皂，而与毛抗、李琮皆诣荆公谢，以公皂生疏，失于戒束。荆公唯唯不答，而豫国夫人于屏后叱均、抗等曰："相公罢政，门下

----

① ［宋］王安石撰，［宋］李壁笺注，［宋］刘辰翁评点，董岑仕点校：《王安石诗笺注》，北京：中华书局，2021年，第1529页。

之人解体者十七八，然亦无敢捕吾亲属于庭者。汝等乃敢尔耶？"均等趋出，会中使抚问适至，而闻争厅事。中使回日，首以此奏闻。于是叶钧、毛抗、李琮皆罢，而以吕嘉问为守。又除王安上提点江东刑狱，俾建治于所居金陵。①

此事细节或有所出入，但大体不误，李焘云："魏泰纪此事或不妄，然必非同天节，若同天节，则王安石犹判江宁。安上除宪时，知江宁者乃元积中，非叶均。按是年十月六日，陈忱自梓漕徙江东，何琬自司农丞除判官，当是代毛抗、李琮。十一日，王安上除宪；二十一日，吕嘉问知江宁，恐端为安石故，一时顿有此除改。江东宪本治饶州，此据嘉祐驿程，今移江宁，并当考详。"②可见神宗确实为王安石改变了提点江东刑狱治所。

王安石生前就成为钟山的一道风景，他甚至偶尔流露出因此而被打扰的厌烦之心：

> 城郭纷纷老倦寻，幅巾来寄北山岑。
> 长遭客子留连我，未快穿云涉水心。
>
> （《同熊伯通自定林过悟真二首》其二）

王安石因为不愿去城市而游北山，结果经常遇到客子们邀他流连忘返，使他不能尽情游览山水。可见当时拜访他或邂逅而不愿离

---

① ［宋］魏泰撰，李裕民点校：《东轩笔录》，北京：中华书局，1983 年，第58—59 页。

② ［宋］李焘撰，上海师范大学古籍整理研究所、华东师范大学古籍整理研究所点校：《续资治通鉴长编》，北京：中华书局，2004 年，第 6976 页。

去之人何其多。王安石死后所葬之地也成了朝圣之处①,经过金陵的人一定会来祭拜,《清波杂志》卷十二云:

> 王荆公墓在建康蒋山东三里,与其子雱分昭穆而葬。绍圣初,复用元丰旧人,起吕吉甫知金陵,时待制孙君孚责知归州,经从,吕燕待之,礼甚厚。一日,因报谒于清凉寺,问孙:"曾上荆公坟否?"盖当时士大夫道金陵,未有不上荆公坟者。五十年前,彼之士子,节序亦有往致奠者,时之风俗如此。曾子开亦有上荆公墓诗,见曲阜集。②

而没有王安石的金陵,竟被后人视作空荒了,如缪荃孙《金陵杂感》:

> 城上高楼又夕阳,极天秋思正茫茫。
>
> 獿郎老去金陵怨,燕子飞来玉殿荒。
>
> 几辈名流称柱石,千秋棋局感沧桑。

---

① 关于王安石的埋葬地,学界有不同说法,可参见邓广铭《关于王安石的居里茔墓及其他诸问题》(《北京大学学报(哲学社会科学版)》1993 年第 2 期),郑晓江《半山园——名相王安石的归宿》(《寻根》2002 年第 3 期),丰家骅《王安石葬于何处》(《古典文学知识》2003 年第 4 期)等。邓先生在文中感慨王安石死后"所受礼遇实在过分地凄凉了"(第 32 页),虽然令人感慨老一辈学者与研究对象的精神共鸣之强,但如王安石者,其意岂在葬礼厚薄乎?而其所葬之地,在南京钟山的说法较为可信,只是后世有所变迁,尤其是经历朱元璋造陵牵连而无处可寻,但也不必刻意去寻。

② [宋]周辉撰,刘永翔校注:《清波杂志校注》,北京:中华书局,1994 年,第 514 页。

钟山终古青青在，不管人间霸业亡。①

王安石虽然隐退，但声名、权势的底子都还在，众多人士渴望通过他的称赞、教导而收获名誉，博得仕进的机会，蔡绦《西清诗话》卷中云："王文公归金陵，四方种学缉文之士多归之，一经题品，号为云霄中人。"②由此而来，王安石也使金陵成为当时人才乐于谒见之地。如邹浩《故登州防御推官华君行状》云："会熙宁初罢制举，专以经术取士，君不远数千里谒王文公于金陵。公称异之，授以经义。退归，不复茹荤，杜门自饬。如是三年而学成，遂登九年进士第，调高州电白县尉。"③华峙来江宁跟王安石学经，三年就学成，一举考中进士第，就是明显的例子。又如董必："董必字子彊，宣州南陵人。尝谒王安石于金陵，咨质诸经疑义，为安石称许。登进士第。"④

当然，如果不合义理地拜谒他，反而会引起王安石的反感，比如陶临，史书记载：

> 诏国子监屏内舍生陶临出学。初，吕惠卿引临为经义所检讨，母病，谒告归省，闻王安石召为相，枉道见之，安石还朝

---

① ［清］缪荃孙著，张廷银、朱玉麒主编：《缪荃孙全集》，南京：凤凰出版社，2014年，第467页。

② 蔡绦：《西清诗话》卷中，转引自刘成国：《王安石年谱长编》，北京：中华书局，2018年，第1998页。

③ 曾枣庄、刘琳主编：《全宋文》第132册，上海：上海辞书出版社、合肥：安徽教育出版社，2006年，第24页。

④ ［元］脱脱等撰，中华书局编辑部点校：《宋史》，北京：中华书局，1985年，第11192页。

以闻，故屏之。既而御史蔡承禧复以为言，又诏殿三举。上问安石何故取临，安石曰："初不见其过故取，今见其有罪故绌，政当如此耳。"①

陶临母亲生病他不急着回家，却去拜谒王安石，王安石得知经过后认为其有罪。

王安石曾于治平四年（1067），熙宁七年（1074）、九年（1076）三知江宁府，做了较多的营建之事。王安石曾开新河口，张舜民游金陵时有详细记录：

> 工介甫叫为江宁所开新河，其南有卑麓，止类解梁南山。稍稍南趣马鞍山口，有居民巡检司。复出大江，少南循石头城，过清凉寺，宛转入秦淮北。晚次江宁府，始将离真州，人多以涉江为戒，比至长芦，南望渺溟，诚可为惧。及放舟乘风，不逾食顷，已达南岸。介甫开新河，以避栾家几数十里风水，甚为行舟之利，然夹口土山屡崩，岁勤补葺，方可经久。②

除了需要经常维护之外，倒是极大地便利了通舟，难怪王安石喜欢乘舟出行。元丰二年（1079）春王安石还专门营建半山园，其《示元度》云：

---

① ［宋］李焘撰，上海师范大学古籍整理研究所、华东师范大学古籍整理研究所点校：《续资治通鉴长编》，北京：中华书局，2004 年，第 6397 页。
② ［宋］张舜民撰，黄宝华整理：《郴行录》，郑州：大象出版社，2019 年，第263 页。

今年钟山南，随分作园囿。

凿池构吾庐，碧水寒可漱。

沟西雇丁壮，担土为培塿。

扶疏三百株，莳棟最高茂。

不求鹩鸪实，但取易成就。

中空一丈地，斩木令结构。

五楸东都来，斸以绕檐溜。

老来厌世语，深卧塞门窦。

赎鱼与之游，喂鸟见如旧。

独当邀之子，商略终宇宙。

更待春日长，黄鹂弄清昼。

刘成国引按《续建康志》云："半山寺，即公故宅也。再罢政，以使相判金陵。到任，即纳节，固辞同平章事，改左仆射。未几，又恳求宫观。累表，得会灵观使。筑第于白下门外，去城七里，去蒋山亦七里。"①

王安石还营建北渚，其《两山间》诗云：

自予营北渚，数至两山间。

临路爱山好，出山愁路难。

山花如水净，山鸟与云闲。

我欲抛山去，山仍劝我还。

只应身后冢，便是眼中山。

---

① 刘成国：《王安石年谱长编》，北京：中华书局，2018 年，第 2001 页。

且复依山住，归鞍未可攀。

将山与坟冢对举，刘辰翁评曰"甚达"①，甚是，由此亦可见出王安石与山为伴、生死相依之心。

王安石还通过写诗增加金陵景观的知名度甚至争议度，如谢公墩，吴敬梓说：

> 金陵有两谢公墩，其一在冶城北与永庆寺南者，乃谢太傅所眺。李白《登谢公墩诗序》云："此墩即太傅与王右军同登，超然有高世之志者也。"其一在旧内东长安门外铜井庵傍，所谓半山里者。半山寺旧名康乐坊，因康乐孙灵运。今以坊及墩观之，或康乐子孙之所居也。王介甫诗："今日此墩应属我，不应墩姓尚从公。"东坡讥之。考介甫所居即康乐坊，然则"我名公字""我屋公墩"之句，乃误以康乐为太傅也。其图灌木蓊黢，左则永庆寺之浮屠矗于林表，盖太白所咏之谢公墩也。永庆寺在玄武桥西，梁永庆公主所建，因以为名。又名白塔寺。②

实则不过是王安石一时之戏而已，刘辰翁云："此与暮年专蛰语，皆风流善谑，冠绝后来，而俗子以为资，无不可叹。"③所云甚是。实

---

① ［宋］王安石撰，［宋］李壁笺注，［宋］刘辰翁评点，董岑仕点校：《王安石诗笺注》，北京：中华书局，2021 年，第 60 页。

② ［清］吴敬梓著，李汉秋、项东升校注：《吴敬梓集系年校注》，北京：中华书局，2011 年，第 446 页。

③ ［宋］王安石撰，［宋］李壁笺注，［宋］刘辰翁评点，董岑仕点校：《王安石诗笺注》，北京：中华书局，2021 年，第 1550 页。

则王安石极为推尊谢安,有"妄言屐齿折,吾欲刊史牒"(《游土山示蔡天启秘校》)句,认为史书记载谢安听闻谢玄大破苻坚,了无喜色,照常下棋,下完后回房,再也掩盖不住喜悦,连屐齿折断也没发觉,是大错特错的妄言,不符合谢安的人生境界。王安石对待史书妄议谢安之法,在我们对待史书中对王安石的污蔑之言时,亦可作如是观。当然,王安石对谢安有赞许,也有批评:

> 走马白下门,投鞭谢公墩。
>
> 昔人不可见,故物尚或存。
>
> 问樵樵不知,问牧牧不言。
>
> 摩挲苍苔石,点检屐齿痕。
>
> 想此结长幨,想此倚短辕。
>
> 想此玩云月,狼籍盘与樽。
>
> 井迳亦已没,漫然禾黍村。
>
> 摧藏羊昙骨,放浪李白魂。
>
> 亦已同山丘,缅怀莳兰荪。
>
> 小草戏陈迹,《甘棠》咏遗恩。
>
> 万事付鬼篆,耻荣何足论。
>
> 天机自开阖,人理孰畔援。
>
> 公色无惧喜,倪知祸福根。
>
> 涕泪对桓伊,暮年无乃昏。
>
> (《谢公墩》)

诗中明言不敢确定是否就是谢公墩,只不过借题发挥,追想前贤而已。谢安晚年位高权重,司马道子与其争权进谗言,晋孝武帝疏远他,桓伊成功用音乐劝回晋孝武帝,谢安为此流涕。王安石认为此事谢安做得不对,是其晚年昏昧之处,由此亦显示出王安石晚年之境界。另,王安石对谢安清谈亦有批评:

> 谢公才业自超群,误长清谈助世纷。
> 秦晋区区等亡国,可能王衍胜商君。
>
> (《谢安》)

也反映出王安石自身对异论的态度与谢安不同,但即使王安石批评谢安,也是建立在对谢安功业的认同基础上的。

王安石不仅自己兴修水利,还支持地方官员这么做,朱光裔《韩宗厚墓志铭》云:

> 秩满,授江宁府上元县主簿。大兴水利,溉污莱为良田者至二千七百余顷,创为堰闸,视时水旱而均节之,民获其利,歌咏载涂。丞相王文公为守,上其状于朝,以劳应格,特转光禄寺丞。文公知其才,事多委于君,以办治称。①

韩宗厚兴修水利就得到王安石极大的赞许,并加以褒扬,使其升迁。

当然,亦有认为王安石牵累半山之好者,如姚勉《黄氏好山记》云:

---

① 曾枣庄、刘琳主编:《全宋文》第128册,上海:上海辞书出版社、合肥:安徽教育出版社,2006年,第185页。

虽然，山不能自好也，人实好之。首阳山之好也，以夷、齐；商於山之好也，以四皓。东山有谢安载酒游，而东山重；南山有陶渊明采菊见，而南山高；寿山有李太白楼其间，寿山显；饭颗山有杜少陵过其下，饭颗山名。庐山好以白乐天、刘凝之，孤山好以林和靖、东坡老子。山固多好，亦未尽好也，人则好之矣。终南山而捷径，少室山而索价，北山而辱人移文，奇章读书于后隆之山，獦郎骑驴于钟山之半，山之好固自若，而又有累其好者矣。①

姚勉以评价王安石为基础，来评价钟山，显然没有把王安石为政与其退隐金陵二事区分开来，而混为一谈，难怪会得出这样偏激的观点。

五、身安之地：人与城市

归根究底，王安石学说是其自赎的最根本原因，如其友李士宁下狱，王安石就跟神宗说了自己的心路历程如下：

士宁纵谋反，陛下以为臣罪，臣敢不伏辜！然内省实无由知，亦无可悔恨。然初闻士宁坐狱，臣实恐惧。自陛下即位以来，未尝勘得一狱正当，臣言非诬，皆可验覆也。今士宁坐狱，

①　曾枣庄、刘琳主编：《全宋文》第 352 册，上海：上海辞书出版社、合肥：安徽教育出版社，2006 年，第 89—90 页。

> 语言之间稍加增损，臣便有难明之罪。既而自以揣心无他，横
> 为恺邪诬陷，此亦有命，用此自安。①

这种以素心安命达到心安的方法，并不独特，却说来容易做来难，王安石究竟是如何做到的呢？还是值得我们细探缘由。何况李士宁狱是王安石本身没有问题，才能如此，而其一生，尤其是变法事业，岂能全无过失？根本无法相提并论。

在这之间，金陵发挥了很大的作用，因为心安并非靠意志就能实现，还需要首先身安，故王安石《赠僧》云：

> 纷纷扰扰十年间，世事何尝不强颜。
> 亦欲心如秋水静，应须身似岭云闲。

而金陵给王安石带来了身安，其隐退金陵时期，留恋山水之间。如《庚申游齐安院》云：

> 水南水北重重柳，山后山前处处梅。
> 未即此身随物化，年年长趁此时来。

后来又有《庚申正月游齐安院有诗云水南水北重重柳壬戌正月再游》，果然没有食言，齐安院成为王安石经常打卡之地，如《壬戌正月晦与仲元自淮上复至齐安》《同陈和叔游齐安院》《成〈字说〉后与

---

① ［宋］李焘撰，上海师范大学古籍整理研究所、华东师范大学古籍整理研究所点校：《续资治通鉴长编》，北京：中华书局，2004 年，第 6461 页。

曲江谭掞丹阳蔡肇同游齐安院》等。除了诗歌，还有词作加以表现，如《渔家傲》其一：

> 灯火已收正月半，山南山北花撩乱。闻说浐亭新水漫，骑款段，穿云入坞寻游伴。 却拂僧床褰素幔，千岩万壑春风暖。一弄松声悲急管，吹梦断，西看窗日犹嫌短。

甚至使王安石产生跟"故吾"不同的"新吾"之感，其《秦淮泛舟》云："花与新吾如有意，山于何处不相招。"有时则又有"新吾""故吾"皆我之感："此物非他物，今吾即故吾。今吾如可状，此物若为摹。"（《传神自赞》）其绝笔诗更是连"故吾"亦忘："老年无忻豫，况复病在床。汲水置新花，取慰以流芳。流芳不须臾，吾亦岂久长。新花与故吾，已矣可两忘。"（《新花》）此诗之意，与"一川花好泉亦好，初晴涨绿深于草。汲泉养之花不老，花底幽人自衰槁"（《法云》）略同，不仅泯灭新旧之吾，亦浑然物我为一矣。

山水之游亦有佳处，因为稍涉人事，就有卷入纷争的嫌疑，如王安石与吕嘉问唱和，就被拿来作为讽刺证据，李焘引云：

> 陈璀尊尧余言载璀上封事言：熙丰大美，今日之所当述，臣下蒙蔽而不言者，有二事焉：其一逐邓绾；其二知江宁府吕嘉问与江东运判何琬互论公事。王安石在闲居中讼琬而党嘉问，神考怒嘉问而沮安石，是非明白，天下欣耸，威福在上，人莫敢干，熙丰大美，此其二也。及封事别奏云：臣闻元丰元年，知江宁府吕嘉问，与本路转运判官何琬互论公事，王安石闲居中，入札子救嘉问，神考不以安石为是也，批送安石札子付琬，

瑓因而奏辩不已。神考于是直瑓所奏，而嘉问夺官谪知临江军。安石伐送嘉问，赋诗以赠之，瑓又尽录其诗而奏之曰"讽刺交作"，神考不以何瑓为过也。①

而山水之间则无此忧虑。故袁桷云：

> 吕嘉问以元丰元年自金陵改知润州，二年四月，落职罢郡。方是时，朝廷积息之弊极矣。公时家居，然犹不悟其非，何哉？昔山谷老人尝言："荆公不甚知人痛痒。"余谓此说殊不近理。夫人之厚薄，皆生于情之好恶。方熙宁间，荆公之所恶者多矣。至于晚年，而其所好者又皆背叛构祸，宜其平昔简牍漠然，若无世俗之情。②

昔日同僚之背叛对王安石晚期心态亦有较大影响，山水则一直抚慰着他。

当然，身安跟心安是相辅相成的，这可以通过与他人对比来体现。王铚《默记》云：

> 陈秀公罢相，以镇江军节度使判扬州。其先茔在润州，而镇江即本镇也。每岁十月旦、寒食，诏许两往镇江展省。两州送迎，旌旗舳舰，官吏锦绣，相属于道，今古一时之盛也。是

---

① ［宋］李焘撰，上海师范大学古籍整理研究所、华东师范大学古籍整理研究所点校：《续资治通鉴长编》，北京：中华书局，2004 年，第 7145 页。
② ［元］袁桷著，杨亮校注：《袁桷集校注》，北京：中华书局，2012 年，第 2024—2025 页。

时，王荆公居蒋山，骑驴出入。会荆公病愈，秀公请于朝，许带人从往省荆公，诏许之。舟楫衔尾，蔽江而下，衔告而于舟中喝道不绝，人皆叹之。荆公闻其来，以二人肩鼠尾轿，迎于江上。秀公鼓旗舰舳正喝道，荆公忽于芦苇间驻车以俟。秀公令就岸，大船回旋久之，乃能泊而相见。秀公大惭，其归也，令罢舟中喝道。①

王铚《默记》又说：

先子言，元丰末，王荆公在蒋山野次，跨驴出入。时正盛暑，而提刑李茂直往候见，即于道左遇之。荆公舍蹇相就，与茂直坐于路次。荆公以兀子，而茂直坐胡床也。语甚久，日转西矣，茂直令张伞，而日光正漏在荆公身上。茂直语左右，令移伞就相公。公曰："不须。若使后世做牛，须着与他日里耕田。"②

王安石能在简朴条件下得到心安，反过来使其更加身安。

最能体现身安的是王安石在金陵的日常生活。虽然王安石认为下棋耽误道德修行，但偶尔无事，也下棋为乐，如：

北风吹人不可出，清坐且可与君棋。
明朝投局日未晚，从此亦复不吟诗。

（《对棋与道源至草堂寺》）

① ［宋］王铚撰，朱杰人点校：《默记》，北京：中华书局，1981年，第24页。
② ［宋］王铚撰，朱杰人点校：《默记》，北京：中华书局，1981年，第24页。

有一次番禺使君送给他大龟，他设想了各种处置之法都不得当，最
后拿到钟山寺庙里放生并写七古一首，全诗趣味盎然，录之如下：

世传一尾龟百龄，此龟逮见隋唐兴。

虽然天幸免焦灼，想屡缩颈愁严凝。

前年赴满不量力，欲替鳌负三峥嵘。

番禺使君邂逅见，知困簸荡因嗟矜。

疾呼豫且设网取，以组系首𪎓穿绳。

北归与俱度大庾，两夫赑屃苦不胜。

舣船秦淮担送我，云此一可当十朋。

昔人宝龟谓神物，奉事犒骨尤兢兢。

残民灭国递争夺，有此乃敢司灵烝。

于时睹甲别贵贱，太卜藏法传昆仍。

岂知元君须见梦，初如欢喜得未曾。

自从九江罢纳锡，众渔贱弃秋不登。

卜人官废亦已久，果猎谁复知殊称？

今君此宝世莫识，我亦坐视心瞢瞢。

揋床才堪比瓦砾，当粟孰肯捐斗升？

糁头腥臊何足嗜，曳尾污秽适可憎。

盛浸除聋岂必验，蹈背出险安敢凭？

刳肠以占幸无事，卷壳而食病未能。

如闻龟息可视效，往乃有堕崖千层。

仰窥朝阳俯引气，亦得难老如冈陵。

谅能学此真寿类，世论妄以虫疑冰。

嗟余老矣倦呼吸，起晏光景难瞻承。

但知故人所玩惜，每戒异物相侵陵。

唯忧盗贼今好卜，夜半劫请无威惩。

复恐馋夫负之走，并窃老木为薪蒸。

浅樊荒圃不可保，守视且寄钟山僧。

（《同王浚贤良赋龟得升字》）

诗中先写大龟在海里被广州太守抓住，献给王安石，王安石虽然高兴，但是因大龟在今世无所可用而发愁，垫床太委屈它，拿去换米又换不了多少，跟米一起煮熟吃又嫌腥臊，放生到污泥中又觉得恶心，传说龟尿可治耳聋，但又不一定有效，据说大龟可以驮人脱离险境，可踩它的背本身就危险，想把它剖开、用它的龟壳占卜，可又没有什么事要占卜，想连壳一起吃掉它，又因病不能吃，要不还是留着学龟息大法吧？这倒真的能延年益寿，可每次都是早上对着朝阳呼吸，王安石觉得自己年岁已高，起不了那么早……留在家里吧，又怕被偷，赔了夫人又折兵就不好了。思来想去，万分纠结，最终选择送到钟山和尚那里。诗虽写龟，但透露出王安石的日常生活状况，可谓弥足珍贵的材料，从中不难看出王安石暮年生活的实况，虽有疾病困扰，大抵身安心安。

王安石对自己的住宅极其满意，诗中说：

吾庐虽隐翳，赏眺还自足。

横陂受后洞，直堑输前渎。

跳鳞出重锦，舞羽堕软玉。

碧筒递舒卷，紫角联出缩。

千枝孙峄阳，万本母淇澳。

满门陶令株，弥岸韩侯薍。

尚复有野物，与公新听瞩。

金钿拥芜菁，翠被敷苜蓿。

虾蟆能作技，科斗似可读。

棍轩俯北渚，花气时度谷。

耕锄聊效颦，缔构行可续。

荒乘傥不倦，一昼敢辞卜。

虽无北海酒，乃有平津肉。

翛翛仙李枝，城市久烦促。

寄声与俱来，荫我台上谷。

（《招约之职方并示正甫书记》）

全诗写到住宅附近各种动植物，确实有摆脱"城市久烦促"，而"心事付草木"的悠闲之意。池里游鱼之乐甚佳，王安石在诗中写道：

念子且行矣，邀子过我庐。

汲我山下泉，煮我园中蔬。

知子有仁心，不忍钩我鱼。

我池在仁境，不与獱獭居。

亦复无虫蛆，出没争腐余。

食罢往游观，鲅鲅藻与蒲。

波清映白日，摆尾扬其须。

岂鱼有此乐，而我与子无？

击壤谣圣时，自得以为娱。

（《邀望之过我庐》）

又有"南荡东陂无此物，但随深浅见游鯈"（《芙蕖》）、"沟西直下看芙蕖，叶底三三两两鱼。若比濠梁应更乐，近人浑不畏春锄"（《沟西》）、"槐阴过雨尽新秋，盆底看云映水流。忽忆小金山下路，绿蘋稀处看游鯈"（《怀府园》）等诗。一旦有此濠上之乐，就不忍食鱼：

> 捉鱼浅水中，投置最深处。
> 当暑脱煎熬，倏然泳而去。
> 岂无良庖者，可使供匕箸。
> 物我皆畏苦，舍之宁啖茹。
>
> （《放鱼》）

甚至连乘舟都怕伤鱼：

> 池堑秋水净，扁舟溯凉飙。
> 的皪荷上珠，俯映疏星摇。
> 深寻畏鱼浅，中路且回桡。
> 冥冥菰蒲中，乃复有惊跳。
>
> （《秋夜泛舟》）

亦有鸟儿来园中光顾，如不祥之鸟车载板，但王安石不以为意，并连写两首诗云：

> 荒哉我中园，珍果所不产。
> 朝暮惟有鸟，自呼车载板。

楚人闻此声，莫有笑而莞。

而我更歌呼，与之相往返。

视遇若抟黍，好音而睨睆。

壤壤生死梦，久知无可拣。

物弊则归土，吾归其不晚。

归欤汝随我，可相《蒿里》挽。

鸟有车载板，朝暮尝一至。

世传鹏似鸮，而此与鸮似。

唯能预人死，以此有名字。

矤即贾长沙，当时所遭值。

洛阳多少年，扰扰经世意。

粗闻方外语，便释形骸累。

吾衰久捐书，放浪无复事。

尚自不见我，安知汝为异。

怜汝好毛羽，言音亦清丽。

胡为太多知，不默而见忌。

楚人既憎汝，弹射将汝利。

且长随我游，吾不汝羹胾。

（《车载板二首》）

表现出生死达观之态。王安石屋舍周边曾有桃花成林：

舍南舍北皆种桃，东风一吹数尺高。

枝柯蔫绵花烂熳，美锦千两敷亭皋。

晴沟涨春绿周遭，俯视红影移渔舠。

山前邂逅武陵客，水际仿佛秦人逃。

攀条弄芳畏晼晚，已见黍雪盘中毛。

仙人爱杏令虎守，百年终属樵苏手。

我衰此果复易朽，虫来食根那得久。

瑶池绀绝谁见有？更值花时且追酒，君能酪酊相随否？

（《移桃花示俞秀老》）

除了移桃花，还有移杏花等诗。花之外，还栽绿色蔬菜：

园蔬小摘嫩还抽，畦稻新春滑欲流。

枕簟不移随处有，饱餐甘寝更无求。

（《园蔬》）

移栽柳树：

移柳当门何啻五，穿松作径适成三。

临流寓兴还能赋，自比渊明或未惭。

（《移柳》）

按照王安石的话来说，大抵是"心力常年人事外，种花移石尚殷勤"（《金陵报恩大师西堂方丈二首》其二），可谓极其生动。这与早年"更作世间儿女态，乱栽花竹养风烟"（《鄞县西亭》）已大不相同。

夏天的金陵较热，王安石也有山间避暑之诗：

残暑安所逃? 弯碕北窗北。

伐翳作清旷,培芳卫岑寂。

投衣挂青枝,敷簟取一息。

凉风过碧水,俯见游鱼食。

永怀少陵诗,菱叶净如拭。

谁当共新甘,紫角方可摘。

(《弯碕》)

写自己在弯碕铺席酣眠乘凉之事,金陵山水使暑热也变得可爱起来。王安石也有夜间看月照流水雅事:

山泉堕清陂,陂月临净路。

惜哉此佳景,独赏无与晤。

堨口哆陂阴,要予水西去。

呼僮拥草垡,复使东南注。

(《步月二首》其一)

连夜把水道修复如意。最关键的还是要有诗友,如杨德逢、耿天骘等人,可以"摄衣负朝暄,一笑皆捧腹"(《和耿天骘同游定林》)、"有兴即扳联,东阡与南陌"(《次韵约之谢惠诗》)等,朝夕游处山水之间,乐在其中,不知老之将至。

总之,用王安石自己的诗来概括,就是身安才能有这些乐趣,王安石诗中是用"身闲"来呈现的,他在诗中说:

吹破春冰水放光,山花涧草百般香。

　　身闲处处堪行乐，何事低回两鬓霜。

（《怀旧》①）

　　只有身闲身安，才能处处堪乐。地域文化正是在身安的角度，给我们提供更多的启发。古人不得已，乃有"此心安处是吾乡"的精神胜利之法，时代发展，当今城市不仅要追求使人心安，更要使人身安，而"此身安处是吾乡"则是城市文化核心所在，身安是心安的基础，正如王安石诗中所说："亦欲心如秋水静，应须身似岭云闲。"（《赠僧》）只有身闲如云，才能心静如水。这对我们身处其中的忙碌的世界，不啻当头棒喝。

---

　　① 　此诗又作《春人》，李壁认为是王安石后来改本（［宋］王安石撰，［宋］李壁笺注，［宋］刘辰翁评点，董岑仕点校：《王安石诗笺注》，北京：中华书局，2021 年，第 1823 页），但"身闲"没有改动，可见诗眼在此。

附录　王安石金陵事迹简编

　　该简编根据刘成国《王安石年谱长编》制成，突出王安石在金陵的重要事迹，以呈现王安石学术思想与金陵的密切关联。

景祐四年(1037),十七岁

四月,父王益通判江宁府,王安石初来金陵。

宝元元年(1038),十八岁

居江宁,苦学,欲与稷、契相希。

宝元二年(1039),十九岁

父王益卒于江宁府通判任上,暂厝江宁,王安石在金陵居丧;与李不疑为友,讨论圣人之道。

康定元年(1040),二十岁

居江宁,与马仲舒共修举业,以礼法启发马仲舒;撰《性论》,开北宋道德性命之学。

康定二年(1041),二十一岁

离金陵赴京,留京师,等待礼部试;次年登杨寘榜进士第四名,授校书郎,签书淮南节度判官。

庆历五年(1045),二十五岁

秩满解官,归江宁。

庆历八年(1048),二十八岁

秋,归江宁葬父,未果。

皇祐二年(1050),三十岁

归江宁。姚辟来访,别后有书信,论圣人之学不在章句名数而已。

皇祐三年(1051),三十一岁

四月十日,归江宁,葬父于牛首山。

皇祐四年(1052),三十二岁

四月,返江宁葬长兄王安仁。

嘉祐二年(1057),三十七岁

在京任职,清明有诗怀金陵。

嘉祐八年（1063），四十三岁

丁母忧，解官归江宁，葬母于江宁府之蒋山；居丧苦学，所著《淮南杂说》盛行，人以孟子相比。

治平二年（1065），四十五岁

十月十一日，服除，二十七日上状辞赴阙，乞一分司官于江宁居住；收晏防、杨骥、郑侠等弟子。

治平三年（1066），四十六岁

在江宁设帐讲学，陆佃、龚原、沈凭、王据、蔡渊、徐君平、杨训、蔡京、王无咎、郏侨、丘秀才等从学；精研《诗经》，桌案上《毛诗正义》翻烂，撰《周南诗次解》《国风解》；此一时期，作《金陵怀古四首》《桂枝香·金陵怀古》《南乡子·自古帝王州》等诗词名篇。

治平四年（1067），四十七岁

知江宁府。

熙宁七年（1074），五十四岁

四月七日，宋神宗以郑侠所上流民图问辅臣，王安石因乞避位；四月十九日，罢相，以吏部尚书、观文殿大学士知江宁府；四月二十三日，诏依旧提举详定国子监修撰经义，诏长子王雱从江宁修撰经义；五月六日，乞以经义检讨官余中等同往江宁府，神宗从之；六月十五日，返江宁，修经义，开新河。

熙宁八年（1075），五十五岁

二月十一日，再相，三月一日离江宁赴阙；在京赋《道人北山来》诗，怀归，遣俞逊往江宁治垣屋，作归隐之计。

熙宁九年（1076），五十六岁

六月二十五日，王雱卒；有《怀金陵三首》；十月二十三日，罢相，为镇南军节度使、同平章事、判江宁府，有"当时诸葛成何事，只合终身作卧龙"之句;十二月四日,乞施田与蒋山太平兴国寺充常住,为父母及王雱营办功德,神宗从之。

熙宁十年(1077),五十七岁

居江宁,多次乞罢使相,求宫观,六月十四日,罢判江宁府,以使相领集禧观使;八月十七日,弟王安国卒;封舒国公。

元丰元年(1078),五十八岁

居江宁,辞去使相;与吕嘉问唱和,何琬尽录其诗,以奏神宗,诬以讽刺;戏和苏轼《芙蓉城》诗。

元丰二年(1079),五十九岁

居江宁,营建半山园,游定林寺、白鹭洲、凤凰台等,写诗为乐,喜作集句诗词,如《胡笳十八拍》;苏轼乌台诗案爆发,发言救之;神宗所赐之马死,写诗哀悼,后以驴代步;解《华严经》;见苏轼《表忠观碑》,赞叹不已。

元丰三年(1080),六十岁

居江宁,八月二十六日,上札乞改《三经义》误字;九月二十六日,改封荆国公;读苏轼《成都圣像藏记》,为改一字;解《楞严经》,与蔡肇论同生基。

元丰四年(1081),六十一岁

居江宁,殚精竭虑,修订《字说》。

元丰五年(1082),六十二岁

居江宁,修成《字说》并进献神宗;编《四家诗选》,四家指杜甫、李白、韩愈、欧阳修。

元丰六年(1083),六十三岁

居江宁,移松皆死,作诗咏之。

元丰七年（1084），六十四岁

居江宁，黄庭坚过江宁来访，谈诗论文，相聚甚欢；六月二十日，上札乞以半山园为僧寺，神宗从之，赐额报宁禅寺；租城中屋以居；七月，苏轼抵达江宁，与苏轼诵诗说佛，偶及国政，劝苏轼买宅卜邻，共老钟山，因事未果，苏轼荐以秦观。

元丰八年（1085），六十五岁

居江宁，三月五日，神宗崩，哲宗即位，司马光渐废新法；居金陵秦淮小宅，折松枝架栏以御暑；自退居江宁，作诗精深华妙，绝句尤为天下所称。

元祐元年（1086），六十六岁

居江宁，闻新法渐废，不平；二月末，作绝笔诗，有"新花与故吾，已矣两相忘"之句；四月六日卒，苏轼为作《王安石赠太傅制》，赞以"希世之异人"；弟王安礼营办葬事，葬蒋山东三里，与王安国、王雱诸坟相望，今已不知其处；苏轼、黄庭坚作诗悼念。

参考文献

一、原　典

[秦]吕不韦编,许维遹集释,梁运华整理:《吕氏春秋集释》,北京:中华书局,2009年。

[汉]孔安国传,[唐]孔颖达正义,黄怀信整理:《尚书正义》,上海:上海古籍出版社,2007年。

[汉]许慎撰,[清]段玉裁注,许惟贤整理:《说文解字注》,南京:凤凰出版社,2007年。

[汉]扬雄撰,汪荣宝注疏,陈仲夫点校:《法言义疏》,北京:中华书局,1987年。

[晋]郭象注,[唐]成玄英疏,曹础基、黄兰发点校:《南华真经注疏》,北京:中华书局,1998年。

[宋]陈均编,许沛藻等点校:《皇朝编年纲目备要》,北京:中华书局,2006年。

[宋]陈师道撰,李伟国点校:《后山谈丛》,北京:中华书局,2007年。

[宋]程颢、程颐著,王孝鱼点校:《二程集》,北京:中华书局,2004年。

[宋]程颢、程颐撰,李吁、吕大临等辑录,朱熹编定,朱杰人、严佐之、刘永翔主编:《程氏遗书》,上海:华东师范大学出版社,2010年。

［宋］方勺撰,许沛藻、杨立扬点校:《泊宅编》,北京:中华书局,1983 年。

［宋］龚明之撰,张剑光整理:《中吴纪闻》,郑州:大象出版社,2019 年。

［宋］洪迈撰,何卓点校:《夷坚志》,北京:中华书局,2006 年。

［宋］洪迈撰,孔凡礼点校:《容斋随笔》,北京:中华书局,2005 年。

［宋］胡太初撰,闫建飞点校:《昼帘绪论》,北京:中华书局,2019 年。

［宋］惠洪撰,陈新点校:《冷斋夜话》,北京:中华书局,1988 年。

［宋］黎靖德编,王星贤点校:《朱子语类》,北京:中华书局,1986 年。

［宋］李焘撰,上海师范大学古籍整理研究所、华东师范大学古籍整理研究所点校:《续资治通鉴长编》,北京:中华书局,2004 年。

［宋］林希逸著,周启成校注:《庄子鬳斋口义校注》,北京:中华书局,1997 年。

［宋］刘攽撰,逯铭昕点校:《彭城集》,济南:齐鲁书社,2018 年。

［宋］刘斧撰,李国强整理:《青琐高议》,郑州:大象出版社,2019 年。

［宋］刘宰撰,王勇、李金坤校证:《京口耆旧传校证》,镇江:江苏大学出版社,2016 年。

［宋］陆佃著,王敏红校点:《埤雅》,杭州:浙江大学出版社,2008 年。

［宋］陆佃撰:《尔雅新义》,上海:商务印书馆,1937 年。

［宋］陆游著,钱仲联、马亚中主编:《陆游全集校注》,杭州:浙江古籍出版社,2015 年。

［宋］陆游撰,孔凡礼点校:《家世旧闻》,北京:中华书局,1993 年。

［宋］吕希哲撰,夏广兴整理:《吕氏杂记》,郑州:大象出版社,2019 年。

［宋］吕祖谦著,杜海军点校:《左氏传说》,杭州:浙江古籍出版社,2017 年。

［宋］吕祖谦著,黄灵庚、吴战垒主编:《增修东莱书说》,杭州:浙江

古籍出版社,2017 年。

[宋]罗大经撰,王瑞来点校:《鹤林玉露》,北京:中华书局,1983 年。

[宋]马永卿辑,[明]王崇庆解,[明]崔铣编行录,[清]钱培名补脱文:《元城语录解 附行录解脱文》,上海:商务印书馆,1939 年。

[宋]钱世昭撰,查清华、潘超群整理:《钱氏私志》,郑州:大象出版社,2019 年。

[宋]强至撰,钱志坤点校:《韩忠献公遗事》,杭州:浙江古籍出版社,2019 年。

[宋]邵伯温撰,李剑雄、刘德权点校:《邵氏闻见录》,北京:中华书局,1983 年。

[宋]沈括撰,金良年点校:《梦溪笔谈》,北京:中华书局,2015 年。

[宋]施德操撰,虞云国、孙旭整理:《北窗炙輠录》,郑州:大象出版社,2019 年。

[宋]释惠洪著,[日]释廓门贯彻注,张伯伟等点校:《注石门文字禅》,北京:中华书局,2012 年。

[宋]释契嵩著,林仲湘、邱小毛校注 :《镡津文集校注》,成都:巴蜀书社,2014 年。

[宋]司马光著,李之亮笺注:《司马温公集编年笺注》,成都:巴蜀书社,2009 年。

[宋]司马光撰,邓广铭、张希清点校:《涑水记闻》,北京:中华书局,1989 年。

[宋]苏轼撰,[明]茅维编,孔凡礼点校:《苏轼文集》,北京:中华书局,1986 年。

[宋]苏轼撰,[清]王文诰辑注,孔凡礼点校:《苏轼诗集》,北京:中

华书局,1982 年。

［宋］苏辙著,陈宏天、高秀芳点校:《苏辙集》,北京:中华书局,1990年。

［宋］苏籀撰,张剑光、里相正整理:《栾城先生遗言》,郑州:大象出版社,2019 年。

［宋］王安石著,邱汉生辑校:《诗义钩沉》,北京:中华书局,1982 年。

［宋］王安石著,［宋］李壁笺注,高克勤点校:《王荆文公诗笺注》,上海:上海古籍出版社,2010 年。

［宋］王安石著,唐武标校:《王文公文集》,上海:上海人民出版社,1974 年。

［宋］王安石撰,罗家湘点校:《王安石老子注辑佚会钞》,上海:华东师范大学出版社,2013 年。

［宋］王安石撰,［宋］李壁笺注,［宋］刘辰翁评点,董岑仕点校:《王安石诗笺注》,北京:中华书局,2021 年。

［宋］王安石撰,吴人整理,朱维铮审阅:《周官新义》,上海:上海书店出版社,2012 年。

［宋］王巩撰,张其凡、张睿点校:《清虚杂著》,北京:中华书局,2017 年。

［宋］王明清撰,戴建国、赵龙整理:《玉照新志》,郑州:大象出版社,2019 年。

［宋］王明清撰,燕永成整理:《挥麈后录》,郑州:大象出版社,2019 年。

［宋］王铚撰,朱杰人点校:《默记》,北京:中华书局,1981 年。

［宋］韦骧撰,李玲玲、郜同麟整理:《钱唐韦先生文集》,杭州:浙江古籍出版社,2019 年。

［宋］魏庆之著,王仲闻点校:《诗人玉屑》,北京:中华书局,2007 年。

［宋］魏泰撰,李裕民点校:《东轩笔录》,北京:中华书局,1983 年。

［宋］吴坰撰，黄宝华整理：《五总志》，郑州：大象出版社，2019 年。

［宋］吴曾撰，刘宇整理：《能改斋漫录》，郑州：大象出版社，2019 年。

［宋］徐度撰，朱凯、姜汉椿整理：《却扫编》，郑州：大象出版社，2019 年。

［宋］杨万里撰，辛更儒笺校：《杨万里集笺校》，北京：中华书局，2007 年。

［宋］叶梦得撰，徐时仪整理：《避暑录话》，郑州：大象出版社，2019 年。

［宋］叶梦得撰，徐时仪整理：《岩下放言》，郑州：大象出版社，2019 年。

［宋］岳珂撰，吴企明点校：《桯史》，北京：中华书局，1981 年。

［宋］曾巩撰，陈杏珍、晁继周点校：《曾巩集》，北京：中华书局，1984 年。

［宋］曾敏行撰，朱杰人整理：《独醒杂志》，郑州：大象出版社，2019 年。

［宋］曾慥撰，俞钢、王彩燕整理：《高斋漫录》，郑州：大象出版社，2019 年。

［宋］詹大和等撰，裴汝诚点校：《王安石年谱三种》，北京：中华书局，1994 年。

［宋］张邦基撰，孔凡礼点校：《墨庄漫录》，北京：中华书局，2002 年。

［宋］张端义撰，许沛藻、刘宇整理：《贵耳集》，郑州：大象出版社，2019 年。

［宋］张敦颐撰，张忱石点校：《六朝事迹编类》，北京：中华书局，2012 年。

［宋］张舜民撰，黄宝华整理：《郴行录》，郑州：大象出版社，2019 年。

［宋］张知甫撰，孔凡礼整理：《可书》，郑州：大象出版社，2019 年。

［宋］赵令畤撰，孔凡礼点校：《侯鲭录》，北京：中华书局，2002 年。

［宋］赵彦卫撰，傅根清点校：《云麓漫钞》，北京：中华书局，1996 年。

［宋］周必大撰，李昌宪整理：《二老堂杂志》，郑州：大象出版社，2019 年。

［宋］周辉撰，刘永翔校注：《清波杂志校注》，北京：中华书局，1994 年。

［宋］周密撰，张茂鹏点校：《齐东野语》，北京：中华书局，1983 年。

［宋］朱弁撰，孔凡礼点校：《曲洧旧闻》，北京：中华书局，2002 年。

［宋］朱熹撰：《四书章句集注》，北京：中华书局，1983 年。

［宋］朱彧撰，李伟国点校：《萍洲可谈》，北京：中华书局，2007 年。

［元］马端临撰，上海师范大学古籍研究所、华东师范大学古籍研究
　　所点校：《文献通考》，北京：中华书局，2011 年。

［元］脱脱等撰，中华书局编辑部点校：《宋史》，北京：中华书局，
　　1985 年。

［元］袁桷著，杨亮校注：《袁桷集校注》，北京：中华书局，2012 年。

［明］瞿汝稷编纂，德贤、侯剑整理：《指月录》，成都：巴蜀书社，2012 年。

［明］沈德符著，李祥耀点校：《沈德符集》，杭州：浙江古籍出版社，
　　2015 年。

［明］宋濂著，蒋金德点校：《萝山集》，杭州：浙江古籍出版社，2014 年。

［明］周汝登著，张梦新、张卫中点校：《圣学宗传》，杭州：浙江古籍
　　出版社，2015 年。

［清］毕沅撰，标点续资治通鉴小组点校：《续资治通鉴》，北京：中华
　　书局，1957 年。

［清］何文焕辑：《历代诗话》，北京：中华书局，2004 年。

［清］洪亮吉撰，李解民点校：《春秋左传诂》，北京：中华书局，1987 年。

［清］黄以周等辑注，顾吉辰点校：《续资治通鉴长编拾补》，北京：中
　　华书局，2004 年。

［清］厉鹗撰，曹明升、孔祥军主编：《宋诗纪事》，杭州：浙江古籍出
　　版社，2019 年。

［清］陆心源著，冯惠民整理：《仪顾堂书目题跋汇编》，北京：中华书

局,2009年。

[清]缪荃孙著,张廷银、朱玉麒主编:《缪荃孙全集》,南京:凤凰出版社,2014年。

[清]钱大昕著,陈文和主编:《潜研堂文集》,南京:凤凰出版社,2016年。

[清]钱大昕撰,程羽黑笺注:《十驾斋养新录笺注》,上海:上海书店出版社,2015年。

[清]阮元校刻:《毛诗正义》,北京:中华书局,2009年。

[清]阮元校刻:《十三经注疏》,北京:中华书局,2009年。

[清]邵晋涵撰,李嘉翼、祝鸿杰点校:《尔雅正义》,北京:中华书局,2017年。

[清]汤鹏撰,刘志靖等校点:《浮邱子》,长沙:岳麓书社,2011年。

[清]王夫之著,舒士彦点校:《宋论》,北京:中华书局,1964年。

[清]王梓材、冯云濠编撰,沈芝盈、梁运华点校:《宋元学案补遗》,北京:中华书局,2012年。

[清]吴敬梓著,李汉秋、项东升校注:《吴敬梓集系年校注》,北京:中华书局,2011年。

[清]姚永朴撰,许振轩校点:《文学研究法》,合肥:黄山书社,2011年。

[清]永瑢等撰:《四库全书总目》,北京:中华书局,1965年。

[清]俞樾撰,卓凡等点校:《茶香室四钞》,北京:中华书局,1995年。

[清]俞正燮撰,于石等点校:《癸巳存稿》,合肥:黄山书社,2005年。

[清]查慎行撰,张玉亮、辜艳红点校:《查慎行集》,杭州:浙江古籍出版社,2018年。

程毅中主编,王秀梅等编录:《宋人诗话外编》,北京:中华书局,2017年。

丁传靖辑:《宋人轶事汇编》,北京:中华书局,2003 年。

顾宏义、李文整理标校:《宋代日记丛编》,上海:上海书店出版社,
　　2013 年。

郭绍虞辑:《宋诗话辑佚》,北京:中华书局,1980 年。

何建章注释:《战国策注释》,北京:中华书局,1990 年。

黄濬著,李吉奎整理:《花随人圣庵摭忆》,北京:中华书局,2008 年。

汪圣铎点校:《宋史全文》,北京:中华书局,2016 年。

汪征鲁、方宝川、马勇主编:《严复全集》,福州:福建教育出版社,
　　2014 年。

王水照主编:《王安石全集》,上海:复旦大学出版社,2016 年。

杨伯峻撰:《列子集释》,北京:中华书局,1979 年。

杨镰主编:《全元诗》,北京:中华书局,2013 年。

余祖坤编:《历代文话续编》,南京:凤凰出版社,2013 年。

曾枣庄、刘琳主编:《全宋文》,上海:上海辞书出版社、合肥:安徽教
　　育出版社,2006 年。

曾枣庄主编:《宋代序跋全编》,济南:齐鲁书社,2015 年。

张佩纶著,谢海林整理:《张佩纶日记》,南京:凤凰出版社,2015 年。

张志烈、马德富、周裕锴主编:《苏轼全集校注》,石家庄:河北人民
　　出版社,2010 年。

张宗祥辑录,曹锦炎点校:《王安石〈字说〉辑》,福州:福建人民出版
　　社,2005 年。

二、著　作

Linguistic Content：*New Essays on the History of Philosophy of Language*，edited by Margaret Cameron and Robert J. Stainton，Oxford：Oxford University Press，2015.

［德］阿斯特莉特·埃尔、安斯加尔·纽宁主编，李恭忠、李霞译：《文化记忆研究指南》，南京：南京大学出版社，2021 年。

［美］陈汉生著，周景松、谢尔逊等译，张丰乾校译：《中国思想的道家之论：一种哲学解释》，南京：江苏人民出版社，2020 年。

［美］陈汉生著，周云之、张清宇、崔清田等译：《中国古代的语言与逻辑》，北京：社会科学文献出版社，1998 年。

［美］刘子健著，张钰翰译：《宋代中国的改革：王安石及其新政》，上海：上海人民出版社，2021 年。

［法］雅克·德里达著，汪家堂译：《论文字学》，上海：上海译文出版社，1999 年。

［法］莫里斯·哈布瓦赫著，毕然、郭金华译：《论集体记忆》，上海：上海人民出版社，2002 年。

卞仁海：《汉字汉语与汉文化论稿》，广州：暨南大学出版社，2016 年。

车铭洲编，李连江译：《西方现代语言哲学》，天津：南开大学出版社，1989 年。

陈嘉映：《语言哲学》，北京：北京大学出版社，2003 年。

陈启云：《中国古代思想文化的历史论析》，北京：北京大学出版社，2001 年。

陈植鄂:《北宋文化史述论》,北京:中国社会科学出版社,1992 年。

程章灿:《旧时燕:文学之都的传奇》,南京:南京大学出版社,2021 年。

邓广铭:《王安石:中国十一世纪的改革家》,北京:人民出版社,1975 年。

方诚峰:《北宋晚期的政治体制与政治文化》,北京:北京大学出版社,2015 年。

冯亚琳、[德]阿斯特莉特·埃尔主编,余传玲等译:《文化记忆理论读本》,北京:北京大学出版社,2012 年。

韩元:《宋代诗人别集校补与研究》,南京:东南大学出版社,2021 年。

孔凡礼:《苏轼年谱》,北京:中华书局,1998 年。

劳思光:《新编中国哲学史》,桂林:广西师范大学出版社,2005 年。

李德身:《王安石诗文系年》,西安:陕西人民出版社,1987 年。

李华瑞:《王安石变法研究史》,北京:人民出版社,2004 年。

李剑国:《宋代志怪传奇叙录》,北京:中华书局,2018 年。

李俊祥:《王安石学术思想研究》,北京:北京师范大学出版社,2000 年。

李之鉴:《王安石哲学思想初论》,北京:中国文联出版社,1999 年。

梁启超:《王荆公》,北京:中华书局,2015 年。

梁启超:《子墨子学说》,北京:中华书局,2015 年。

刘成国:《荆公新学研究》,上海:上海古籍出版社,2006 年。

刘成国:《王安石年谱长编》,北京:中华书局,2018 年。

钱穆:《中国学术思想史论丛》,台北:东大图书股份有限公司,1984 年。

苏德超:《哲学、语言与生活:论维特根斯坦的语言哲学》,长沙:湖南教育出版社,2009 年。

孙华、杜忠潮:《说文解字同声符字义通释例》,西安:三秦出版社,

2016 年。

汤江浩:《北宋临川王氏家族及文学考论:以王安石为中心》,北京:
　　人民文学出版社,2005 年。

陶秀璈、姚小平主编:《语言研究中的哲学问题》,北京:中央编译出
　　版社,2010 年。

涂纪亮:《英美语言哲学概论》,北京:人民出版社,1988 年。

王晋光:《王安石论稿》,台北:大安出版社,1993 年。

王力:《同源字典》,北京:商务印书馆,1982 年。

香港科技大学人文学部主编:《逻辑思想与语言哲学》,台北:学生
　　书局,1997 年。

香港中文大学哲学系编辑委员会主编:《分析哲学与语言哲学论文
　　集》,香港:香港中文大学新亚书院,1993 年。

徐时仪:《汉语语文辞书发展史》,上海:上海辞书出版社,2016 年。

徐涛:《王安石诗歌研究史稿》(两宋时期),北京:中华书局,2021 年。

薛英杰等:《〈说文解字〉的阐释体系及其说解得失研究》,北京:中
　　央编译出版社,2018 年。

杨天保:《金陵王学研究:王安石早期学术思想的历史考察(1021—
　　1067)》,上海:上海人民出版社,2008 年。

曾枣庄:《苏轼评传》,成都:巴蜀书社,2018 年。

张兵:《〈洪范〉诠释研究》,济南:齐鲁书社,2007 年。

钟如雄:《转注系统研究》,北京:商务印书馆,2014 年。

周光庆:《通往中国语言哲学的小路:周光庆自选集》,武汉:华中师
　　范大学出版社,2011 年。

祝尚书:《宋人总集叙录》,北京:中华书局,2004 年。

三、论　文

曹锦炎:《王安石及其〈字说〉——介绍张宗祥辑本〈熙宁字说辑〉》，《浙江学刊》1992 年第 6 期。

曹平:《〈说文解字〉第三、四篇误释字汇考》，硕士学位论文，杭州师范大学，2011 年。

陈本源:《王安石〈字说〉散论》，《苏州教育学院学报》1999 年第 1、2 期。

陈涛:《评王安石的字学理论及其他》，《天津师大学报》1997 年第 5 期。

桂祥徽:《评王安石的〈字说〉》，《青海民族学院学报》1975 年第 2 期。

崔应贤:《先秦"名实之辩"的语言哲学意义》，《学术界》2021 年第 10 期。

邓广铭:《关于王安石的居里茔墓及其他诸问题》，《北京大学学报（哲学社会科学版）》1993 年第 2 期。

邓广铭:《王安石在北宋儒家学派中的地位——附说理学家的开山祖问题》，《北京大学学报（哲学社会科学版）》1991 年第 2 期。

杜丽娜:《从文字学视角浅析〈字说〉》，《昭通学院学报》2016 年第 3 期。

丰家骅:《王安石葬于何处》，《古典文学知识》2003 年第 4 期。

高克勤:《曾巩王安石异同论》，《抚州师专学报》1988 年第 4 期。

关素华:《王安石人性论新探》，《南昌大学学报（人文社会科学版）》2018 年第 1 期。

韩水法:《汉语哲学:方法论的意义》，《学术月刊》2018 年第 7 期。

韩振华:《"语言学转向"之后的汉语哲学建构——欧美汉学界对于先秦中国思想的不同解读》，《华文文学》2014 年第 2 期。

何耿镛:《关于王安石的〈字说〉——驳"四人帮"喉舌所谓〈字说〉是王安石变法的"理论根据"的谬论》,《厦门大学学报(哲学社会科学版)》1978 年第 4 期。

胡静:《关于"汉语哲学"及中国哲学和文化特质的相关问题——许苏民教授学术访谈》,《江汉论坛》2021 年第 9 期。

黄建荣:《王安石〈字说〉说解字义的特点和以"会意"说解文字的原因》,《抚州师专学报》2001 年第 2 期。

黄前程:《自己讲自己——汉语哲学的登场、进路与前景》,《现代哲学》2020 年第 4 期。

霍永寿:《论当代中国话语研究的语言哲学基础及其建构》,《四川大学学报(哲学社会科学版)》2020 年第 6 期。

江怡:《从汉语哲学的视角看中国哲学研究》,《社会科学文摘》2020 年第 5 期。

李冬英:《陆佃〈尔雅新义〉管窥》,《信阳师范学院学报(哲学社会科学版)》2009 年第 4 期。

李国山:《语言哲学的理论特质及其在汉语语境中的呈现》,《河北学刊》2020 年第 3 期。

李家祥、黄寅瑞:《说文释误契文举证》,《贵州文史丛刊》1991 年第 4 期。

李娜:《〈说文解字〉"误释字"研究》,博士学位论文,河北大学,2012 年。

李全德:《释苏轼〈王安石赠太傅制〉中的"微意"》,《北京大学学报(哲学社会科学版)》2021 年第 5 期。李树军:《汉代文字整理与经学研究》,《辽宁大学学报(哲学社会科学版)》2014 年第 2 期。

李燕杰:《王安石〈字说〉研究》,硕士学位论文,曲阜师范大学,2011年。

梁涛:《北宋新学、蜀学派融合儒道的"内圣外王"概念》,《文史哲》2017年第2期。

林合华:《牟宗三语言哲学思想探微》,《孔子研究》2020年第5期。

林志强:《论"字说"现象》,《福建师范大学学报(哲学社会科学版)》1995年第2期。

刘杰:《论王安石的天人观念和灾祥书写——以"歌元丰"系列诗歌为例》,《中南大学学报(社会科学版)》2020年第1期。

卢艳琴:《〈说文解字〉误释类型研究》,硕士学位论文,内蒙古大学,2007年。

骆瑞鹤:《王氏〈字说〉考论》,《人文论丛》1999年卷。

马自力:《李白诗与妇人及酒——兼谈王安石评李白诗》,《南京社会科学》1990年第3期。

孟琢、陈子昊:《论章太炎的正名思想——从语文规范到语言哲学》,《杭州师范大学学报(社会科学版)》2018年第5期。

孟琢、尹梦:《〈说文解字〉取今文经学考》,《民俗典籍文字研究》2016年第2期。

孟琢:《厄言之道:论章太炎的语言哲学》,《哲学研究》2021年第9期。

彭传华:《梁启超语言哲学探论》,《江淮论坛》2020年第4期。

彭传华:《〈马氏文通〉与中国近代语言哲学的开新》,《社会科学战线》2021年第8期。

彭霞、冯玉涛:《类析许慎的记号认识及对记号的误解》,《宁夏大学学报(人文社会科学版)》2021年第3期。

戚金霞:《〈荀子〉语言哲学研究的现状及意义》,《贵州民族大学学报（哲学社会科学版）》2021 年第 3 期。

漆侠：《荆公学派与辩证法哲学》，《河北学刊》1999 年第 6 期。

任剑涛：《内圣的归内圣，外王的归外王：儒学的现代突破》，《中国
　　人民大学学报》2018 年第 1 期。

沈伟：《蔡卞〈毛诗名物解〉抄袭说考论》，《经学文献研究集刊》2020
　　年第 2 期。

宋喻、彭传华：《刘师培语言哲学探赜》，《江淮论坛》2021 年第 3 期。

宋喻、彭传华：《钱玄同五四时期语言哲学的内涵与特质》，《贵州社
　　会科学》2021 年第 9 期。

孙汝建：《汉语哲学的历史基础与理论建构》，《岭南师范学院学报》
　　2021 年第 3 期。

孙周兴：《我们可以通过汉语做何种哲学》，《学术月刊》2018 年第 7 期。

王珏：《张有〈复古编〉为匡正王安石〈字说〉而著考略》，《宁夏社会
　　科学》2009 年第 4 期。

王俊：《从作为普遍哲学的现象学到汉语现象学》，《中国社会科学》
　　2020 年第 7 期。

王育济：《宋代王安石家族及其姻亲》，《东岳论丛》2001 年第 3 期。

吴宁：《自然与人力：王安石的儒道会通——以王安石〈老子注〉为
　　中心》，《孔子研究》2021 年第 6 期。

徐时仪：《王安石的语言文字观》，《江西社会科学》1992 年第 5 期。

徐时仪：《王安石〈字说〉的成书时间和版本流传考》，《喀什师范学
　　院学报》1995 年第 1 期。

徐时仪：《王安石〈字说〉的文献价值述略》，《文献》1993 年第 2 期。

徐时仪：《王安石〈字说〉考论（上）》，《辞书研究》1992 年第 4 期。

徐英瑾：《基于汉语土壤的启蒙哲学何以可能？——以王充的〈论

衡〉为例》,《复旦学报(社会科学版)》2021 年第 4 期。

鄢嫣:《疏离于古文运动之外——论王安石与欧阳修、曾巩的文学交游》,《北京社会科学》2021 年第 2 期。

杨海明:《"妙在得于妇人"——论歌妓对唐宋词的作用》,《中国典籍与文化》1995 年第 2 期。

杨世利:《试论王安石的内圣外王之道》,《中州学刊》2000 年第 4 期。

杨维中:《中观学语言哲学刍议》,《安徽大学学报(哲学社会科学版)》2017 年第 3 期。

杨柱才:《王安石的性命学说》,《抚州师专学报》2001 年第 2 期。

张明华:《真名士自风流——王安石的生活方式》,《文史知识》2002 年第 8 期。

张文涤、胡炎祜:《论〈字说〉和〈字说辨〉的斗争》,《安徽师范大学学报(哲学社会科学版)》1976 年第 1 期。

赵建章、赵迎芳:《"言不尽意"论的传统误区及出自语言哲学观的修正》,《文艺理论研究》2017 年第 4 期。

赵玉强:《由"言"观"道":道家语言哲学的内在逻辑与路向探赜》,《浙江社会科学》2017 年第 8 期。

郑晓江:《半山园——名相王安石的归宿》,《寻根》2002 年第 3 期。

钟来因:《王安石〈字说〉的盛与衰》,《读书》1987 年第 4 期。

周光庆:《从汉语词语的创造探寻中国语言哲学思想之源——中国语言哲学思想起源初探之一》,《宝鸡文理学院学报(社会科学版)》2020 年第 1 期。

周建设:《先秦语言哲学思想探索》,《中国社会科学》2017 年第 7 期。

周萍:《王安石〈字说〉研究》,硕士学位论文,湖南师范大学,2011 年。

周玉秀:《宋代几部重要字书中的字说理论》,《辞书研究》2006 年第 3 期。

周玉秀:《〈周官新义〉字说辑录》,《辞书研究》2005 年第 1 期。

朱汉民:《荆公新学〈三经新义〉的内圣外王之道》,《北京大学学报（哲学社会科学版）》2021 年第 4 期。

朱汉民:《临川学的性命之理及后期衍化》,《中国哲学史》2021 年第 3 期。

朱军:《从〈五经异义〉和〈驳五经异义〉看汉末经学的发展》,《励耘学刊（文学卷）》2016 年第 1 期。

祝尚书:《王安石"道德性命"之学及其对科举的影响》,《江西师范大学学报（哲学社会科学版）》2008 年第 1 期。

后 记

　　王安石变法，不仅在当时惹来巨大争议，在后世也引发无数回响。就王安石自己来说，他对相业是比较悲观的，其诗中一再提及，如"投老翻为世网婴，低徊终恐负平生。何时白石冈头路，渡水穿云取次行"（《中书即事》）。又如"溪北溪南水暗通，隔溪遥见夕阳春。思量诸葛成何事，只合终身作卧龙"（《题定力院壁》）。基本都在否定自己的仕途，王安石又说："邯郸四十余年梦，相对黄粱欲熟时。万事尽如空鸟迹，怪君强记尚能追。"（《与耿天骘会话》）既然万事都如空中鸟迹，只有好友耿天骘还记得，则王安石欣然将其遗忘是毫无疑问的，而这想要遗忘的万事中显然包括了他人生中比较重要的相业。金陵这座城市的山水则疗愈着王安石的心灵创伤，故其诗云："人间投老事纷纷，才薄何能强致君。一马黄尘南陌路，眼中唯见北山云。"（《人间》）表达出政事失望之余，王安石想要退归金陵北山（即钟山）之渴求。诗中不用"钟山"用"北山"，隐然含有《北山移文》之意，更突显出仕隐之间，王安石的最终抉择。

　　但纵观王安石研究史，更多关注其"仕"的部分，诚如王水照所指出的那样，这是一种"意图前置的泛政治化"倾向："检阅一部王安石研究史，无论政治评价、思想考量、文学论析均为变法问题所左右，而意图前置的泛政治化成为王安石研究史上的一个突出倾向。这影响了研究的科学性和客观性，不仅不能正确认识王安石的政治思想和政治实践，也不能正确认识'荆公新学'和他的诗词

文创作在文学史上的地位。"①研究者之所以会被"意图前置的泛
政治化"影响,主要原因在于王安石本身的学术与新法实行过程都
比较复杂,很容易通过内圣外王的路径将其混为一谈。实际上,王
安石的学术理念与其布置设施自有千丝万缕的关联,但不可否认
的是,即便执拗或坚定如王安石者,也难免在政治裹挟中做出权宜
改变。如果我们以改变后的王安石行事与言论作为资料来研究,
就很难摆脱"意图前置的泛政治化"研究困境。

王安石的学术与政治是难以真正剥离的。政治强化了王氏之
学的影响力,王水照云:"王氏新学的影响力不仅时间延续长久,辐
射区域广大,不像其他诸子往往冠以地域限制之语,而它是笼罩政
坛、学林全局的'新学'。"②所言甚是,王氏之学起初在以金陵为中
心的江南传播,因此有学者提出金陵王学③的概念,它是如何由区
域之学发展成全国学术的? 学界一般认为,主要原因在于得风气
之先,王先生说:"王氏新学能够居于社会意识形态的中心,乃是因
为它得风气之先,较早体现出'宋学'即宋代新儒学的特质和特征,
引导了宋学发展和演进的方向。"④王先生虽然指出王氏之学引领
风气的价值,但"社会意识形态的中心"的提法已经说明政治对王
氏之学无以复加的推动作用。我们可以在王先生的基础上进一步

---

① 王水照主编:《王安石全集》第一册,上海:复旦大学出版社,2016 年,第
4 页。
② 王水照主编:《王安石全集》第一册,上海:复旦大学出版社,2016 年,第
14 页。
③ 参见杨天保:《金陵王学研究:王安石早期学术思想的历史考察
(1021—1067)》,上海:上海人民出版社,2008 年。
④ 王水照主编:《王安石全集》第一册,上海:复旦大学出版社,2016 年,第
15 页。

思考：居于社会意识形态的中心之后，一方面可以给王氏之学带来权力加持，使之加速传播；另一方面，是不是也会带来副作用？最浅显的问题是，意识形态化之后的王氏新学，跟王安石变法初心是否一致？这些问题的思索，有助于我们更好地加深对王安石学术思想的了解。

同时，政策实践是对王氏之学的检验，更不该回避。刘成国在《王安石年谱长编》后记中遗憾地说："虽然积累了一些新法在地方上执行的具体细节的史料，可由于经济史方面所知甚浅，难以作深入的挖掘和阐释。"①成玮在书评中引梁庚尧之论，评述云："梁先生抉出变法核心目的，在于开源创收，充实国库，社会政策是次要的。落为实践，当财政目标与社会目标难以兼顾甚至抵牾之时，总不免为提高政府收入而扭曲社会政策。这是由新法主要关切所决定的。倘能本此认识，谛观青苗等法在地方的实施情形，取现实与理念对比，梳理其变形轨迹，发掘个中具体动因，或许会对荆公各项政策——推而言之，整个新法——之得失，给出更细致绵密的解析。"②成先生的建议很有启发性，既然"现实与理念"有"变形轨迹"，那么通过这些"变形轨迹"就不难发现王氏之学内在的困境，可是所谓的"现实"，也不过是依据历史资料重构的现实，这就增加了对比研究的难度。我们可不可以换个思路，既然"变形轨迹"会影响其理念，那么通过王氏之学的内部调整与对外论战，来探究其学术内部的缺陷，岂不更为切中要害？本着这样的乐观想法，拙稿第一章试图解决的主要就是这个问题。

---

① 刘成国：《王安石年谱长编》，北京：中华书局，2018 年，第 2368 页。
② 成玮：《刘成国〈王安石年谱长编〉》，《唐宋历史评论》第八辑，第 232 页。

熙宁变法有没有改变王安石的初心？王安石本身以执拗著称，甚至连神宗都无法改变其辞相之初心，其《乞解机务札子》二云："以道事君，诚为臣之素守，苟可强勉而免违忤之罪，臣亦何敢必其初心？实以疾病浸加，恐隳陛下所付职事，上累陛下知人之哲，下违臣不能则止之义，此所以彷徨迫切而不能自止也。"①从长远来看，王安石"以道事君"的素守从未改变过，而从其坚持辞相的初心来看，其辞相之缘由，亦是为促进变法之顺利推行而发，也是对素守的坚持。但王安石的话主观性较强，实则亦有所变，陈瓘《四明尊尧集序》引吕惠卿之言，认为"安石尽弃素学，而隆尚纵横之末数，以为奇术"②，这显然带有以小人之心度君子之腹的情绪，不足尽信，但王安石在具体行事中不能全部从客观效果上维持百分之百的变法初心则是可信的："陆佃字农师……熙宁三年，应举入京。适安石当国，首问新政，佃曰：'法非不善，但推行不能如初意，还为扰民，如青苗是也。'安石惊曰：'何为乃尔？'"③陆佃指出推行新法过程中违背变法初心的地方，王安石大惊，可见他主观上仍以守住初心为准，但现实就并非如此了。

后世学者的批评太过情绪化。实际上，退居金陵后，王安石虽然仍旧为新法提供思想资源，撰述《三经新义》、删定《字说》等，但因为远离政局，所受政治裹挟减少，大部分所思所想可以视作其变

———————

　　① 曾枣庄、刘琳主编：《全宋文》第 64 册，上海：上海辞书出版社、合肥：安徽教育出版社，2006 年，第 38 页。

　　② 曾枣庄、刘琳主编：《全宋文》第 129 册，上海：上海辞书出版社、合肥：安徽教育出版社，2006 年，第 121 页。

　　③ ［元］脱脱等撰，中华书局编辑部点校：《宋史》，北京：中华书局，1985 年，第 10917—10918 页。

法初心的延续和发展，至于帝王如何裁决、实行，则已非王安石所能掌控，更何况践行时有千头万绪，更不能一股脑儿将最终成败归到王安石一人身上。而后世学者却因各自立场而多加批评，如马端临所引项平甫跋云："予读王元泽《尔雅》，为之永叹。曰：呜呼，以王氏父子之学之苦，即其比物引类之博，分章析句之工，其用力也久，其属辞也精，以此名家，自足垂世，视扬子云、许叔重何至多逊。而必欲用此说也，咸五帝而登三王，缚颉利而臣高昌，则已疏矣，度不能胜，而乃济之以愎，辅之以狡，招合一时之群小，尽逐累世之旧臣，以蠹吾国而覆之，其遗凶流毒，至使后之擅国者世师焉。以享上祗辟之说悦人主，以邦朋国是之说空廷臣，则王氏父子实为之津梁，可不痛哉！"①拙稿虽然也对王氏之学与政事践行的抵牾之处略做钩稽，但像这样一笔抹杀实不可取。张佩纶就认为王氏字学亦有益于辨事：

> 字书释河均非是。惟《释名》云，河下也，随地下处而通流也，得之。夫下则莫下于海矣。《说文》"河"注：海②，从水，可声。可从丂，反丂也。读若呵。夫呵气，出口水之出口似之。③ 若出口之气能分之为二三，则出口之水亦可分为二三矣。读书从识字始。吾谓辨事亦自识字始。但解河之所以名

---

① ［元］马端临撰，上海师范大学古籍研究所、华东师范大学古籍研究所点校：《文献通考》，北京：中华书局，2011 年，第 5536—5537 页。
② 此处标点有误，当为："河，注海。"
③ 此处标点有误，当为："夫呵气出口，水之出口似之。"

河，而治河之道在是矣。世或谓余之言近于王氏《字说》乎？①

　　张佩纶指出字学对实践的指导价值，这跟王氏之学对政事的指导已经很接近，但因为历代批评王安石太多，以至于张佩纶不得不自我警惕，说自己接近王氏《字说》，可见对王氏之学的批判已经超越了正常的氛围，给学人造成极大的心理压力。为了卸掉这层思想包袱，拙稿采用记忆研究的方法来梳理、辨析相关材料，以便通过对批评者意图的理解，来进一步理解他们对王安石的批评立场，从而更好地拨开云雾走进王安石的学术思想世界。

　　实际上，王安石有其自身"精神"所在，王安石喜用"精神"一词，《读史》云："自古功名亦苦辛，行藏终欲付何人。当时黯暗犹承误，末俗纷纭更乱真。糟粕所传非粹美，丹青难写是精神。区区岂尽高贤意，独守千秋纸上尘。""丹青难写是精神"，王安石精神又是什么呢？拙稿中引用了王安石跟苏轼的对答。有一次，王安石问弟子，"动静"这两个字怎么理解。弟子动辄数百言，王安石觉得太烦琐，就问苏轼。苏轼回答："精出于动，神守为静。动静，就是精神。"短短数语就回答了，王安石叹赏不已。王安石跟苏轼都受易学的辩证法则影响，漆侠在《荆公学派与辩证法哲学》一文中，从王安石的《洪范论》《老子注》《致一论》等出发，来探究"王安石的辩证法思想"②，从王安石赞同苏轼动静-精神说来看，确实如此，则王安石之精神，就体现在其动静之间，而其动则以熙宁变法为主，其

<hr>

　　① 张佩纶著，谢海林整理：《张佩纶日记》，南京：凤凰出版社，2015年，第140页。
　　② 漆侠：《荆公学派与辩证法哲学》，《河北学刊》1999年第6期，第66页。

静则主要体现在退居金陵的生活中,熙宁变法可视作政事,金陵生活更多是文学(包含学术),二者合观,才能刻画出王安石的真精神所在。而蕴含着王安石精神的山水诗,则是我们讨论的重点,因为王安石自己也说"却疑山水有精神"(《题玉光亭》),这就比"山水有清音"做了更进一步的发展。

后世学者除了对王氏之学的批评,也有努力调和众派之论,南宋时员兴宗就有《苏氏王氏程氏三家之学是非策》,文中对三家之学做了自己的评价,并试图合三为一:

> 彼数子之道皆相合于孔门,其可以相轻乎?向使数子能宽绰其心,如吾大于曲拊为道,问长弘,问郯子,彼道虽不及己,问之不恤也,则必能抑六经,黜百子,以全天地至一之气。是无他也,好恶外忘则道真内白矣。昔者国家右文之盛,蜀学如苏氏,洛学如程氏,临川如王氏,皆以所长经纬吾道,务鸣其善鸣者也。程师友于康节邵公,苏师友于参政欧阳公,王同志于南丰曾公。考其渊源,皆有所长,不可废也。然学者好恶入乎彼则出乎此,入者附之,出者污之,此好恶所以萌其心者。苏学长于经济,洛学长于性理,临川学长于名数。诚能通三而贯一,明性理以辨名数,充为经济,则孔氏之道满门矣,岂不休哉!惟圣天子深知其蔽,是以破学者好恶之心,而尽除其禁。使惟是之从,惟道之明,学者之幸也。抑尝有楚人修第之说闻执事者乎?楚人之子有第二区,长则甲所建,次则乙所建,规模不同而岁久将散。或曰,不必忧也,君宜合二第可用之材,并而为一区。若居一而废一,是以坏易坏也。今苏、程、王之学未必尽善,未必尽非,执一而废一,是以坏易坏。宜合三家

之长，以出一道，使归于大公至正，即楚人合二第之义也。执
事学识渊奥，必有折衷于斯矣。①

员兴宗对三家之学所长的评价，也许很难取得人们的共识，且
其评价本身，亦含有以程氏为内学、王氏苏氏为外学的嫌疑，虽是
粗略的划分，却在一定程度上破坏了三家之学的完整性，颇有得不
偿失之憾，但其想要合三为一的想法由此明白无误地显露出来。
实际上，员兴宗的做法不仅不能更好地明白孔子之道，反而为探究
孔子之道的学人重新套上三道枷锁。我们只有真正厘清三家之学
各自的内涵，他们之间的联系才能有机生成，而他们各家的内涵，
远非其学说本身而已，还包括其践行过程中遇到的种种问题与给
出的答案。拙稿聚焦于王安石的金陵记忆与书写这个点，对王氏
之学及其心灵救赎进行大胆的探究，就是一次冒险的尝试。感谢
南京晓庄学院给我这个尝试的机会，感谢韦力先生和程瑶女史提
供的珍贵照片，也感谢南京大学出版社黄睿老师为出版此书付出
的心血，使之能够以更为合适的方式跟读者朋友见面，从而更好地
接受大家的批评指正。

一个人想要走进另一个人的精神世界，很可能会被那个人的
精神反噬，在写作拙稿的过程中，我就常有王安石如在身侧的错觉
与恐慌。这倒不是自夸我在写作时多么投入，也不仅仅是因为我
跟王安石同样生活在南京的大地上，更重要的原因是王安石的文
字有极强的感染力，他的精神世界太过强大，很难完全驾驭，以至

---

① 曾枣庄、刘琳主编：《全宋文》第 218 册，上海：上海辞书出版社、合肥：
安徽教育出版社，2006 年，第 216—217 页。

于我每次下笔评价他时,脑海中总会自觉不自觉地冒出王安石会怎么反驳我。苏轼说王安石像野狐精,一般被人理解为对王安石的批评,可是这次经历告诉我,王安石真的就像野狐精无孔不入,使人骇然。其中一个最明显的事例是,我在 2013 年就开始对王安石感兴趣,我清楚记得那年暑假在家里阅读《王荆文公诗笺注》时,奶奶坐在身边的情形。一晃这么多年过去了,随着妈妈、姥娘和奶奶等亲人的离世,我已渐渐遗忘我的小名,而王安石的诗句却挥之不去。他在南京找到的内心宁静,如此强烈地诱惑着我。也许,在这样境界的王安石看来,我不过是迷路的孩子,那一路上的挣扎与辩驳,不过是掩盖迷路的恐慌而已。

"细数落花因坐久,缓寻芳草得归迟。"总有落花与芳草,值得我们晚归,那不仅是一种延迟的满足,更是一条心底走出的道路。

2022 年 3 月 27 日初稿
2022 年 3 月 31 日改定
于金陵适彼斋